U0613147

[英] C.J. 舒勒（C.J. Schüler） 著

战海 译

琥珀之路

Along The Amber Route

SPM
南方传媒 | 广东人民出版社

· 广州 ·

图书在版编目（CIP）数据

琥珀之路 /（英）C.J. 舒勒著；战海译 . -- 广州：广东人民出版社 , 2025. 4. -- ISBN 978-7-218-18380-0

Ⅰ. F746.87-49

中国国家版本馆 CIP 数据核字第 2025BV0655 号

著作权合同登记：图字 19-2025-017 号

ALONG THE AMBER ROUTE: ST PETERSBURG TO VENICE by C.J.SCHÜLER
Copyright: © 2020 BY C.J.SCHÜLER
This edition arranged with Cull & Co. Ltd, Literary Agency
through BIG APPLE AGENCY, LABUAN, MALAYSIA.
Simplified Chinese edition copyright:
2025 Beijing Standway Books Co., Ltd
All rights reserved.

HUPO ZHI LU

琥珀之路

[英] C.J. 舒勒 著　　战海 译　　　　　　版权所有　翻印必究

出 版 人：肖风华

责任编辑：陈泽洪　唐 芸
责任技编：吴彦斌
装帧设计：仙境设计

出版发行：广东人民出版社
地　　址：广州市越秀区大沙头四马路 10 号（邮政编码：510199）
电　　话：（020）85716809（总编室）
传　　真：（020）83289585
网　　址：http://www.gdpph.com
印　　刷：天津中印联印务有限公司
开　　本：710mm×1000mm　1/16
印　　张：17　　字　数：285 千
版　　次：2025 年 4 月第 1 版
印　　次：2025 年 4 月第 1 次印刷
定　　价：79.00 元

如发现印装质量问题，影响阅读，请与出版社（020-87712513）联系调换。
售书热线：（020）87717307

谨以此书纪念

约翰·舒勒（John Schüler）

序 言
珀中之蝇

我们细赏琥珀，琥珀中有各种东西，甚美！

琥珀之中，有毛发、稻草、尘土、蠕虫……

我们清楚，这些在大自然中存在的东西，既不丰富，也不稀有，

然而，我们实在是想知道，它们究竟是如何身困琥珀之中的呢？

《致阿布斯诺特博士的书信》（*Epistle to Dr Arbuthnot*），

亚历山大·蒲柏（Alexander Pope）

现在，我身处牛津大学（Oxford）阿什莫林博物馆（Ashmolean Museum）之中。眼前的玻璃柜里，陈列着若干琥珀珠，呈现出浓蜜一般的颜色，具有不规则的形状。阿瑟·埃文斯（Arthur Evans）爵士在克里特岛（Crete）的迈锡尼（Mycenaean）古墓里发现了这些珠子，它们诞生于公元前 1700 年至公元前 1300 年，这正是古典文明开端之时。在同一时期的北威尔士（North Wales），数百颗琥珀珠作为陪葬品与一具尸体同葬于石板墓穴之中。这具尸体身着华丽的金制肩饰，也就是"莫尔德黄金披肩"（Mold Cape），现藏于大英博物馆（British Museum）。人们在法老图坦卡蒙（Tutankhamun）墓与特洛伊（Troy）古城遗址中都发现了琥珀。伊特拉斯坎人（Etruscans）从异域进口大量琥珀，用来点缀饰品，后来罗马人也效仿他们。

我对琥珀的迷恋始于孩童时代。当时父亲有一枚小小的琥珀，它通体浑浊，呈黄褐色，大约 2.5 厘米长，形状像新月，中间有孔，如同首饰上的珠子。如今，每每写作之时，我都会把这枚琥珀放在桌上，置于自己面前。第二次世界大战前夕，父亲在德国当电话工程师学徒。这枚琥珀就是他那时留下的遗物。父亲会用这枚琥珀来证明这种东西具有能产生静电的属性。

先用一根长线把琥珀吊在半空，再用衣袖摩擦琥珀，最后把琥珀置于烟灰缸上方。这时，片状的烟灰会向上飞起，粘在琥珀上，犹如铁屑般吸附于磁铁上。古希腊哲学家——来自米利都（Miletus）的泰勒斯（Thales），大约在公元前 600 年首次发现琥珀与羊毛互相摩擦之后，琥珀便可吸附种子、灰尘和纤维。琥珀（amber），在古希腊语中称为"*elektron*"，这词便是英语单词"electricity"（电）的词根。

琥珀源于波罗的海（Baltic）的东岸与南岸，岸上的琥珀经过暴雨的冲洗，变得干净亮丽。当地人赶海拾珀，把它们收集起来。四五千万年以前，在斯堪的纳维亚（Scandinavia）北部的史前森林之中，针叶树的树干慢慢渗出了树脂，这就是琥珀的雏形。这些树脂沿着河水顺流而下，最终成层而止。大约 1 万年前，末次冰期的冰川消融，那琥珀层便成了波罗的海的南岸。岁月悠悠，经过聚合反应与氧化作用，树脂不知不觉变成了琥珀。一些琥珀甚至进入了北海，又被海水冲到了英格兰东部的萨福克郡（Suffolk）。西伯利亚、远东地区、墨西哥和多米尼加共和国都发现了琥珀。正是多米尼加琥珀给了迈克尔·克莱顿（Michael Crichton）灵感，促使他在 20 世纪 90 年代写成小说《侏罗纪公园》（*Jurassic Park*），随即也就有了史蒂文·斯皮尔伯格（Steven Spielberg）导演的同名电影。"困于琥珀的蚊子可能携带了恐龙的 DNA 样本"这个假说在当时看来似乎令人难以置信。然而，2015 年，人们在一块缅甸琥珀之中发现了一只小型恐龙尾巴的羽毛。如此一来，这个假说就不是那么风马牛不相及了。

琥珀资源最富饶的地方当属波罗的海沉积层，世界上大约 90% 的琥珀来自此地。这里的琥珀具有独特的化学成分，人们轻易地就可以把它们与别地的琥珀区分开来。在古希腊人和古罗马人看来，这些金块状的琥珀神秘莫测，不仅冬暖夏凉，内部还有隐隐约约闪着光的小小的植物、昆虫碎片，甚至还有完整的小脊椎动物，这些可怜的家伙当年必是坠入黏糊糊的"蜜脂陷阱"，由此被封存了起来。古人赋予琥珀治愈一切的"神力"，由此诞生了许多神话与传说。而罗马作家老普林尼（Pliny the Elder）在其著作《自然史》（*Historia naturalis*）中摒弃了旧时传说，做出了令人耳目一新的科学解释："樱桃树会流出树胶，松树会流出树脂。松科植物流出的精华，便形成了琥珀。"遗憾的是，这一洞见竟被人们淡忘了 1500 多年。

琥珀一路从波罗的海跑到了地中海沿岸，这到底是怎么回事？这一路向南足足1000千米呢！老普林尼说，地中海沿岸的琥珀实际来自北海北部的岛屿。所以，极为可能的情况是，当年罗马皇帝尼禄（Nero）的角斗比赛主管派遣特使到遥远的北方寻求琥珀，地中海沿岸的琥珀便由此而来。老普林尼这样描述那次远征：

> 那位罗马骑士依然健在。当年，皇帝尼禄的角斗比赛主管尤里安（Julianus）派这位骑士千里迢迢去寻找琥珀。他遍访各国的市场及海岸，带回的琥珀不计其数。竞技场里看台的防护网也镶嵌上了一个个琥珀扣。慢慢地，武器、棺材架以及成套的装置设备，也都一一用琥珀装饰了起来。

大约98年，历史学家塔西佗（Tacitus）写了一本名为《日耳曼尼亚志》（Germania）的书。书中提到一个名叫"埃斯蒂"（Aesti）的部落，这个部落生活在苏维汇海（Suevian Ocean）的海岸之右，常常在浅滩赶海，捡拾那些"好玩""奇特"的东西。他进一步指出，"埃斯蒂人"看不出琥珀的可用之处，当知道自己捡来的这些东西竟然可以换钱时，真是又惊又喜。2世纪初，诗人尤维纳利斯（Juvenal）这样写道："罗马人对琥珀这一奢侈品的喜爱，预示了罗马要走向衰落。"当时，尤维纳利斯在其第九部讽刺小说里指出：在仲夏时节，古罗马人置琥珀珠于掌中，用它来降温避暑，这已成为一种时尚潮流。这种时尚是娇气的表现。到了301年，琥珀交易依然盛行。在罗马皇帝戴克里先（Diocletian）颁布的价格调控法案中，对许多商品的价格进行了规范，琥珀就位列其中。

许多人视全球化为新近的现象，害怕它会威胁到国家身份认同。实际上，自新石器时代以来，世界贸易线路就已经纵横交错，相织相连。古时，腓尼基（Phoenician）水手于康沃尔郡（Cornwall）进行锡金属的贸易；现在，印度全境都发现了罗马硬币；阿拉伯的迪拉姆（dirhems）银币也现身于英格兰盎格鲁 - 撒克逊人（Anglo-Saxon）的古墓之中。正如丝绸、香料一样，琥珀是远距离贸易的理想货品，它轻巧、便携、价值又高。然而，老普林尼和其他人于书中所提的有关琥珀的事情，可有具体、实在的路线踪迹来证明呢？

1925年2月，一个风雨交加的周一夜晚，地理学家、探险家、历史学家和考古学家齐聚在位于伦敦肯辛顿·戈尔（Kensington Gore）街的皇家地理学会总部，即洛瑟大厅（Lowther Hall）。会上，一位年轻学者、士兵、考古学家和诗人介绍了一条古代的贸易线路，它可以媲美自中国到地中海的丝绸之路。介绍过程中，众人听得一脸震惊。德纳瓦罗细致、有条理的陈述，令听众无不信服。他介绍的贸易线路的存在时间，也让听众大为震撼。这条贸易线路的存在时间，上起新石器时代，后至古罗马衰亡，一直到今日依然存在。

这位学者名叫约瑟·马里亚·德纳瓦罗（José Maria de Navarro），生于1893年，家庭环境优越，文化氛围浓厚，父母见多识广。他的父亲安东尼奥（Antonio）有巴斯克人（Basque）血统，是纽约的大律师，后来与美国演员玛丽·安德森（Mary Anderson）结婚，又举家搬迁到英格兰，定居于格罗斯特郡（Gloucestershire）百老汇街的一座老房子里。这一家的朋友亨利·詹姆斯（Henry James）曾对德纳瓦罗说："照我说啊，你已身陷尤物琥珀，不能自拔，会备受折磨。你会冻僵，受潮气之苦，我真同情你啊，我亲爱的可怜人！"德纳瓦罗从小到大都有母亲在戏剧界和文学界的朋友相伴，奥斯卡·王尔德（Oscar Wilde）、J. M. 巴利（J. M. Barrie）和萧伯纳（George Bernard Shaw）都在其中。第一次世界大战爆发后，他在剑桥大学三一学院（Trinity College, Cambridge）办理了休学，参军时加入了共济会分会"步枪技能联盟"（United Arts Rifles）。战后，他才继续完成学业。

评为大学讲师之后，德纳瓦罗开始着手研究琥珀之路。这一研究极具开创性，他去过的国家包括德国、捷克斯洛伐克、奥地利和匈牙利。一些欧洲学者，像瑞典考古学家奥斯卡·蒙特柳斯（Oscar Montelius）、德国学者卡尔·舒马赫（Karl Schumacher），都在研究琥珀之路这方面取得相当出色的成绩。然而，首次把琥珀之路置于地图之上的人非德纳瓦罗莫属。会上，德纳瓦罗用幻灯片展示了一些实物证据，包括加工与未加工的琥珀，以及在琥珀交易中使用的罗马硬币与珠宝。这些证据的踪迹，自波罗的海沿岸，穿过阿尔卑斯山，一直到意大利境内。

就像多数古代贸易路线一样，琥珀之路不仅包含一条主要的路线，还包含另外几条附属路线。这些附属路线可根据具体情况在一年之中的不同时期供人们选择使用。像尼禄的特使那样走完路线全程的人并不多。一般情况是，商人会把琥珀尽可能多地运到下一个贸易站点，他们会在这里把琥珀卖给另一个商人，琥珀由此踏上它的下一段旅程。

琥珀之路的主要路线如下所述。首先，它自波罗的海沿着维斯图拉河（River Vistula）进入内陆地区。然后向南延伸，越过弗罗茨瓦夫市 [Wroclaw，原为德国东部城市布雷斯劳（Breslau）] 的奥得河（River Odra）。继而进入现今的捷克共和国境内，在此顺摩拉瓦河（River Morava）而下，到达奥地利与斯洛伐克边境的多瑙河（Danube）。这两条大河的交汇之处附近便是"卡农图姆"遗址（the ruins of Carnuntum），它原是古罗马的边境城市，马可·奥勒留（Marcus Aurelius）《沉思录》(Meditations) 的部分内容就创作于此。一条叫作哲梅纳大道（Via Gemina）的古罗马大道由此处向南，穿过匈牙利平原，沿朱利安阿尔卑斯山（Julian Alps）而下，到达罗马城市阿奎莱亚（Aquileia），此城位于亚得里亚海（Adriatic）的源头，就在这个地方，工匠把琥珀原石加工成了珠宝。

我展开一幅由弗赖塔格和伯恩特出版社（Freytag & Berndt）出版的大大的欧洲地图，想看一看琥珀之路。路线所经之处，让我产生了另一个联想。琥珀之路上最重要的站点不止我父亲于1919年出生的城市——布雷斯劳。从格但斯克（Gdańsk）到维也纳（Vienna）的中间地带，琥珀之路把波兰一些小型的城镇串联了起来，如同串起了一串珠子。我的祖祖辈辈曾经正是在这些小镇生活、工作、研习、做礼拜。多年来，我对此竟一无所知。1936年，为了摆脱纳粹的统治，祖父逃离德国，在热那亚（Genoa）找了份工作，与祖母和他们的小儿子定居在这里。父亲力排众议，留在了德累斯顿(Dresden)，以完成他的学徒工作。1937年，父亲去意大利看望祖父、祖母时，一位朋友的妈妈来信提醒父亲，那时返回德国，肯定会有危险。于是，父亲和他弟弟历经千难万险，先到了南斯拉夫（Yugoslavia），最终到达伦敦。

纳粹让家庭四分五裂，冷战使亲人天各一方。我在英国长大，但我的祖籍所在的城市于现代地图之中已搜寻不到，人们甚至都没有听说过这个城市。我一想到这些，心里总是酸酸的。当务之急便是融入周围的环境，让自己活得尽量像个英国人，然而，隐约之中，总感觉有某种东西始终在召唤我。1989年，"铁幕"（Iron Curtain）坠落，我才能去东德（East Germany）看望我的亲人，继而开始游历中欧。那时，邮车送来一个大大的包裹，里面是我在美国的远亲艾琳·纽豪斯（Irene Newhouse）编纂的家族历史。至此，有关自己出身的社会历史背景，我才开始有了一点了解。

我研究地图的时候，心中有了个主意，旅行的冲动，涌上我的心头。史诗之旅发出了召唤：我要利用任何可行的手段，巴士、火车或船只，沿着河谷，穿越林路，循着罗马古道，一路向前旅行。琥珀之路，绵延2500公里，跨越12个国家，穿越3000年时空，它讲述了那些欧洲历史中最深幽的故事，从古罗马人到汪达尔人

（Vandals），从条顿人（Teutons）到斯拉夫人（Slavs），从哈布斯堡王朝（Habsburg）到奥斯曼帝国（Ottoman empires），还有那昔日的"铁幕"时代。

琥珀之路成为一条可行的贸易之路，此事绝非巧合，这乃是因为其沿线具备有利的地形——河流可以通航、边境可以跋涉、群山可以穿越。然而，正是这样的地形，也恰恰给争夺者提供了进犯的路径，如匈人首领阿提拉（Attila the Hun），还有希特勒与斯大林的机械化军团。

在琥珀的历史中，有一个国家不得不提，尽管现在的琥珀之路没有穿过它现今一平方米的国土，这就是德国。琥珀的主体沉积层，并不在德国境内，然而还是有琥珀被冲刷到德国的海岸和海滩，范围可从吕根岛(Rügen)至乌瑟多姆岛(Usedom)；没有战争期间，我的家人常常来这里度假。[老相册里，有他们坐在德式"海滩篮子座椅"（*Strandkörbe*）上的照片，甚是轻松快乐。这种有罩子的篮编座椅，现在来德国度假的人依然在使用，可以帮助其抵挡波罗的海的海风。]还有一点必须说一说，那就是琥珀之路的很大部分，都会经过"德国的幻土"，这些土地在二战以后已不属于德国，现在成了俄罗斯、立陶宛和波兰的国土。

正是当时欧洲所处的政治环境的原因，终止了德纳瓦罗的考古研究，他无可奈何地说："'铁幕'时代和铁器时代，都姓铁，但却是一对互不相容的兄弟。"距离柏林墙的倒塌，已有近三十年。我这次游历了俄罗斯和一些欧盟成员国，发现这些国家依然创伤累累，既有肉体上的，也有精神上的，都是历史遗留下来的，这些国家也在努力去面对、接受这历史之痛。有时，尤其是在俄罗斯，有意更改会暴露自己身世的姓名或有关细节，我认为是明智的。一些情况下，有人会主动让我这么做。读者可以自己作出判断，想想这背后的原因。

然而，近年来，琥珀之路已经成为一种符号，象征着希望与复兴，它确实途经了众多新生欧盟成员国。中东欧所到之处，你会发现琥珀（amber）这个词无处不在，出现在各种语言之中：俄语中的"*Yantar*"，芬兰语中的"*Meripihka*"，爱沙尼亚语中的"*Merevaik*"，拉脱维亚语中的"*Dzintars*"，立陶宛语中的"*Gintaras*"，波兰语中的"*Bursztyn*"，德语中的"*Bernstein*"，匈牙利语中的"*Borosty'n*"，还有意大利语中的"*Ambra*"。

在立陶宛，手工珠宝是植根于该国的传统工艺，而琥珀是这门手艺的原材料。在波兰，提到琥珀，就会想到"团结工会运动"（Solidarity movement），在这里，琥珀也象征着民族解放。

2007 年，欧洲理事会指明，琥珀之路乃是文化之路，它是一条跨国旅行线路，犹如"圣地亚哥·德孔波斯特拉"朝圣路（the pilgrim road to Santiago de Compostela）。这些跨境旅行路线，形象地展示了欧洲的记忆、历史和遗产，具体阐释了现今欧洲的多样文化。起自圣彼得堡终至威尼斯的琥珀之路，会促进各国博物馆之间举行研讨会议、开展跨境合作项目，甚至还会孕育格但斯克至克罗地亚（Croatia）的大环线旅游。2012 年，在维尔纽斯（Vilnius）举行的一次会议上，项目总监埃莱奥诺拉·贝尔蒂博士（Dr Eleonora Berti）说道，20 世纪欧洲战乱不断，给国家之间造成大量的政治文化壁垒，要跨越这些壁垒，各国需要加强艺术、文化、商业及政治上的沟通交流。

　　上述的理想愿景，是否会很快地遭遇严重的困难？各区域的历史分歧，是否会很尖锐地暴露出来？面对这样的问题，我启程出发的时候，是几乎无从判断回答的。

C.J. 舒勒

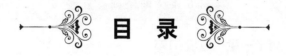

目 录

第三部分 欧洲堡垒
——从卡农图姆到威尼斯

［第一部分］
琥珀海岸
——从圣彼得堡到加里宁格勒

英国人已与俄国人不同——再也不相同了。女王伊丽莎白一世时代，诞生了文学巨匠莎士比亚，那个时候，英国人与俄国人大同小异。然而，现在却不比以前了。

安东尼·伯吉斯《熊的蜂蜜》

第一章
琥珀屋之谜

　　夜里冷飕飕的，两旁的石楼公寓之间像是裂开了一道大缝，幽暗的小巷就在这深缝之中。稀疏的毛毛雨落在路边的人行道上，路面就有点湿滑。还不到晚上11点，路上已几乎见不着车辆，更见不着行人。三三两两的地下酒吧里，透出昏暗的灯光，诉说着夜里仅有的一丝生气。走在格里博耶多夫运河（Griboyedov Canal）的一座老桥上，潮湿灰泥、甲烷及燃煤的难闻气味，一齐向我袭来，呛得喉咙难受，声音变得沙哑。堤岸的一边，种着一排酸橙树，树高影黑，透过河边建筑的窗户，可以看到明亮的室内，亮光洒到河上，水面就泛出了一道道金色的光影。我的右边，有个红色的霓虹灯招牌，用英文写着"SEX SHOP"，意思是"成人用品店"，这个招牌倒映在湿湿的柏油路面上，清晰可见。

　　路边的客栈没门面招牌，我就细看那黑黑的拱门上方的暗淡数字。每个数字代表一家客栈，或者称为"多姆公寓"（dom），各家客栈不仅包括靠街的五六层套间公寓，还包括内院里密密麻麻的许多狭小宿房。最终，我在一家客栈前，停了下来。它是一座毫不起眼的灰色建筑，铁门上已伤痕累累、锈迹斑斑、画满了涂鸦。我按了门上的对讲机，过后大门开了，我就走了进去，映入眼帘的是一座破旧的楼梯。楼梯的上面，有过去典雅一时的锻铁栏杆，它的红木扶手已经有些磨损。楼梯相接的地面上，丢弃着一些啤酒罐、伏特加酒瓶和烟头。角落里有个小型电梯，门上有一张裂开的纸，用胶带粘着，纸上写着俄语"Nye rabotayet"，意思是"已坏"。到了四楼，另一扇铁门打开了。一个名叫姿娜（Zina）

的老太太让我进到了屋内，漫不经心地说客栈老板明早会过来，然后去警局登记我的签证。

这次行程，我跨越了三个时区，在里加（Riga）机场中转等了一小时后，我终于登上了一架超小的"福克500"（Fokker 500）螺旋桨飞机，直接飞往圣彼得堡。对出国旅行的游客来说，总是费时缓慢的安全检查和出入境管制，是再熟悉不过的事儿了。还有，伦敦的俄罗斯领事馆之前还要求我出具三个月的流水账单，因为我是一个自由职业者。我想起了一件事，斯蒂芬·茨威格（Stefan Zweig）曾经感怀过一战前的"消失时代"，他回忆说："没有护照，没有签证。1914年之前，我从欧洲到印度，从印度到美国，不需要护照，也没有见他人用过护照，我把这事告诉现在的年轻人，他们总是大惊不已，看到这样的反应，我心中总是快乐无比。"他还提道，一战之后，那些只适用于罪犯的羞辱，竟然都强加在了每一位游客身上。

茨威格自己也承认，他从小到大的生活处在欧洲少有的一段和平安定时期。然而，伊丽莎白·里格比（Elizabeth Rigby），这位维多利亚时期的游客，19世纪40年代来到圣彼得堡，她经历的事情就不是那么和善礼貌了：

> 穿着崭新制服的一群人，从他们的船上迅速登上我们的船，
> 接着就翻查男士的衣服口袋、女士的手提包，这群人看起来就像
> 是训练有素的扒手……

从圣彼得堡的普尔科夫（Pulkovo）机场，我坐上了开往莫斯科夫斯基（Moskovsky）的113路"老爷车"大巴。乘客把26卢布车费，扔到一个油光光的垫子里，垫子置于变速箱之上，大巴司机每次换挡，变速箱便猛一阵地嘶吼抖动。大巴车穿过错综交错的立交桥，沿着宽阔的道路行驶，路两旁是苏联时期的建筑，上面有亮闪闪的招牌，宣示着新消费主义的理念。我们在红绿灯前停了下来，这时我望向隔壁并排着的大巴，看到一个中老年妇女，紧紧抓住购物袋，面色憔悴紧张，她周围有一群年轻人，穿着宽大的牛仔裤，显得无拘无束，耳下垂着长长的链子，似乎活在一个截然不同的世界，惬意而又舒服。

大巴停在了一座有泛光灯照明的巨大花岗岩方尖碑的对面，我猛然发觉曾经到过这个地方，是在几十年前，那时这个城市还是另一个名字。这个方尖碑就是

列宁格勒英雄卫士纪念碑（the Monument to the Heroic Defenders of Leningrad）。1941 年 9 月，德军最高统帅部下达了一项令人毛骨悚然的命令："元首决定要让列宁格勒从地球上消失。拿下了苏联，这座大城存在不存在，也就不值得我们关心了。"这就是那场持续了近 900 天、令人筋疲力尽的围城战的开始。尽管有来自"生命之路"——"拉多加湖（Lake Ladoga）冰面"的补给，饿死的士兵和平民还是达到了 150 万人。

离开纪念碑，穿过一条拱廊商业街，就到了地铁站。我从地铁柜台一位女士那买了地铁币，把它扔到旋转闸门的投币孔里，发出哐啷的一声。大气华丽的自动扶梯，是典型的斯大林古典现代主义风格，在我见过的所有自动扶梯之中，这个扶梯是最长最陡的，青铜色新罗马式的火炬灯，把灯光投射到了拱形的顶棚上。没人自找麻烦走着上来，也几乎没人走着下去，圣彼得堡拥有世界上最深的地铁，因为地面是一片片沼泽，在斯大林时代的苏联，建造这样的地铁代表着人力的大消耗。

我来到塞纳亚广场（Sennaya Square）[又叫作干草广场（Haymarket Square）]，广场的形状是个大大的长方形，周围是 19 世纪的建筑，到处挤满了拱形市场，里面有深夜咖啡屋、酒品店、便利店和售卖盗版 DVD 的小摊，陀思妥耶夫斯基（Dostoyevsky）的小说《罪与罚》就是取此广场为背景的。现代嬉皮士饮于新潮酒吧，而阿富汗与车臣（Chechnya）战争中的致残老兵，则乞讨于大街之上，令广场这儿透出了一种尖锐的张力。苏联人曾经清理了周边，给广场起了个新名字，俄文是"Ploshchad Mira"，意为和平广场（Peace Square）。除此之外，苏联人还肃清了市场，但是老警察局依然斜立在角落里，保留了下来，就是在这里，陀思妥耶夫斯基笔下心怀负罪感的主人公拉斯科尼科夫（Raskolnikov）向警局投案自首。现在，市场已经恢复了，同时，广场也已改回了原来的名字。

姿娜匆匆离开了客栈，这里就剩下我一个人。我的房间朴素，但很干净，外面是有瓷砖墙的光井，有暗光洒落其中。我打开箱包，在桌子上展开地图，放好旅游指南书籍和笔记。这个客栈，居于圣彼得堡幽暗的最深处，探索此城，这里似乎是一个理想的起点。

琥珀之路的鼎盛时期，圣彼得堡并不在此路之中。然而，位于皇村（Tsarskoye Selo）的凯瑟琳宫（Catherine Palace），有了琥珀屋（Amber Room），或者丢了琥珀屋这事，让圣彼得堡与琥珀之路的关系变得紧密相连、不可分割了。1941 年，琥珀屋遭纳粹抢劫，二战结束后，最终不见了踪影，现在又花费巨资人力重建了起来，但是有些俄罗斯人和外国人，从来就没有放弃寻找这个琥珀屋的真品。

我上次踏足圣彼得堡，是在1983年2月。那次从莫斯科坐上通宵火车，路上穿过无边无际、白雪覆盖的松林，经过长途跋涉，终于抵达圣彼得堡。火车每节车厢头上，烧开的俄式茶炊汩汩地冒着泡泡。那时，列昂尼德·勃列日涅夫（Leonid Brezhnev），这位有着花岗岩似的面容、脸上毫无表情的苏共总书记，刚刚去世不久，在他领导苏联的十多年时间里，经济基本停滞不前。继任者尤里·安得罗波夫（Yuri Andropov），是克格勃（KGB）的前主席，尽管镇压了匈牙利起义，人们却称赞他是个改革家。他执政15个月后，突然去世，于是权力就回到了守旧派康斯坦丁·契尔年科（Konstantin Chernyenko）手里，但此人当时已是风烛残年了。

那时，要去苏联游玩，只能通过苏联国营的"国际旅行社"（Intourist），行程由它负责引导。现在这家旅行社已变为私营，但当时来说，它实际上是克格勃的机构，负责严密监控来苏游客。行程还必须提前数月预订，我与当时的女友已早做计划，但是等到签证下来，我和女友的关系已僵冷至极，犹如俄罗斯的寒冬。那次同游的玩伴，我估计是些左倾记者、作家、工会会员，除此之外，还有一位尚且知名的女演员。他们中没有人会说苏联体制的好话，并为之辩护。然而，我要说，他们对苏联提出的最初理想，心中始终存有挥之不去的同情，尽管这最初理想已渐行渐远。

那次，我游历圣彼得堡，也有一个私人的动机。因为从小到大，在成长的过程中，我活在"铁幕"的这一侧，有一半亲人则活在它的另一侧。我的舅公耶奥格·霍尼曼（Georg Honigmann），是一位记者，同时也是战前德国共产党党员，他与丽兹·科尔曼（Litzi Kohlmann）女士结婚，后者是一位来自维也纳的犹太裔匈牙利革命者，长得也极其漂亮。丽兹唯一拥有的纪念品是她父母的照片，但还有一张，上面是一位叼着烟斗的帅气英国学生……这个让人看不透的英国人便是金·菲尔比（Kim Philby）。丽兹与舅公结婚之前，与金·菲尔比有着12年的婚姻生活。霍尼曼与丽兹的女儿芭芭拉，后来重拾犹太信仰，移居西方国家，现在成了有名的小说家。芭芭拉在回忆录《我的人生篇章》（*Ein Kapitel aus meinem Leben*）里说道，母亲丽兹的前夫金·菲尔比叛逃苏联之后，英国记者跑到柏林，把他们家围得水泄不通，直到那时，她才对母亲的过往有了一些了解。

我这次来圣彼得堡的第二天，花了一天时间熟悉环境。彼得大帝的圣彼得堡，又称为"西方之窗"（window on the West），动工于1703年5月16日，所建之地是从瑞典所获，目的要把圣彼得堡建成一个港口城市，因为俄国要想成为欧洲强国，这是势在必行的。在这蚊虫猖獗之地，俄国迫使无数农奴和战犯辛苦劳作建城，同时，命令贵族往此地运送建造宫殿的石头，石头这东西在多沙的入海口，可是稀缺的资源。圣彼得堡地处涅瓦三角洲，拥有40多个岛屿，由四百座桥梁相连，素有"北方威尼斯"的美称，说此城是"天外来客"，也是实至名归。"北方威尼斯"这一美称，来自亚历山大·缅什科夫（Alexander Menshikov），他是彼得大帝的助手，圣彼得堡的首任市长。圣彼得堡大多由国外建筑师设计，最终在沼泽地里建起了一座城市，高高耸立的尖顶，美丽典雅的列柱，视野开阔的街景，雄伟壮观的公共场所，这儿的城市风景与莫斯科拥挤的砖砌城垛和洋葱式圆顶的教堂，形成了强烈的对比。

瓦西里岛（Vasilyevsky Island）的顶端，是斯特列尔卡岬角（Strelka），涅瓦河于此分岔而流。圣彼得堡就是从这个岬角之处，向周围伸展。上次来圣彼得堡，正值冷战时期。那2月天里，涅瓦河已经冰封上冻，冰面异常结实，坦克可以在上面行驶。然而，有一位女士，靠着石砌护岸，身穿比基尼，在享受日光浴呢，像暴露狂把身穿的大衣展开一样，这位女士的皮大衣也敞开着，用来挡住北极吹来的寒风。冰面另一侧，彼得保罗要塞（Peter and Paul Fortress）的金色尖顶，在冬日的阳光中，隐隐约约地闪烁着微光。路上的车辆，多是党政官员的座驾，几乎都是黑色的兹尔（Zil）大型豪华轿车，其他车辆甚是少见。大多时间里，导游领着我们参观一个接一个的博物馆，有通讯博物馆、经济成就展览馆、"一五"计划文化宫等。这些博物馆都是为政府宣传服务，观后不禁产生枯燥麻木之感。

我们要想自己逛逛圣彼得堡，导游却显得不那么情愿，但是我们略动脑筋，给导游点好处，便可以逃脱束缚，独自去闲逛一会儿。我们走到苏联年轻人当中，相处一会儿，发现他们是那么喜爱牛仔裤和西方音乐；我们看到人们在毫无生气的商店前排起长队，去买那半空货架上已不新鲜的蔬菜；我们透过拱形门口看到那污秽不堪的内院，院中有人直接在用水管洗澡，这有点像大萧条时代英国的情景。当时苏联领导层年龄偏大，整个国家也活力不足，发展停滞不前。

我的叔叔曾在霍尼曼的帮助下，从柏林的英国占领区跑到了俄国占领区那边，希望在希特勒帝国的废墟之上，建设一个更加美好的社会。他讲过一个有关苏联的笑话，调侃不同时期苏联领导人的治国政策。

如今，苏联解体已有 20 多年了，这段时间里，我可以随自己的心意，想去哪儿旅行，就去哪里，没什么东西能够阻碍我。涅夫斯基大街（Nevsky Prospekt）气势不凡，两旁的建筑，既有 19 世纪的新古典主义（Neoclassicism）风格，也有 20 世纪的新艺术（Art Nouveau）风格。表面上看来，它与我上次见到它时并无两样。然而，现在的大街上全是手机店、寿司店，抬头一看，到处竖着圆盘式卫星天线，挂着百事可乐的广告。最醒目的变化，显然是街上的车辆。俄罗斯国产拉达车（Ladas）的司机，开的车虽已破破旧旧，但司机狠狠地踩油门，顿时发出噼噼啪啪的声音，吼起来如困兽一般，想要超过身边帅气的宝马和厚重的四驱越野车。在计划经济体制之中，列宁格勒散发出一种沉默严肃的气质，若圣彼得堡继承了列宁格勒的这一历史，上述涅夫斯基大街的街景，就只能是一种幻象了。俄国革命的前些年，圣彼得堡工业化发展迅速。1905 年，安德烈·别雷写成了小说《彼得堡》（Petersburg）。小说中的圣彼得堡，是不可一世的商业大都市，真是不可思议。

> 远处传来摩托车轰轰的声音，红黄色的有轨电车在隆隆地行
> 驶……晚上，涅夫斯基大街灯火通明，两边建筑的外墙之上，
> 闪烁着宝石一样的光芒。一粒粒钻石状的颗粒组成的文字招牌
> 闪闪发光，有"咖啡店""滑稽戏剧院""泰特钻石店""欧米
> 茄手表"。

过了涅夫斯基大街，灰色的天空下面，是滴血大教堂（the Church of the Saviour on Spilled Blood），它颜色亮丽，有着洋葱式的圆顶，与新古典主义风格的喀山大教堂（Kazan Cathedral）形成了强烈的反差。滴血大教堂的半圆壁龛（apse）向外凸出，伸到运河之上，河堤在此变窄，教堂的圣坛（altar）下面，就是沙皇亚历山大二世遇刺身亡的地方。1881 年 3 月，无政府组织"Narodnaya Volya"（意思是"人民意志"）正是在这个地方扔下炸弹，把亚历山大二世炸死的。袭击者伊格纳齐·赫雷涅维茨基在爆炸中也受伤身亡，他也因此成为了历史上有记录的首位自杀式炸弹袭击者。教堂的墙碑，把这位被刺沙皇的丰功伟绩一一列出——有他永不停歇的对外领土扩张，如征服阿穆尔（Amur）、高加索地区（Gaucasus）和中亚；也有他进行的一些自由改革，如 1861 年废除农奴制、放宽新闻审查制度、

实行芬兰高度自治政策和在全国建立大量学校。

亚历山大遇刺，与他的改革息息相关。自由化改革可能预防革命，或者至少可以延迟革命的发生；然而，一个政府变革的反对者，可能会让革命更快地到来。亚历山大二世的改革，如果初衷是引发革命，那他确实是成功了。滴血大教堂有着敦实的柱子、洋葱头状的窗子和不对称的圆顶，它是19世纪复兴运动倡导者青睐的中世纪白云母建筑。沙皇一心一意学习西方，于沼泽地里变戏法似地硬生生建起一座多态之城。滴血大教堂，似乎就是要发愿成为俄国的一张名片，代表着原汁原味的俄国。修建这样的教堂，预示要掀起一场俄国化（Russification）的浪潮，这激起了芬兰和波罗的海国家的民族主义情绪，导致群情激愤，最终爆发了1905年的起义。沙俄发动了针对犹太人的大屠杀，1881年到1914年之间，估计有300万犹太人逃离俄国，主要去了美国和伦敦东区。

凯瑟琳宫，位于圣彼得堡市中心以南约25公里处，具有传奇色彩的琥珀屋就在这座宫殿之中。涅夫斯基大街上，有一家典雅的黄白相间的购物拱廊，这便是高尔基百货公司，有小型巴士定时从这里出发到凯瑟琳宫。自18世纪以来，这里就已是一个市场。昔日，这些有顶拱廊通道里面，全是留着胡子的农民和穿着长衫的犹太人；如今，里面却是阔气精美的高端国际连锁店面，有普拉达、古驰、路易威登、唐纳凯伦。楼上的珠宝商店，展示着各种琥珀，真是琳琅满目，有琥珀珠、吊饰、胸针、戒指等。有人告诉我，大多数的琥珀商品，来自俄罗斯的飞地——波罗的海加里宁格勒（Kaliningrad）地区，这里拥有全球最大的琥珀矿藏。

我到达巴士车站时，那里只有司机帕维尔（Pavel）、向导阿莉西娅（Alitsiya）和一位来俄罗斯看望女友的法国青年。一组游客迟到了，帕维尔打了好长时间电话，最后答应到莫斯科夫斯基火车站（Moskovsky station）外接他们。我们缓缓驶过车辆拥堵的涅夫斯基大街，去接上了他们，然后把车开出市中心，沿着工业气息甚浓的城边行驶。这组游客来自赫特福德郡（Hertfordshire），是五个上了年纪的印度人，刚刚从莫斯科驶来的火车上下了车。环城路之外，低矮的小山上，长着些灌木小树林，山顶上见到有两个生锈的榴弹炮，这表明二战中，德军进攻到这里，就失败而回了。路边，有一个军队墓地。墓地旁边，刚建了一个小小的传统东正教堂。车子下了山，我们就到了普希金（Pushkin）城，这座城市人口有十万。这地方原名是"Saarskaya Myaza"，乃芬兰语，意思是"岛上农场"（Island Farm），后来改名为"Tsarskoye Selo"，意思是"皇村"（Tsar's Village）。普希金在这儿上过中学，为了纪念他，苏联把这地方改名为普希金。虽然王宫已恢复原名，但是这城名，依然沿用诗人普希金的名字。

走进埃及风格的大门，开阔的绿地首先映入眼帘，远处便是凯瑟琳宫了。宫殿的正面呈一字形长长地展开，颜色有白、蓝、金三色，高高的拱窗两侧，竖着镀金的男像柱和女像柱。起初，凯瑟琳宫是为彼得大帝的夫人凯瑟琳一世而建，修建时间是1718年至1724年。宫殿透出的热情洋溢、活力勃发的洛可可风格，则是拜女王伊丽莎白所赐。18世纪50年代，女王让她最喜欢的建筑师拉斯特雷利（Rastrelli）重新设计了宫殿。

爬上一段卡拉拉（Carrara）大理石的旋梯，就到了皇室套间。王座厅的布置绚丽丰富，有白色的石膏、金色的花饰旋曲、枝状大烛台和许多镜子，抬头看去则是极其精巧、具有错视效果的天花板。人们围绕大厅走动，天花板则不断变换视角，令人头晕目眩。弗拉基米尔·普京常常在这儿接见外国领导人；商界大亨常常把这儿租下举行婚礼。大量的金片，看起来是如此之新，身处其中，让人产生不知所措的感觉。1941年6月22日，希特勒命令德军侵犯苏联的这一天，凯瑟琳宫的负责人，年轻的阿纳托利·库楚莫夫（Anatoly Kuchumov）接到命令，要把宫殿中的财宝收拾打包，然后赶紧撤退。9月17日，宫殿落入德军之手。至1944年1月，列宁格勒围城战役结束，宫殿已经受毁严重；战时照片显示，很多房间受到纵射炮击，内部墙砖已经露出，雪也从破碎的窗子飘到了屋内。

凯瑟琳大帝（Catherine the Great）认为，伊丽莎白喜欢的富丽堂皇的洛可可风格是庸俗不堪的。据传闻，凯瑟琳大帝曾说："这些人有着商客的品味"，后来她委托苏格兰建筑师查尔斯·卡梅伦给她设计了一套更加素雅、呈古典主义风格的房间。接下来，该它登场了：琥珀屋。此屋比我预期的要小一点，在一块块琥珀、镜子和镀金烛台的折射下，身处琥珀屋中，就像是泡在了一坛橘子酱中。19世纪60年代，泰奥菲尔·戈蒂耶（Théophile Gautier）到过琥珀屋，他的感觉也是一样的无所适从与不知所以：

> 称它为"琥珀屋"，并不是一种诗学上的夸张，而是真真切切的现实……面前，全是琥珀，眼睛还没来得及准备适应，温润丰富的色彩就已经灿烂夺目，令你应接不暇，烟晶色到柠檬黄，黄色谱系应有尽有。琥珀屋中的金质雕刻，也已黯然失色，尤其

是在阳光照到墙面，游走于透明纹理之中的时候……

慢慢地，此屋的局部细节被呈现了出来。有窗的墙面，素雅平淡；另外的三个墙面，外层是传统的三块镶板，上有琥珀组成的精巧拼图，琥珀有透明的、浑浊的、褐色的、蜜色的，背衬附有可以反光的金箔。漩涡花饰（Cartouches）之中，包含配有普鲁士单头鹰的字母图案 FR（Fredericus Rex 腓特烈大帝），还包含配有俄国双头鹰的字母图案 EP（Elizaveta Petrovna 伊丽莎白·彼得罗芙娜），据此可以看出琥珀屋的来龙去脉：先是由普鲁士选帝侯腓特烈三世（the elector Friedrich III of Prussia）委托建造，后来又赠予彼得大帝，最后由彼得大帝的女儿伊丽莎白完工。琥珀屋的墙板，由镜面壁柱分开，壁柱框有四幅大理石镶嵌的图案，图案由佛罗伦萨艺术家朱塞佩·德佐基（Giuseppe Dzokki）设计，四幅图案分别表现"看"（Sight）、"尝"（Taste）、"听"（Hearing）、"触与闻"（Touch and Smell）几种感官。透明的琥珀墙板上面，刻有精致的凹雕海景；其余墙板上面，刻有关于圣经故事的浮雕。屋顶的横幅图画中，镀金的丘比特，在雕出的垂褶布幔之中，忘我恣意地玩耍。

琥珀屋的历史，漫长而又多难，其中经历过多次更迭变化。1696 年，腓特烈的妻子苏菲·夏洛特（Sophie Charlotte）委托安德烈亚斯·施吕特（Andreas Schlüter）给她设计柏林夏洛特堡（Charlottenburg）的宫殿内景，这位建筑师于地窖之中发现了十几个箱子，里面装有满满的波罗的海的琥珀原石。于是，他叫来哥本哈根（Copenhagen）的工匠戈特弗里德·沃尔夫拉姆（Gottfried Wolfram），打算建造琥珀屋。沃尔夫拉姆发现，在热水中放入蜂蜜、亚麻籽油和干邑白兰地，再把琥珀放入其中，可以软化琥珀。这样，琥珀原石就可以被压制成薄片，一共做成了高 4 米的 12 块琥珀大板，10 块稍小一点的琥珀板以及 24 块琥珀装面踢脚板。

然而，就在那时，工程却停止了。1705 年，苏菲突然死于肺炎。1707 年，施吕特给柏林币厂建造的塔楼倒塌，他被流放国外。

有一位年轻的建筑师叫弗里德里希·伊桑德（Friedrich Eosander），当时甚得宫廷喜爱，取代了施吕特的位置。可是，沃尔夫拉姆拒绝交出琥珀板，伊桑德便潜入他的作坊，偷走了琥珀板。沃尔夫拉姆后来控告伊桑德，没想到后者竟然反诉成功，让前者进了监狱。1713 年，腓特烈去世，至此，琥珀屋依然还没有完成。

他的儿子和继任者腓特烈·威廉一世对这项花费巨大、麻烦重重的工程，丝毫不感兴趣，他解雇了伊桑德，把琥珀板搁置存放了起来。

1716 年 11 月，彼得大帝到达柏林，造访腓特烈·威廉一世。彼得大帝深迷琥珀由来已久，早在 1696 年，他便在哥尼斯堡买了《普鲁士琥珀》（*Succini Prussici*）这本书，作者是菲利·雅各布·哈特曼（Philipp Jacob Hartmann）。为了稳固同盟关系，腓特烈·威廉一世把那些琥珀板赠予了彼得大帝，总共装了 18 个大木箱，放到马车上，然后运往圣彼得堡。礼尚往来，彼得大帝赠予了腓特烈·威廉一世 55 名勇士和一只曾给自己定做的高脚酒杯。第二年夏天，琥珀到达了彼得大帝刚刚建成的位于圣彼得堡涅瓦区的夏宫（Summer Palace）。卸货的时候，负责人缅什科夫（Menshikov）遭遇了琥珀板的噩梦，有些板材破碎了，有的组件丢失了，怎样把它们再重新组装起来，也没有人来指导。琥珀屋这项工程，又被搁置起来，无人问津。直到 1743 年，伊丽莎白委托雕塑家亚历桑德·马特列（Alessandro Martelli）在冬宫（Winter Palace）把琥珀屋给组装了起来。然而，琥珀板的数量不足以装成她心中的理想屋子。因此，屋内使用了镜面壁柱用作填充，安装在琥珀板之间存留的空隙中。

1755 年，伊丽莎白决定让琥珀屋再次搬家，这次是要搬到位于皇村的新宫殿。在此，琥珀屋被重新组装到一个更大的房间；因为没有足够的钱来买更多的琥珀，琥珀屋就使用了许多赝品琥珀板和更多的玻璃镜子。1762 年，凯瑟琳大帝登基，她认为琥珀屋应当好好地翻新一下。于是，从桑比亚半岛（Samland）运来 900 多磅琥珀，同时从哥尼斯堡雇来 4 个雕刻师，以货真价实的琥珀，来取代屋里那些赝品。

这样，琥珀屋一直在此待到了 1941 年。面对德军的进攻，很多财富珠宝都被转移到了西伯利亚，但琥珀屋却不在其中。考虑到琥珀板易碎，很难拆解，库楚莫夫砌了一层假墙，琥珀板藏于假墙之后。这其实是个致命的错误。1944 年 1 月，苏联人又得以回到此地，然而琥珀屋却不见了踪影。德国人早已把琥珀屋装箱运到哥尼斯堡，展览于城堡之中。后来，二战即将结束的时候，琥珀屋却在此消失了，这事至今还是谜团重重。

接下来的几十年中，寻找琥珀屋，让很多人为之着迷，趋之若鹜。在寻宝这事上，克格勃和东德史塔西（East German Stasi）互不相让，还有鱼龙混杂的职业寻宝人也加入其中，并有数人已为此离奇死亡。多年以来，两位英国记者，凯瑟琳·斯科特-

克拉克（Catherine Scott-Clark）和阿德里安·利维（Adrian Levy）一直研究琥珀屋的下落。2004 年，他们发表了研究成果，出版了一本著作，名为《琥珀屋：20 世纪最大骗局的不为人知的故事》。书中认为，琥珀屋已不复存在；书中还描述道，在调查过程中，两位记者遭遇俄罗斯当局遮遮掩掩、模棱两可的态度。书中提到的以上两点，皆不被世人所认可，甚至在圣彼得堡思想开明的知识分子中也是如此。"即使他们的结论是大体正确的，"一位女士干脆利落地说，"他们的研究路子却有点不招人喜欢。"

我眼前的这个琥珀屋，实际上是个复制品。琥珀屋的失踪，是俄罗斯文化艺术的巨大损失。现代工匠们辛辛苦苦工作 20 多年，建成了这个琥珀屋的复制品。只用一张彩色照片，实际上是 1917 年的彩色底片，另有琥珀屋的原址轮廓，再有的就是些具体画作、黑白照片，同时再借助电脑模拟技术，计算浮雕的厚度，就靠这些，修复工匠把琥珀屋重建了起来，呈现的细节也是面面俱到。门楣装饰线脚的不显眼之处，本来有三三两两原屋建造和修补工匠的姓名划痕，这也被重新复制了出来，修复者也骄傲满满地把自己的姓名加在此处。这项复制工程用了六吨加里宁格勒琥珀，花费了 1200 万欧元，受到德国能源公司鲁尔燃气（Ruhrgas）的财政支持，最终在 2003 年竣工。那年 5 月 31 日，正值圣彼得堡建城 300 周年，德国总理格哈德·施罗德（Gerhard Schröder）与多国领导人参加纪念活动，俄罗斯总统普京当场为琥珀屋揭幕。

四块大理石的镶嵌图案，以原稿水彩设计图为蓝本，进行了再造。这几幅原稿水彩设计图，现存于佛罗伦萨考古修复博物馆（the Museum of the Opificio delle Pietre Dure）。1997 年，有人在不来梅（Bremen）售卖一块大理石镶嵌图案的真品——"触与闻"，这个人是汉斯·阿赫特曼，其父是前德意志国防军的军官，战争期间劫得此图案。阿赫特曼被捕，这块镶嵌图案也归还给了俄罗斯。除了色调上稍微有些出格，这块真品镶嵌图案与复制品惊人地相似，这让工匠在准确修复琥珀屋其余部分时，变得信心十足。其实，从色调上来说，现代修复者的复制品更接近原来的设计底图，工艺水平也超过了他们 18 世纪时的同行。

有一个问题，就是这个复制品琥珀屋太新了。不仅仅是色彩新的问题，因为色彩总会随时间流逝而变得更加柔和。更突出的问题是，琥珀屋内的各个连接点是那么精准，部分与部分的搭配是那么完美。琥珀屋的真身曾被多次搬来搬去，遭到破坏。垫板变形扭曲，许多琥珀也萎缩脱落，整个屋体也打过很多补丁，并且数次维修。复制品代表着一种完美，这是真品永远不能企及的。现代工匠复制琥珀屋，必然怀揣着对真品琥珀屋的柏拉图式理想，这种理想也是真品琥珀屋搜寻者心中的理想。琥珀屋的重建，体现了修复工匠的真爱和骄傲，这令人很难不为工匠的精湛技术和奉献精神所感动，他们数十年如一日，终于完成了看似不可能完成的梦想。

起初修建凯瑟琳宫琥珀屋时，同时建个作坊来对此屋时不时进行修补，就显得十分必要。工匠若是不忙于整屋的保养维修，就会着手处理一些小的物件，如国际象棋套件、精美首饰盒和小雕像等。幸运的是，这类物件，战时被带到了诺沃西比尔斯克（Novosibirsk），以保其安全，最终从战争中存留了下来，如今，在宫殿一层的现代展馆里展出。展品当中，有个透明琥珀做成的俄式小茶炊，非常精美，大约是18世纪90年代的，甚至还有一套男士化妆的用具，据说是凯瑟琳大帝让人给她的情人格里戈里·奥尔洛夫做的。这些物件散发出浓厚的家庭生活气息，令人感动，有琥珀把手的剃须刷、肥皂盒、饰钉和发油瓶。现今的女士，在生活中要送男友礼物，这礼物估计与上述展品也相去不远吧。决定重建琥珀屋之时，作坊也被重建了，作坊里的工匠又可开始做些雕像、高脚杯、首饰盒、烛台，把它们放置在18世纪那些先辈工匠的作品旁边，一同展示出来。

走出宫殿，黄昏之中，我们漫步穿过空地，于此，凯瑟琳建了两个花园。一个花园是法国风格，园中有整整齐齐的花坛和呈几何图形的林荫道；另一个花园是英国传统景观风格，起起伏伏的草地和树林之中，有湖泊与亭阁居于其中。行程结束，我们一伙人往大巴走去。这时，我抬头看到一字铺开的绿色宫殿，窗户中透出亮光。琥珀屋发出褐色的光，照进了黑夜。

除琥珀屋之外，圣彼得堡其他地方还有没有琥珀呢？艾尔米塔什博物馆（Hermitage）显然是要去看一下的。世界上最伟大的艺术展览馆之中，便有艾尔米塔什博物馆的大名。凯瑟琳大帝从柏林一个艺术商那里买得一些弗兰德（Flemish）和荷兰（Dutch）绘画，1854年对公众开放。1764年，艾尔米塔什博物馆在冬宫建成。在古典绘画馆里，大多数游客都急匆匆赶往文艺复兴时期绘画那里，而一个2世纪的古罗马石棺吸引了我的目光。石棺的上面刻画了法厄同（Phaeton）马车倾覆的场景。奥维德的《变形记》（*Metamorphoses*）里讲道，法厄同想驾驭父亲太阳神的马车，于是向父亲赫利俄斯（Helios）提出请求，得到了允许。结果，法厄同控制不住马车，在天上横冲直撞，把大地都烤焦了，直到宙斯用闪电把他击毙。他的尸体掉入了波河（River Po），法厄同的姐妹，于河岸哭泣悼念，最终变成了一株株白杨树。伊丽莎白时代的亚瑟·戈尔丁（Arthur Golding）的翻译作品中写道：

> 树在哭泣，流下浓浓的眼泪，寻珀之人这么说，
> 眼泪从树枝落下，阳光的热量，让它们凝结成块；
> 河流收容孕育了它们，最后它们出水芙蓉，格外珍贵，
> 去点缀罗马的贵妇人，让她们更加如花似玉。

石棺上的画面，表现力十足、节奏感强烈，真是活灵活现。法厄同摔下马车，头朝前方，头发上燃着熊熊烈火，骏马左摆右闪，乱蹬乱踢，周围散落着马车碎片，他的姐妹在哭泣，他的朋友塞格纳斯（Cygnus）变成天鹅，飞入河里，要去打捞他那烧焦的尸体。我又走过几个画廊，到了庞贝画馆，一些"接连不断的泪珠"映入我的眼帘。它们是一组琥珀珠，样子厚实，呈深黄色，还有小的截面，年代可以追溯到 1 世纪到 3 世纪，来自小亚细亚（Asia Minor）。楼上，古代大师的杰作让成群的游客赞叹不已。但是，几乎无人走到那灰暗的边廊，那里展览的是战争所获的一些艺术品，展出的方式是那么不动声色。这些绘画全是战利品，对于其中一些绘画来说，是二易其主，先是被纳粹抢去，后来又被苏联红军抢去。这些艺术品不在艾尔米塔什博物馆线上目录之中，也不能在国外展出，怕被没收了回去。这里面，印象派画作的收藏数量虽不多，但都是绝妙之作，出自雷诺阿（Renoir）、莫奈（Monet）、马奈（Manet）、西斯莱（Sisley）和高更（Gauguin），还有梵高（Van Gogh）的一幅房屋风景画，另有塞尚（Cezanne）的一张自画像和一幅圣维克多山油画。如今，有一种观点坚持认为，失踪的琥珀屋依然在德国某个地方的山洞之中。有人相信，上述的说法其实是耍了一个讨价还价的花招，可以用来作为不把这些艺术品物归原主的借口。

皇室套间一个接一个，似乎永无终止，我逛也逛不完，其规模让我深深为之震惊。在孔雀石厅（Malachite Room），里面的门把手，外面是鹰爪，内抓棱面球状琥珀。此厅展示的是力量，而不是品位，力量战胜了品位。在那个没有铁路的年代，从乌拉尔山区，把重达两吨的纹理丰富的绿矿石，拖拽数百英里到此，孔雀石厅展示的就是沙皇的这种力量。当年，"曙光号"巡洋舰停泊在涅瓦河之

上，发动了攻击，预示着冬宫的沦陷。然而，亚历山大·克伦斯基（Alexander Kerensky）领导的无能临时政府在那时犹豫不决、优柔寡断。事发当时，他就正身处于这个沉郁华丽的孔雀厅。

从窗子望出去，越过河面，在斯特列尔卡岬角之上，有两个古罗马风格的古战船船头纪念柱，迸发出一团烈焰，似是勇往直前的号角。我跨过宫殿桥（Palace Bridge），到了瓦西里岛，然后走过一些纪念石柱和大学，就是彼得大帝所建的人类学与民族学博物馆（*Kunstkammer*），也就是他的珍奇百宝屋。该博物馆建筑的颜色，是绿白组合，形状似教堂，建造的目的是存放彼得大帝收藏的稀奇物件。其中，有存放于酒精罐里的连体婴儿，双头儿童的骨架，还有一些畸形动物等。虽然看似怪异荒诞，但是彼得大帝收藏这些东西，可不是出于病态的好奇心，而是想传播科学知识，祛除旧的迷信思想。正是那个时候，新英格兰的清教徒还以一些妇女会巫术为理由，烧死了许多无辜妇女。

上了旋梯，进到塔楼，这里是一个纪念馆，缅怀另一位俄国伟大的现代化主义者。1748 年，米哈伊尔·罗蒙诺索夫（Mikhail Lomonosov）于此建了一个实验室，该纪念馆就是那实验室的再现。罗蒙诺索夫，这个渔夫的儿子，来自俄国遥远的北方地区，是彻彻底底的一个多面能手。作为化学家，其著作《数学化学基础》[*Elementa Chymiae Mathematica* (1741)] 是道尔顿（Dalton）原子结构理论的先驱；作为陶瓷艺术家，他振兴了俄国的镶嵌画艺术；他还是诗人、剧作家、语法学家，奠定了现代俄国文学语言的基础。圆拱大厅里最显眼的，是个巨大的圆桌。18 世纪时，圣彼得堡科学院就是在这儿召开会议。围绕大厅，陈列着同一时期的科学仪器，有许多蒸馏器、一个大大的燃烧透镜和一个曲柄静电发电器。有个抽屉柜桌，桌上覆有羽毛，上面有罗蒙诺索夫的钢笔、墨水瓶、铜制显微镜，还有一盒矿物样本，里面有多块孔雀石和琥珀。

1757 年，正是在这个房间，他有了一个关乎琥珀属性的重大发现。在 16 年的研究过程中，他发现琥珀的比重与松脂的比重相当，还有琥珀中的动植物遗迹都与森林环境相关。他所做的化学分析表明，从琥珀中分离出的水，闻起来有丁二酸的味道，而丁二酸是生命体所具有的属性。他在科学院所做的演讲中，下结论说，以前人们认为琥珀是固体石油，其实不是这样的，琥珀实际上是远古的树木流出的树脂。

我回到了涅瓦河的南岸，涅夫斯基大街以北。格里博耶多夫运河与大涅瓦河

（the Bolshoi）之间，坐落着米哈伊洛夫斯基宫（Mikhailovsky Palace），它是一座黄色的新古典主义风格建筑，现今是俄罗斯博物馆（the Russian Museum）的主楼。馆里的藏品可以追溯到俄国1867年的首届民族志展览，举办地点是在莫斯科的马术训练馆（Manège）。人体模特身穿帝国各民族传统服装，周围的背景是民族风景画，沙皇的家长作风在这种布置中显露无遗。"看起来是这么自然，简直太典型了。"亚历山大二世赞许地说道。1948年，展品搬到这里之后，苏联继续增加展品的范围，但视角稍稍做了改变，作为革命先锋的俄罗斯民族，现在变成联盟其他民族的老大哥了。

一组琥珀展品的标签上写着："波罗的海沿岸民族服装必会用到琥珀做装饰。"这组展品包括一些厚实的琥珀珠和吊坠，有透明些的，有浑浊些的，加工时间在1950年到1980年之间，地点是拉脱维亚的利耶帕亚、里加，以及立陶宛的克莱佩达、维尔纽斯。展品之中，还有几块琥珀的原石。有一个如拳头般大，表面粗糙有节，另外一个如蟹壳的模样，还有一些小块的原石，有苍蝇、蚊子困于其中。这些具有殖民色彩的战利品提醒着我们，琥珀不仅仅是个美丽物件，正如任何有价值的东西一样，它也是件商品，人们为它而战斗。琥珀之路经过的地区，乃是欧洲竞争最为残酷的区域。

我回到了客栈，感到若有所失，就如一句俄罗斯谚语所说的，好像灵魂无处安放。走到楼梯那儿，片片脱落的墙体上面，只见涂着些字，内容来自一首美国说唱歌曲：把烟卷点起，扇一巴掌给那坏女人。雨又下起来了，敲打着金属的屋顶，雨水自粗大的锡制水管流下，发出哗哗的流水声。雨水的涓涓细流，淌过不平的石铺路和柏油路。

第二天早上，我下楼去，走在楼梯上，楼梯咚咚作响。有两位年轻女士，穿着和天气相悖的超短裙。她俩站在一楼楼梯口处，一人一边，使劲地抽烟，都当对方不存在似的。这个公寓楼里，有家美容诊所，专门做一些小型美容手术：吸脂、电解除毛、保妥适除皱……电梯门上的那张字条，已经没有了。然而，电梯依然还是坏的。

第二章
渡过海湾

清新寒冷的早晨，令人倍感爽朗愉快。有一座花岗岩方尖碑，顶端是双头帝国鹰的标志，一只海鸥落在它的上面。1833 年，亚历山德拉皇后（Empress Alexandra）访问这里，随后立此方尖碑，以示纪念。市政厅黄色的大楼在冬日阳光下，色彩显得更加亮丽。海湾的岩石之上有一座东正教堂，太阳挂在教堂圆顶旁边，熠熠生辉。码头边上，几个老人在演奏乐曲，用的乐器是旧小号和手风琴，乐曲来自《爱情故事》（*Love Story*）的主旋律。同时，海岸警卫队的船队即将靠岸，一群人正在观望，露出激动的神情。海上，有一群海鸟围着船队飞来飞去。岸上，一只年轻的银鸥长着褐色的冬日羽毛，沿着码头在蹒跚而行。

在赫尔辛基，海的景色、海的声音和海的味道，总是在你身边萦绕。这个没有高楼大厦的宜人城市，居于一个多石、呈海星状的半岛之上。此半岛身处宽阔的自然海港中，周围有众多岛屿环绕。离开多雾的圣彼得堡，这里的海上微风令我神清气爽。这座小城，人口也就 50 多万，是那么随和，几乎人人都说英语。芬兰的国土狭长、人口稀少，土地一直向北延伸 1500 多公里，直到进入北极圈内。赫尔辛基位于芬兰的南部海岸。

我本打算乘船来这儿，但是船停航了。结果，我只好从圣彼得堡芬兰火车站搭乘了"赫尔辛基号"特快列车。一上火车，我就踏进了一个完全不同的世界：从后共产主义俄罗斯的喧闹街道进入了北欧社会民主主义的繁荣。火车很快就上满了人，大多数是芬兰人，也有几个俄罗斯人。火车停靠俄罗斯境内最后一站维堡（Vyborg）时，广播里通知，过境完成前餐车和厕所停止使用。"马上要过关和边境检查，请大家做好准备。"

芬兰由瑞典统治长达五个世纪。那段时间里，瑞典语是行政语言，精英阶层也说瑞典语。现在的芬兰，有少数人还在说瑞典语，并且瑞典语依然被认定为一种官方语言。1550 年，瑞典国王古斯塔夫·瓦萨（Gustavus Vasa）建城于此，当时城市命名为 Helsingfors，这是赫尔辛基的瑞典语名称。然而，城市并没有什么发展，因此芬兰首都仍在西部海岸的图尔库（Turku），而赫尔辛基成为一座弃城，深陷北方大战（Great Northern War）之中。随后一场瘟疫袭来，1710 年，城中有三分之二人口死亡。

自北方大战之后，又发生了多次战争，这让瑞典失去了欧洲强国的地位。1809 年，芬兰最终被俄国吞并。芬兰是俄罗斯帝国的大公国，有自己的宪法和议会，并且拥有一定的自治权。亚历山大一世委托一名德国建筑师，名叫卡尔·路德维格·恩格尔（Carl Ludwig Engel），重建此城，风格要与作为首都的地位相称。其中，修建了重要的参议院广场（Senate Square），有段又陡又高的台阶，居于此广场的醒目位置，爬上台阶之后，就看到了光洁明亮的路德白教堂（white Lutheran cathedral），路德白教堂与港口对面的俄国红砖东正教堂相互映照。

起初，俄国支持使用芬兰语，以弱化芬兰与瑞典的关系。但随着民族主义兴起，尼古拉一世（Nicholas I）政府变得警惕起来，于 1850 年禁止了芬兰语的使用。"解放者"沙皇亚历山大二世在其统治时期再次鼓励使用芬兰语。因此，在芬兰独立后，参议院广场的亚历山大二世雕像没有被拆除。这在芬兰的俄国统治者雕像之中，仅此一例。亚历山大二世遇刺后，历史的钟摆又摆向了另一个方向，那就是强烈抵制自由主义。俄国无政府主义者彼得·克鲁泡特金（Peter Kropotkin）在 1885 年这样写道，"芬兰享有的一点点自由"让"现今俄国当权的反动派"大为恼火：

> 人们旅行不需要护照，门卫不好好给人看门，在这样的国家，
> 似乎最容易发生革命。甚至这小国的工业稍有些发展，也会让他
> 们深为不安。

克鲁泡特金警告说："芬兰极力反对俄国给予自治权，这会更加让芬兰谋求完全独立。"这句话算是说对了。站在亚历山大雕像之下，我记起，就是在这儿，

1904 年 6 月 16 日，一名年轻的民族主义分子刺杀了芬兰总督俄国人尼古拉·博布里科夫（Nilokai Bobrikov）。这起刺杀事件在世界产生了巨大影响，尤其是对于那些向周围大国谋求自由的小国。"是你们合伙杀了芬兰总督吗？"在詹姆斯·乔伊斯的小说《尤利西斯》中，J. J. 奥莫洛伊（J. J. O'Molloy）向迈尔斯·克劳福德（Myles Crawford）和斯蒂芬·迪达勒斯（Stephen Dedalus）发问，"看起来这事是你们干的。博布里科夫将军。"

克鲁泡特金看到了芬兰工业经济的发展，游客也一样清楚地看到了。19 世纪90 年代，英国记者兼旅行作家阿莱克·特威迪（Alec Tweedie）夫人来到赫尔辛基，她认为这座城市漂亮、现代、思想先进，处处有电灯，家家有电话。她还注意到，妇女更加解放，并且媒体审查制度比起圣彼得堡，要稍显宽松。她的同时代作家A. M. C. 克莱夫 - 贝利（A. M. C. Clive-Bailey），在其 1895 年的著作《芬兰花絮》（*Vignettes from Finland*）中，这样写道：

> 一个城市，人口有八万之众，却如此干净漂亮，有那么多博物馆、图书馆和公共建筑。在英国要想找到这样一个城市，实属艰难。甚至贝德福德（Bedford）与赫尔辛基相比，前者也不如后者更能启迪心智，在社会娱乐、音乐会及戏剧方面，布莱顿（Brighton）也比不上赫尔辛基。

受 1905 年革命的冲击，尼古拉二世（Nicholas II）政府被迫恢复芬兰议会。很明显，新的立法机构是进步的，它是欧洲首个赋予妇女选举权的议会。然而，接下来又经历了一个黑暗反动时期，直到 1917 年俄国革命，芬兰才从其专横跋扈的邻国解放出来。

我沿"船长街道"（Kaptensgatan），南向而行。安静的城市、友好的氛围，令人丝毫看不出它历史上曾经动荡的那些岁月。长长的棋盘式道路（grid-plan streets）、路边配以 20 世纪早期的高层建筑，由砖和褐砂石建成，有轨电车沿着山边，有上有下，当嘟当嘟而过，这情景让我想起了旧金山。路过一个广场，树木环绕，甚是漂亮。我稍作停留，喝了一杯咖啡。随后，不经意间，我看到了最终想去的地方。一家古玩店，它的橱窗里有幅小油画，估计是 1790 年左右的作品，描绘了威尼斯的景色。在油画的龟裂缝隙中，可见一位贡多拉船夫，头戴鸟喙狂欢节面具，船载两人，正从圣乔治马乔雷教堂圆顶的旁边划过。

欣赏这幅油画时，店主请我进屋随便看看。店主还颇为年轻，看上去还没到40岁的样子，穿着舒适的格纹衬衫，戴着时尚的窄边眼镜，这打扮就是换在卡姆登（Camden）或是在科茨沃尔德（Cotswolds）也会非常得体恰当。他下乡多次，收来一些乡味甚浓的家具，有老式落地摆钟、松木箱子和苇编座椅，这些物件可为农舍和庄园增色不少呢。其他稍显精致的古董玩意大多来自1809年之前的斯德哥尔摩和1809年之后的圣彼得堡。他饶有兴致地打开一个18世纪的文具盒（writing box），盒里面有墨水瓶，还有专放笔和纸的凹槽，他还说这就是那个年代的笔记本电脑。店中还有两个典雅的皇家梳妆台，年代可追溯到亚历山大一世在位时期。显而易见，俄罗斯近年来一直在购回自己的历史文物，但是由于经济危机，这种做法就有所放缓了。

我问他是否能碰到琥珀——芬兰语 *meripihka* 是琥珀的意思——但是他说不大能见到。他给一位专营珠宝的朋友打了个电话，然后证实了芬兰人已不大使用琥珀。芬兰的传统手工艺丰富多样，我之所以来芬兰，是希望来这儿找到更多的琥珀印记，因为芬兰湾畔确实有琥珀被冲刷上来，虽数量不如更靠南的海岸。因此，听到上面的消息，我倍感失望。

他建议，想找寻我想要的东西，最好的地方是国家博物馆（National Museum）。于是，我沿着曼纳海姆大街（Mannerheimintie）往北走去，经过宏伟的议会大楼，它由石头砌成，通体呈蜜色。议会大楼前面，立着卡尔·古斯塔夫·曼纳海姆（Carl Gustaf Mannerheim）的骑马雕像。他是骑兵军官，睿智、久经沙场，曾很有手段地让希特勒和斯大林互相争斗，从而确保了芬兰的独立。博物馆本身就是民族抱负的纪念碑。当芬兰有望独立之时，该馆由埃列尔·萨里宁（Eliel Saarinen）、赫曼·盖斯柳斯（Herman Gesellius）和阿玛斯·林格伦（Armas Lindgren）三位建筑师设计而成，时间是在1905年至1910年，它是芬兰民族浪漫主义建筑的伟大杰作。楼体正面由花岗岩建成，塔楼高耸，屋顶非常陡峭，这是典型的汉萨同盟（Hanseatic）会议厅模样。

史前展馆引起了我的注意。在一些石器和陶器碎片中间，醒目地展出了八件琥珀吊饰。最大的一件，有3厘米宽，呈深蜜色，色泽丰润。然而，最入眼的是一件楔形吊饰，出土于梅萨波蒂（Metsapirtti）的墓葬之中。梅萨波蒂位于拉多加湖沿岸，今属俄罗斯卡累利阿（Karelia）地区。艺匠只略施小技，这块平淡无奇的浊珀，已经呈现"俊俏的脸庞"。眉毛之下，深邃的眼睛，炯炯有神。此珀虽小，但其意蕴的力量却大。这代表了什么呢？是一位勇士，是一位猎人，还是一位萨满法师？它是在卡累利阿地区制成的，还是从更远的南方由人带来的？

大约1万年前，最后一个冰河时代即将结束的时候，这里迎来了首批居民。那时，正在消融的冰川南边，波罗的海开始孕育而生。陶器的出现标志着新石器时代的到来。于此地来说，该时代大约起自公元前4000年，终于公元前2000年。这些陶制容器的外部有波状花纹点缀，这些花纹是在湿软的陶土上，用梳子雕刻而成的。制作这些陶器的人，现在被称为"梳状陶瓷文化"的原住民，被认为是芬兰人和爱沙尼亚人的祖先。他们的墓葬中经常出土一些私人琥珀饰品、燧石片尖粒，以及一些动物木雕、骨雕和软石雕。

到了铁器时代晚期，芬兰南部民族与罗马之间的贸易甚是兴旺发达，从这地区出土的硬币、饰针和其他物品上可以看出这一点。罗马帝国虽已灭亡，但交通似乎未受影响。西海岸附近拉格佩尔特坎嘎斯（Lagpeltkangas）地区的墓葬中，出土了大迁徙时代（Migration-Era）的琥珀剑珠；内陆卡拉亚马奇（Karajamaki）地区的墓地里，发现了墨洛温王朝（Merovingian）时期的琥珀珠。这表明，即使在所谓的"黑暗时代"（Dark Ages），各地区之间的贸易往来依然旺盛。

出馆的时候，我买了一张印有梅萨波蒂琥珀吊饰的明信片，希望这个来自远古、带有神秘色彩的人像，在我渡过芬兰湾到达琥珀颇丰的波罗的海沿岸国家时，可以做我的护身符之用。

去塔林（Tallinn），最好的交通方式便是乘船。一个周日早上，安静无风，天阴沉沉的。可是，我走到赫尔辛基的渡轮码头时，天却放晴了。港口边的一块大石上面，挂满了冰柱，蔚为壮观。那时，乘坐双体船依然可行，因为海面还没有结冰。那艘双体船造于澳大利亚，船身鲜红色、个头不大，名叫"玛丽莲号"（Merilin）。要是一两周后再出发，我就必须要乘坐慢船，渡过这80多公里的海湾。前方出港的地方，有卢奥托（Luoto）和布雷克赫尔门（Blekholmen）两个岛屿，岛上满是树木，还有绿色屋顶的船房，精致漂亮。这里是奈兰德游艇俱乐部（Nylands Yacht Club）的母港。20世纪20年代，亚瑟·兰塞姆（Arthur Ransome）曾经停靠此港。那时，他来到芬兰，游历这个国度"优雅漂亮、用石头修建的首都"，并给他的游艇买了些绳子、钩子和夹子。另外，他还买了"面包、黄油、奶酪、苹果、瑞典燕麦饼、香烟、绒线帽、芬兰鞘刀和一件马头柄海盗刀"。他的《燕子号和亚马逊号》（*Swallows and Amazons*）系列作品，令他家喻户晓。这个慈爱、嘴里叼着烟斗的典型英国人，过的却是非同寻常的双重生活。作为《曼彻斯特卫报》（*Manchester Guardian*）驻莫斯科的记者，他目睹了俄国革命，成为了布尔什维克（Bolsheviks）的狂热支持者。他与托洛茨基（Trotsky）的秘书叶夫根尼娅·谢莱皮纳（Evgenia Shelepina）结婚，拥有双重间谍身份，既为契卡（Cheka）工作，又为军情六处（MI6）工作。20 世纪 20 年代，他让人在里加给他造了一艘双桅帆船"拉康德拉号"（*Racundra*），后来他驾船绕波罗的海航行数次。

"玛丽莲号"在港里掉了个头，开始出发。起初周围有些零零星星的礁石，过了礁石之后，它便巡航起来。这时，船的一侧是萨卡朗格伦（Särkkä Längören）船坞岛，另一侧是芬兰堡岛屿（the fortress archipelago of Suonemlinna）上的灯塔教堂。一会儿，水面起了浪，甲板上，西南风变得凛冽起来。船终于驶过最后三三两两的小岛与礁石，速度提了起来。跨湾航行了 55 分钟，矮矮的、长满树木的普兰格利岛（Prangli），在港口那儿，进入了视线。岛屿后面，有个红黑色的灯塔矗立在孤石之上。很快，岸边变得清晰起来，城市郊区的高楼屹然耸立，圣奥拉夫教堂（St Olai's church）的尖顶也不甘示弱，与之比高。船在航行通过伊格纳岛（Aegna）和维尔姆斯半岛（Vilmsi peninsula）时，老城（Old Town）建筑的尖塔和圆顶，拨开雾气露出了它们的面容。往左边看去，是一排排苏式公寓楼群，样子恰似多米诺骨牌；往右边看去，满眼是船坞里的吊车和龙门吊。

渡船在一座好似塔庙的水泥建筑旁靠岸，此建筑已是摇摇欲坠，这是原来的列宁文化体育馆（V.I. Lenin Palace of Culture and Sport）。它建于 1980 年，距今还并不算久远，是为莫斯科奥运会的帆船赛事而建，它的历史虽然如此，但看到这一堆破烂水泥，似是看到了一个弃儿，让人有无以言说之感。过海关无人查验，也没有人查看护照。我径直穿过了马路，马路是双车道的，边缘带草皮，中间有隔离带。马路的这边，见到一个中世纪的海门（Sea Gate），它守护着入城的通道。一个绿草青青的公园边上，有一座黑色大理石纪念碑，形状如一个折断的弧形，它纪念的是一次沉船事故的 852 名遇难者。1994 年，"爱沙尼亚号"客轮（*MS Estonia*）在驶往斯德哥尔摩的途中，于波罗的海海域沉没。

走过哥特式的拱门，我拖着行李沿路而上。石铺的路面传来咔嗒咔嗒的响声。这条路叫匹克（Pikk）街，是一条长长的中世纪街道。街边的商铺都有陡峭的山墙。沿着路一直走，就会到达老城的中心。圣奥拉夫教堂的后面，一处墙体的壁龛里，有一墓碑，上面刻有一具可怕的骷髅，其胸部有只蛤蟆，另有毒蛇缠绕其上。一家小纪念品店的橱窗里，我看到了几串琥珀的身影。继续前行，有一座圣灵教堂，上面还有天文钟，沿着教堂边的一条窄道，一直往前走，就到了市政厅广场（Town Hall Square）。目光近处，是一大片石铺路面，又见前方是中世纪和文艺复兴时期的建筑，其尖顶拱和水龙卷格外的醒目，这就是拉科雅（Raekoja），也就是市政厅。它矗立在冬日阳光下，高高的尖塔直扎入清澈的天空。

现今这个市政厅可以追溯到 1402 年。然而，自 13 世纪以来，在同一位置，也一直有市政厅的存在。13 世纪时，塔林叫作莱沃（Reval），当时由丹麦统治。1248 年，此城加入了汉萨同盟，该组织是由北欧港口城市组成的商业联盟，覆盖范围可达诺福克群岛（Norfolk）的金斯林（King's Lynn）。1346 年，丹麦人把塔林和在爱沙尼亚的其他领地出售给了条顿骑士团（Teutonic Knights）。骑士团加强了此城的防御，修了墙立了塔，至今这塔墙依然环绕在老城周围。瑞典曾经一度成为欧洲强国，1561 年，它攻占了北爱沙尼亚。18 世纪初，瑞典与俄国爆发了北方大战，塔林在此战中由俄罗斯占领。风中堡垒座堂山（Toompea）威严地俯视着塔林城。无论何人统治座堂山，此城的商人阶级清一色的是德国人。这些德国人的祖先，是紧随条顿骑士团来此地定居的。结果，正如亚瑟·兰塞姆所说，古时的德国木雕师创作时，常以"睡帽乡村小镇"（night-cap-country town）作为背景，而塔林的市政厅看起来就像是一个"睡帽乡村小镇"。

离开市政厅，我就开始搜寻要下榻的旅社，下坡推着行李，朝着爱沙尼亚戏剧院（Estonian Drama Theatre）走去。该剧院建于国家刚刚独立之时，属新艺术风格，非常漂亮。剧院的浮雕和木瓦屋顶散发出民族浪漫主义的气息，这与同时期芬兰的建筑是一样的。突然，建筑风格为之一变，旅社所在的大楼是一栋宏伟的分离派风格（Secession-style）的五层建筑，文化部、一家房产经营公司，还有一些其他商业公司，也在此楼办公。从一块匾额得知，这座大楼竟是由建筑师埃列尔·萨里宁设计而成。我爬上一段陡陡的楼梯，见一个双扇门电梯。我乘电梯而上，电梯吱吱作响，把我送到了四楼旅社接待处。一位面容呆板、不苟言笑的女士说，我的房间在五楼，房号是 59，接着把钥匙给了我。上楼梯的时候，我发现地面标牌列出的房间号，最多到 58，这令我感到困惑不已。在楼道里转了半天，我终于明白怎么回事了。原来刚从地面平台隔出了一间房，这就是 59 号房间。这个工程也把一个美丽的飘窗分成了两部分。屋内从窗往外望去，高低不平的灰色屋檐下，是一个院子。房间里东西很少，仅有两张看似要散架的松木床、无盖羽绒被和带有灯线的壁灯。房间却很干净，另有一种东欧的氛围，我以前去东德看望亲人时，就能感受到这种氛围。然而，这种氛围很快消失了，各地都已找不到它的踪影。

我又回到了市政厅广场，那里几乎没有了人。星空之下，三三两两的人，在有碎冰的石铺地面上散步闲逛。珠宝商店明亮的橱窗里，有一些琥珀制成的项链、小饰品、饰针和吊饰。转过一个拐角，我碰巧发现了"古巴哈瓦那雪茄之屋"（La Casa del Habano），一家"烟吧"（smoke-easy）。如一些欧洲国家一样，爱沙尼亚也执行禁烟令，这家店就是为了规避禁烟令而设的。你可以买上一杯酒，若你喜欢，也可以买一根雪茄，带着它们，通过一段玻璃隔墙，进入舒适惬意的房间，里面有舒适的椅子，还有些矮桌子，头顶之上，是由木板拼成的老式天花板，中间还有深深的缝隙。空调的风强劲却安静无声，让屋里的空气依然保持清新。这里自带一种氛围，像一些私人会所，大家明知它名声不好，但就是有点吸引力，它可以不动声色地满足一些禁欢。这里的常客，可以把自己的酒锁在柜子里，然后自己保留着开柜的钥匙。

屋里顾客来自不同的国家，爱沙尼亚人、英国人、瑞典人和德国人。这里的人谈生意都轻声细语的，谈的是进出口生意、艺术品买卖、房产生意。谈话的只言片语顺着缭绕的烟雾，模模糊糊地飘到我的意识当中：

"他们想投资，但是……"

"塔林就是个小村子——你随便找个人一块吃饭，那人肯定也认识你认识的人。"

"那看来我基本上只要贿赂一下他就行了……"

几个互联网企业家让我过去一块坐坐。其中，保罗来自韦克斯福德郡（Wexford），路易斯来自德克萨斯的奥斯汀（Austin）。这些前途无量的年轻人，毕业院校有伦敦政治经济学院、哈佛大学、麻省理工学院，他们于此投资甚多，大部分是投资给刚起步的 IT 公司。作为 Skype 开发者的大本营，《纽约时报》曾经称爱沙尼亚为"波罗的海硅谷"。古时的莱沃城，国际贸易网络发达，是一个欣欣向荣的商业之都。孤立了几十年后，如今的塔林，正在重拾古时莱沃所扮演的角色。

次日上午，天空飘着片片的雪花。我想出去找个地方，喝点咖啡。走到一条弯弯曲曲的窄巷，巷名为乌瑞默赫（Voorimehe），以前叫作科林里特街（Kleine

Rittergaße）。巷子里有一家以爱尔兰为主题的酒吧，从里面传出低沉的歌曲《疯狂的爱尔兰漫游者》（*The Wild Irish Rover*）。我逛了几家古玩店，里面有奥姆露钟（ormolu clock）、俄罗斯圣像、沙皇钞票，还有苏联和纳粹的武器。这些物件，可以说是这个城市历史的缩影。我沿着窄窄的石铺街道，爬坡而行，目的地为座堂山。到了跟前，先是有一段陡陡的台阶，台阶穿过一个厚实、钉铁的门，过了门口，眼前出现一群整洁有序的巴洛克和新古典风格的建筑。

座堂山最有名的当然是亚历山大·涅夫斯基主教座堂（the Cathedral of Alexander Nevsky），建于1900年，属俄罗斯风格，洋葱顶上竖有金十字架。1917年爱沙尼亚独立后，座堂曾被视为沙皇压迫统治的象征，据说要把它拆除。兰塞姆认为它是丑陋的，因为它的拜占庭式风格破坏了此地哥特式和斯堪的纳维亚式的整体轮廓。然而，座堂现在已融入了塔林的建筑图景，成为一体，这整体的建筑图景恰恰反映了塔林复杂的历史。座堂的内景，让我感觉又回到了俄罗斯。围绕圆顶的窗户周围，熏香雾气缭绕，光亮从中透出，另有四个布道者，从穹隅之处向下俯视，有几个人在镀金的圣幛前祷告。入口右边，立有两个大理石匾牌，以纪念俄国战舰上牺牲的战士。这些战舰，乃是在1905年的对马海战（the Battle of Tsushima）中被日本人击沉的。波罗的海舰队的战舰，即罗杰斯特文斯基司令（Admiral Rozhestvensky's）的主力战舰，包括"苏沃洛夫公爵号"（*Knyaz Suvorov*）、"纳希莫夫号"（*Nakhimov*）、"亚历山大三世号"（*Imperator Aleksandr III*）、"博罗金诺号"（*Borodino*）和"纳瓦林号"（*Navarin*）。这些战舰曾经航行半个地球，它们的沉没大挫俄罗斯之锐气，加速了1905年革命的爆发。

2009年，莫斯科和全俄牧首（the Patriarch of Moscow and All Russia）阿列克谢（Alexei）去世，这位牧首在塔林出生，且后来在这个座堂升为主教。但是，此座堂里的氛围有些沉闷，甚至似有戒心重重之感，这里好像是小批难民的避难所一样。俄罗斯统治这里的50年间，爱沙尼亚的语言和文化受到压制，并且数万同胞被杀害，或被送到劳改营做苦力。因此，现在仍居于爱沙尼亚说俄语的人，不受人们待见。1991年，爱沙尼亚独立之时，苏联时期搬迁到此的俄罗斯人，大约占到总人口的30%，爱沙尼亚政府要求他们必须掌握本国语言和历史，才能给予他们本国公民身份。非公民没有选举权，不能取得护照，不能出国旅游，这种事态也招来了联合国、欧理会等组织的强烈谴责。

现在，雪持续地飘落下来。座堂山的正对面，是一座新古典主义风格的粉色宫殿，建成于凯瑟琳大帝统治时期，这宫殿便是爱沙尼亚议会（Riigikogu）的所在地。近处，有一白色的古代教堂，顶部有黑色的巴洛克式穹顶，此教堂可追溯到丹麦统治时期。城墙连绵不断，兰塞姆曾说，波罗的海国家首都之中，能看到的最美景色，就在这里：

> 沿着陡峭的悬崖，走到下城（Lower Town）的古城墙上，一个个灰色的圆塔立于其上。圣尼古拉斯水手教堂黑黑的尖顶直伸向天空，视线越过城中的房顶，可以看到……港口中的船只来回穿梭如织，游来游去。

雪依然在下，执意不停，轻轻地洒落。座堂山下面的屋顶，像披上了一层白毯。我刚要抖擞精神，抵御下寒冷，有一位身穿暖夹克、头戴羊毛帽的先生向我走来。他介绍了自己，名叫库尔诺（Kulno），这人个子高、身体壮硕、红棕色的卷发垂到了肩膀上。原来他是个摄影师，也是当地乐队的发起人，包里满满地装着要售卖的 CD。此外，他竟然还是琥珀经销商，是小本经营的那种。我告诉他我这次旅行的目的之后，他就从背包深处拿出一条黄色的昙珀手链。他还说可以拿给我更多的琥珀，只是提醒我说，这里售卖的琥珀大多来自加里宁格勒。

我问他包里 CD 的情况，他告诉我，他在为塔林音乐节做准备，这音乐节每年夏天都会举行。他解释说，这个音乐节在爱沙尼亚的独立斗争中起到了至关重要的作用，后来还被称为“唱歌革命”（singing revolution）。1987 年 6 月，一万多人聚集在音乐节上，高唱被苏联所禁止的爱国歌曲。次年 9 月，参加音乐节的人数暴涨到三万多人。每年，反抗力量都在增长，后来苏联开进了坦克，但摇摇欲坠的苏联最终于 1991 年 9 月 6 日承认爱沙尼亚独立。

时不时听人说，要了解一个城市，最好的方式就是在城市里迷路而行，走到哪儿算哪儿。我要返回老城时，在蜿蜒的小巷里穿行，轻轻松松便迷失其中了。然而，不经意间，我又找回了方向感，发现我已回到匹克街。长长的匹克街与欧莱维马格（Olevimag）街连接的地方，有个微型教堂，透过窗户，可以看到里面的圣像。该教堂建于 1909 年，时值尼古拉二世统治时期，它比路边的电话亭大不了多少。近处有家时髦的珠宝店，当代爱沙尼亚设计师的一些作品陈列其中，其中有个颈带上面挂着一个大大的琥珀吊坠。店里的年轻女士证实了库尔诺的说法，所有售卖的琥珀，确实是从外面进口的。

又往前走过几家店，就是中世纪的大基尔特之屋（Great Guild Hall），现在它是爱沙尼亚历史博物馆所在地。该馆的哥特式拱形大厅里，陈列着各个时期的艺术品，时间跨度是从石器时代到 20 世纪。和芬兰一样，在爱沙尼亚全国各地的史前墓葬中，都曾出土过琥珀。我眼前的玻璃橱窗里，有三个闪闪发光的琥珀吊坠。其中，一个是长长的片状琥珀，另一个是浅金色的，最后一个吊坠，有 5 厘米宽，色泽更深，呈圆形。在铁器时代，琥珀是与罗马帝国商贸往来的主要商品。相邻房间里的展品里，有一些在爱沙尼亚发现的罗马硬币，以及维京人带来的一些伊斯兰和撒克逊货币。

博物馆存放了许多德裔资产阶级收集的物品，这一阶级主导着塔林的商业和文化生活。1842 年，一些教师、医生和牧师，一共 37 人，齐聚一堂，成立了爱沙尼亚文学协会（Estlandische Literarische Gesellschaft），他们致力于研究当地的历史、文化、语言和民俗。格特鲁德·伊丽莎白·玛拉（Gertrud Elisabeth Mara）捐给博物馆一部歌德诗作的手稿，这是 1771 年歌德送给她的。当地艺术家 G. A. 希皮乌斯（G. A. Hippius）的遗孀捐给博物馆一份莫扎特协奏曲中的华彩乐段手稿，这是她丈夫从作曲家的钢琴调音师那儿得来的。馆中还有一些个小色深的琥珀穿成的念珠（rosary），这些念珠证明了中世纪条顿骑士团对琥珀贸易的垄断。

波罗的海的独特德国人文化，繁荣昌盛长达六个世纪，但在 1939 年，这种状态突然结束了。那年《苏德互不侵犯条约》（Molotov-Ribbentrop Pact）的签订，让波罗的海的几个国家处在了苏联的势力范围之内，波罗的海的德国人被遣返回由纳粹政府控制的德国。1940 年 6 月，苏联红军占领了爱沙尼亚，让其 22 年前从苏俄手中获取的独立地位毁于一旦。一年以后，纳粹攻入爱沙尼亚，1944 年，纳粹又被赶出，这时，爱沙尼亚又被迫加入苏联。

第二天，我逛了逛塔林的商业区，这里有办公大楼、购物中心、电车轨道和交通交叉口，所有这些都在老城的城墙之外。乘坐渡船来塔林时，那些慢慢从芬兰湾中露出身影的钢架玻璃高楼，现在就耸立于我的面前。它们的玻璃外墙反射出波罗的海水面的波光粼粼，这些高楼是塔林重拾商业信心的象征。港口的北边就是罗特曼区（Rotermann Quarter），这里有许多作坊和仓库，它们是在 19 世纪末由实业家克里斯汀·巴托尔德·罗特曼（Christian Barthold Rotermann）所建。

安德烈·塔尔科夫斯基（Andrei Tarkovsky）的电影《潜行者》（*Stalker*）中

的一部分，就是在这里一个年代久远的化学工厂里拍摄的。遭受几十年的冷落后，现在那些老建筑已经改建成时尚商店、餐馆和酒吧，但是还有些角落仍有一片荒芜废弃之感。20世纪70年代，这恰恰吸引了影片《安德烈·鲁布廖夫》（*Andrei Rublyev*）和《索拉里斯星》（*Solaris*）的导演。

鲍里斯·史楚嘉斯基（Boris Strugatsky）和阿卡迪·史楚嘉斯基（Arkady Strugatsky）的电影剧本，大体上是基于他们的科幻小说《路边野餐》（*Roadside Picnic*）。在小说故事中，发生了点什么状况，可能是核事故。没人能百分百确定，但是军方已在一个区域拉上了警戒线，事发区域被暗指为"造访区"（the Zone），其内有一间神秘的屋子，来到此屋的人，会受到来自他们内心最深处的欲望所带来的诱惑。潜行者会带客户进入这个房间，以此为生。据塔尔科夫斯基的说法，潜行者的职业是为那些没有希望、没有幻想的人服务。

导演塔尔科夫斯基，出身名门，家学渊源，具有深厚的俄罗斯文学和艺术传统。他的父亲阿尔谢尼·塔尔科夫斯基（Arseny Tarkovsky）是有名的诗人和翻译家，也是奥西普·曼德尔施塔姆（Osip Mandelstam）的朋友，还是玛琳娜·茨维塔耶娃（Marina Tsvetayeva）的情人。在其作品《雕刻时光》（*Sculpting in Time*）中，年轻的安德烈·塔尔科夫斯基自称继承的是陀思妥耶夫斯基的文学传统，并且哀叹苏联对这种文学传统的充耳不闻：

> 发生这种状况，是有原因的。首先，这种文学传统与唯物主义水火不容；其次，对于陀思妥耶夫斯基作品中的人物所经历的精神危机这个事实，人们的看法是存有疑虑的。为什么精神危机这种状况在俄国尤其为人所怕呢？而我却相信，正是经历了这种精神危机，我们的心灵才能得到治愈。

悬疑片《潜行者》是塔尔科夫斯基在苏联导演的最后一部电影。在意大利导演他的下部电影《乡愁》（*Nostalgia*）时，他决定不回祖国拍摄了。苏联解体之后，他的电影作品引起深深的共鸣，赢得了很多追随者。这些追随者属于新的一代，他们在努力地生活，而不必去选择某种固定的意识形态。电影《潜行者》中，有个情景令人印象深刻。这位潜行者，由亚历山大·凯伊达诺夫斯基（Alexander Kaidanovsky）扮演，影片当中，他靠在这片工业荒地的一扇破窗子上，默诵出了老塔尔科夫斯基的一首诗：

> 所有要发生的事情，
>
> 如那五瓣的树叶，
>
> 轻轻飘到我的手中，
>
> 然而，我依然不满足。

冬天的波罗的海沿岸，天黑得早。我走路返回老城时，两个喝醉的爱沙尼亚女孩摇摇晃晃地走过广场，发出咯咯的笑声。美丽风景的背后，塔林也有它阴暗的一面。投机倒把的生意仍在火热地进行，但是，市中心的几个"国际"酒吧，却显露出死气沉沉的氛围。我坐在其中的一家酒吧，看到平板电视里放着怪诞的时装走秀，名为"巴黎最疯狂之设计"。酒吧女招待是年轻的爱沙尼亚女孩，脸上涂着厚厚的粉底，嘴唇上涂着唇彩，这种打扮实在是对女子气质的嘲弄与丑化，似乎离性交易的现代奴隶只有几步之遥。经济状况很差的妇女，大多来自爱沙尼亚东北部的俄语区，她们被贩卖到塔林来满足当地需求。这里的艾滋病病毒感染率很高。

我来到"古巴哈瓦那雪茄之屋"消磨时间，我在这里遇见一个瑞典出版商，名叫托斯坦（Torsten）。他到这儿来，是要成立个平面设计工作室，为他在斯德哥尔摩的出版社提供服务。工作室由他的爱沙尼亚女友负责经营。托斯坦说，爱沙尼亚的劳动力教育程度高，但用工成本比瑞典低得多，并且这里的生活成本也低。塔林年纪大的人是在苏联体制下长大的，适应力有限，但是30岁及以下的年轻人具有很强的创业天赋。他认为，爱沙尼亚人和俄罗斯人之间的紧张关系正在消除，因为年轻人已经全部会讲俄语，同化融合已经开始。我对此一点都不相信，因为讲俄语的人与爱沙尼亚人相比，前者的失业率依然是后者的两倍，前者占到爱沙尼亚监狱罪犯人数的58%，还有，前者发生呼吸道疾病、酗酒和吸毒的概率要比后者高。

过了一会儿，我们谈到了爱沙尼亚历史中令人烦恼和伤心的一段故事。1940年，苏联侵入爱沙尼亚，很多爱沙尼亚人都为德国人而战，包括托斯坦女友的爷爷，后来苏联把她爷爷抓进监狱，就再也没有听到他任何消息了。

"爱沙尼亚很多家庭都受到影响，"托斯坦说道，这时他的高斯巴雪茄（Cohiba）

冒出的烟，丝丝缕缕缭绕在桌灯周围，"但是，他们都不想提这些事。"

　　1944 年，苏联再次占领了爱沙尼亚，很多人都转移阵地到了森林中，发动游击战，以对抗苏联军队。虽然人们称呼这支林中队伍为"森林兄弟"（Forest Brothers），但是其实队伍里也有妇女参加。他们开展了一系列的反抗行为，如执行破坏活动、暗杀苏联官员和置通敌者于死地。在爱沙尼亚国庆日时，爱沙尼亚蓝白色相间的国旗，会神秘出现在教堂尖顶，轻轻地随风飘扬。

　　阿方斯·雷班（Alfons Rebane）的一生可以说明当时的情形是多么的复杂。在很多爱沙尼亚人看来，他是个反抗苏联暴政的英雄；在其他许多人的眼中，他是同纳粹一个鼻孔出气的人。一战结束到二战爆发前，爱沙尼亚是个独立的国家，雷班是一位爱沙尼亚的陆军军官。1940 到 1941 年，苏联侵占爱沙尼亚，他潜入森林之中，领导游击队来抵抗侵略者。后来，德国军队把苏联红军赶出爱沙尼亚后，他加入了爱沙尼亚国防军团（the Estonian Legion of the Wehrmacht）。1944 年，由他领导的队伍编入了纳粹德国的武装党卫队（Waffen SS）。苏联取得最终胜利后，雷班逃到英国，受雇于英国秘密情报局（SIS），负责组织反共产主义的活动。

　　然而，他们的反共产主义活动遭遇到了金·菲尔比（Kim Philby）的致命打击。金·菲尔比给苏联提供情报，让苏联情报部门克格勃渗透并摧毁了他们的许多部门。1956 年，西方国家支持匈牙利起义，但以失败告终。于是，"森林兄弟"不再抱有从西方获得帮助的希望，大多数游击队员都弃甲归田，放弃了抵抗，而能继续坚持斗争的，屈指可数。1974 年，卡列夫·阿罗（Kalev Arro）在与克格勃交火中阵亡；奥古斯特·萨博（August Sabbe）一直困于森林之中，直到 1978 年，为了躲避追捕，他跳河溺亡；J. 林德曼（J. Lindemann）还算不错，1981 年，他于森林之中得以善终。

　　20 世纪 80 年代末，历史学家马尔特·拉尔（Mart Laar）遍访村庄，找到那些"森林兄弟"的幸存者，从他们那儿搜集口头证据。虽然那时苏联已实行开放政策（glasnost era），但拉尔的行为也算得上是英雄之举了。1992 年，拉尔的著作《林中战争：爱沙尼亚的生存之战（1944—1956）》（*War in the Woods：Estonia's Struggle for Survival, 1944–1956*）出版了，那时他已经担任了刚从苏联获得独立的爱沙尼亚的总统。1975 年，雷班在德国去世。1999 年，拉尔总统第二任期之时，雷班的骨灰由德国运回爱沙尼亚，以全规格军事礼仪重新安葬。当时，俄裔公民在爱沙尼亚议会大楼外举行抗议活动，同时，俄罗斯政府也提出公开抗议。

我与托斯坦互换了名片，就走路返回旅社了。过了一夜，气温有所上升，雪已变成了雨夹雪。大约中午时分，突然下起了雨，我到市政厅广场一家酒吧里避了会儿雨。我出来的时候，雪已被雨水冲没了。城市又回到了平日的景象，街上陆陆续续有了行人。沿着城墙往下，有个市场热热闹闹的，卖的是价格平平的衣服和五金制品，这情景就如兰塞姆来这儿时一样，那时市场的名字叫"露西市场"（Lousy Market）。我本打算第二天或第三天再出发去哈普沙卢（Haapsalu），但看到路上车辆甚少、交通顺畅，我心中顿生去意，决定马上出发，继续前行。

第三章
流浪家园

繁星满天，仙女座女神安德洛墨达（Andromeda）身体斜躺，照料着膝间那一团混沌，那就是大螺旋星云（Great Spiral Nebula）。天上的银河，倾泻而下，落到了海面之上。抬望夜空，最亮的星星深处，是一些小星星，再往深处看去，又是一些小小的星星，如此延伸，以至无穷无尽。西方的地平线处，有一条淡绿色的光束，闪闪烁烁，发出光芒。小水湾两边，长着芦苇，水浅的地方，都已结了冰。这时，从远处传来了阵阵的鹅叫声。

哈普沙卢是个小港口，位于爱沙尼亚大陆的最西边缘、莱内县（Lääne）境内。此县是芬兰湾与波罗的海的交汇之处，这里的海岸线，形如一个直角，由东西方向直拐成了南北方向。欧亚陆块延伸到此，分散成了一片岛屿，星罗密布于里加湾（the Bay of Riga）之中。浮于水面之上的岛屿，较大的有三个，分别是希乌马岛（Hiiumaa）、萨列马岛（Saaremaa）和穆胡岛（Muhu）。这三个岛屿，野性十足，上面狂风肆虐，德国人和斯堪的纳维亚人把它们分别称为达格岛（Dagö）、奥塞尔岛（Ösel）和姆恩岛（Moon）。除此之外，还有无数小岛，密密麻麻分布在海面上。远在新石器时代，这里的先民就已经使用琥珀雕像，作为亡亲的陪葬，有鸟雕、蛇雕以及其他动物的雕像。

爱沙尼亚国土之中，这个地方是最后才被利沃尼亚骑士团（Livonian Order）征服的。因此，这片群岛，几个世纪以来，都是走私犯、匪徒和海盗的法外之地。1839年，俄国"尼古拉一世号"（*Nikolai I*）轮船，从圣彼得堡驶往吕贝克（Lübeck），在萨列马岛海域失踪。次年，驶往圣彼得堡的汽船"秃鹫号"（*Vulture*），在此岛的南部海岸水域沉没。远在伦敦的劳埃德保险社（Lloyd's of London）谣言四起，说是岛民燃起假的灯火，迷惑船只撞上礁石，这就让保险商遭受了重大损失。沙皇尼古拉一世（Tsar Nicholas I）的"彼得霍夫号"（*Peterhof*），是一艘排水量达400吨的蒸汽快艇。1850年，这艘崭新的快艇开启了它的处女航，从泰晤士河上的布莱克沃尔（Blackwall）驶往圣彼得堡，不想途中遇到强风，撞上了萨列马岛海域的礁石。结果，船上人员全部获救，幸免于难，但是要想把快艇打捞上来已几无可能，而这艘快艇当时估价超过两万英镑。海边的步行道，两侧种植着树木。我沿着步行道，在曲折的湾岸散步，路过一个漂亮的木制游乐场，它还遗留着那已逝去的欢乐气息，这种欢乐可以遥见于19世纪的度假胜地。我把包放在石椅上，去路灯下看看地图。回到椅边时，听到了音乐声，是一种欢快的旋律，似是要奏出华尔兹舞曲，接着，旋律却又落了回去。音乐像是从我的行李中传出，我正要看看怎么回事，这时曲调突然清晰起来，我辨出这是柴可夫斯基（Tchaikovsky）的《悲怆交响曲》（*Pathétique Symphony*）。原来是我在此移动，触发了音乐，椅子就发出了声音。再仔细一看，椅子上面有作曲家的铜质浮雕，以纪念他1867年造访此城。那时，此城名叫格普萨尔（Gapsal），是当时沙皇俄国最有名的度假胜地之一。

下榻酒店并不很远，它的主体是一座19世纪的带角楼的度假别墅，但是我的住处是海边的一个现代棚屋，外面有走廊，面向大海。次日清晨，一觉醒来，眼前一幅盛景。蛋壳颜色的天空下，哈普沙卢海湾一望无际，初升的太阳，给几片云彩染上了橙黄色。浅滩之处，尽是涉禽和海鸟；忽然一阵雷声响起，原来是一群天鹅，飞腾而起。吃罢早饭，我在城里随便逛了逛。老城区位于一个半岛上面，岛的中间，有个湖泊，水陆界线模糊，难以分辨。两眼看去，城区全是木头。木头房子、木头窗子、木头围栏，院里也还是木头堆；还有木头的栈桥，另外，那一艘艘木头老渔船，依偎在一片干枯的白蜡树和桦树之中。就连烟，也是木柴燃烧后冒出的烟，在空中飘荡。

市中心是城堡教堂（the combined castle and cathedral），它周围是一片绿地，绿地的周遭便是城中心了。1279年，此城变为 Ösel-Wiek 主教区，乃是一个半自治的公国，隶属于利沃尼亚邦联（Livonian Confederation）。北方大战期间，城堡部分遭到俄军破坏，但是教堂部分依然挺立于巍然的城墙堡垒之中。自异教信仰会遭武力镇压以来，那教堂就是基督教世界坚不可摧的前哨。另有几个石砌建筑，似乎都是舶来产品。德国风格的几个别墅建筑，让人想起了19世纪的温泉热潮；俄罗斯帝国风格的几栋办公大楼，似是从圣彼得堡直接搬了过来。1923年，兰塞姆的双桅帆船停靠此港，上岸补给了些面包、牛奶和火柴。彼此一样，我俩都来过此城。兰塞姆到这儿时，乃是秋天。他当时发现，这个寂静小城，正从夏天的疲态中恢复过来。夏天，小城热闹非凡，喧闹不止，这可以带来财政收益，但是小城与其他度假胜地也有不同之处。他指出，去英国的度假胜地，一般是全家都到海边，热热闹闹玩上两个星期，哈普沙卢这儿则不相同，夏天，男人把妻子和孩子送到这儿，享受阳光，尽情沐浴，放松心情，治愈那心中的疾病，而他们则只从莱沃坐火车过来，度个周末。

接近小城北部的尽头，有个"爱沙尼亚瑞典人博物馆"（Museum of Estonian Swedes）。这个年岁颇久的木质建筑，大门紧锁，无人看管。但是，我走近门口时，一只黑白色的猫在我脚边叫了几声，接着路对面走过来一位年轻女士，打开了博物馆的门。俄国征服爱沙尼亚之前，这里由瑞典人统治着，爱沙尼亚的西边海岸和岛屿上住着很多瑞典人。他们的后代继续在这儿生活，以打渔造船为生。1944年，苏联占领了这里，大多数瑞典人都离开了此地，返回了瑞典的老家。现今，这儿还有些瑞典老人，每周都来博物馆见个面，一起编织挂毯，让瑞典文化得以保留下去。我看到了一些老旧照片、手工艺品、渔船和渔网，令我产生了一种奇特的感动。这些已经逝去的瑞典人，坚忍不拔地传承自己民族的文化遗产；20世纪冲突战争不断，剥夺了许多人应有的权利。这些留下文化遗产的瑞典人，可以说正代表了那些在冲突战争中被剥夺了应有权利的一些人。

该轮到苏联人登场了。整个冷战期间，哈普沙卢和其他岛屿都是军事区域，禁止游客入内，即使苏联游客也不例外。城镇西南仅4公里，便是托克哈普沙卢空军基地（Tokhaapsalu air base）。1991年基地停用之前，这里一直驻扎着第425拦截机航空团（the 425th Interceptor Aviation Regiment）的38架米格-23战斗机（MiG-23）。我继续往北走，这个半岛分成了两个叉齿，东边一叉是一个游艇俱乐部，西边一叉是一片荒芜之地，一长排苏联时代的工业厂房，坍塌严重，半数已经拆除烧毁，还有新近乱扔的垃圾，有破烂的鞋子、用过的避孕套、皮下注射器，垃圾之中，也遍布着些正在腐烂的包装箱，上面印有西里尔文字（Cyrillic script）。

回到城堡广场（Castle Square），有一家二手相机店，售卖俄罗斯老式泽尼特

（Zenits）和留比特（Lubitel）相机。一家小古玩店的橱窗里，放着一件破旧的女式毛披肩，多张粉红和蓝色的沙皇大钞票，还有一串老旧珠子项链，色泽发暗，血红颜色，项链上挂着标签，上面有一字，字迹工整古老，写着 *Merevaik*，是"琥珀"的意思。

几天的时间里，我坐着渡轮，穿行于姆恩群岛，这里景色漂亮，没有人烟。随后，我去了库雷萨雷（Kuressaare），不论大小，它是萨列马岛上唯一有人居住的地方。这个集镇正为冬天忙碌，工人在挂圣诞灯，路面也在撒上沙砾。从游客咨询处得知，冬天没有渡轮开往拉脱维亚海岸的文茨皮尔斯（Ventspils），这就是说，我必须回到岸上，走陆路交通，行程距离至少增加250公里。我出来旅行，能不开车就不开，因为开车旅行很难有与人交流的机会，也很难仔细欣赏周围的风景。再有，手握方向盘，记下旅行笔记，更是不可能的事情了。然而，当时情况下，只能是租辆车前行了。

天黑时，我驾车到了派尔努（Pärnu）。此市位于河口之上，河与市同名。历史上，派尔努很早就加入了汉萨同盟，经营木材、琥珀、毛皮和腌鱼贸易，与它有贸易往来的港口，可远至吕贝克和金斯林（King's Lynn）。自19世纪泥浴流行之后，这儿主要是一个夏日度假胜地。然而，繁忙热闹的港口与生机勃勃的大学，可以把这儿冬日易有的无精打采的面容一扫而光。我行走在交错如织的街道，寻找着布里斯托酒店（Hotell Bristol），街道两边尽是木屋和新古典俄式教堂。不料，找到酒店后，门上通知说，此店停止运营，可按指示到达拐角处的维多利亚酒店（Hotell Victoria）。没想到，这反而是走了运。维多利亚酒店是一座漂亮的新艺术风格的公馆，朝向一个小公园。公园的中间，有莉迪亚·科伊杜拉（Lydia Koidula）的雕像，她是19世纪爱沙尼亚的一位诗人。2011年，爱沙尼亚加入欧元区，而在这之前，面值100克朗的纸币上就印有这位诗人的画像。我的房间宽敞，模样却不合常规，颇为有趣，头上是有坡度的天花板，屋内还有个不甚结实的玻璃门，门外是用铁架围起的阳台。

我到了一家酒吧。这个酒吧是个长长的、精美的灰绿色房间，透出一丝淡淡的古雅。我要了一杯酒，这时，我看到角落几个人，穿着打扮与众不同。一位女士，穿着深红色的礼服，戴着雪纺绸围巾，手上一副长手套，看似刚刚从《樱桃园》（*The Cherry Orchard*）的演出现场出来，她身边还跟着个10岁上下的小女孩；还有一位年龄稍大的女士，留着短发，商务感十足。这几人说的都是俄语。几分钟后，两位女士站起来，走到钢琴那边，开始了一场俄罗斯歌曲音乐会。观众有十几人，多是年纪偏大的俄罗斯女人。我听出唱的歌曲，有柴可夫斯基的《寂寞芳心》（*None But the Lonely Heart*），这首是来自歌剧《尤金·奥涅金》（*Eugene Onegin*）的书信场景，另外还有些歌曲是来自格林卡（Glinka）、达尔戈梅日斯基（Dargomyzhsky）和米卢廷（Milyutin）。出乎意外，这些歌曲唱得非常动听，歌声中悲伤里带着骄傲，充满了怀旧之情。

过了一会儿，我对歌手表示了谢意，并问她是否会说英语。她会说，但说得不好，聊了会儿天，她就跟我说了句失陪，去换衣服了。她不在时，那个小女孩坐到钢琴边，弹起了拉赫玛尼诺夫（Rachmaninov）练习曲，弹得熟练而又富有情感。她妈妈回来了，穿着牛仔裤和无领毛衣，递给我她的名片，不屑地说上面是爱沙尼亚语，好像用爱沙尼亚语在名片上介绍自己，她并不喜欢，但是也不得不这么做似的。她出生在伏尔加格勒（Volgograd），小时候就来到爱沙尼亚，在塔林的乔治·奥茨学院（Georg Ots Academy）学习音乐。她现在管理着派尔努俄罗斯文化协会（Pärnu Russian Cultural Society）的声乐工作室，爱沙尼亚政府会给协会少量的资助。

酒吧来了大约 20 个衣着考究的爱沙尼亚人，他们来自一家当地的葡萄酒俱乐部，一起坐在长桌前，听俱乐部董事长介绍葡萄酒的制作环境和酿造年份。此时，那位女歌手告诉我，她女儿已经学了六年钢琴，现在就读于派尔努一家音乐学校。小女孩肯定是出生于爱沙尼亚独立后的几年，她非常喜欢练习说英文，用英语告诉我说："我是俄罗斯人！"显得十分自豪。

到里加的 A1 公路，即 Via Baltica 高速公路，由欧盟赞助修建，道路平坦而又现代。路上几乎没有车，不知不觉中，车已开入了拉脱维亚的国境。自从波罗的海国家加入申根国以来，边防关卡早已拆除。公路怀抱大海之处，我看到白浪滚滚而来，可以冲过海边的一排松林。

到达里加市之前，开车会先经过一片布满沙砾的郊区，有大片布满尘土的苏联时期的房屋，夹杂着其他一些老建筑，面临不同程度的失修破损，郊区电车轨道纵横交错，空中乱糟糟地挂满了无轨电车的线架。这座波罗的海沿岸的大城喧闹不堪，又脏又乱，每条街道的面庞之上，都可以看出它在那动荡的历史中留下的伤疤与荣耀。开车过了新拜占庭式的俄罗斯东正教堂，我就沿着德维纳（Dvina）河岸行驶。在一个拉脱维亚步兵雕像附近，我找到了停车场，把车停在了那儿。然后，我入住了一家别致的小酒店，它是一所 16 世纪的商房，位于老城区的边缘。

坐在火炉旁，我浏览了下《波罗的海时报》（*Baltic Times*）上的演出信息，看到当天晚上会有音乐会演出，地点在大行会会所（Great Guild）。出了酒店，我注意到这里讲俄语的人比爱沙尼亚语的多，并且广告牌和公告牌上，俄语的使用也会更多一些。商店橱窗之下，琥珀项链闪闪发光；街道上，有许多俄罗斯人在乞讨。说俄语的人，占到了拉脱维亚人口的近30%，与爱沙尼亚的语言法律相似，这些人中的一半，不能获得公民身份。亚历山大·基尔斯坦斯（Aleksandrs Kirsteins）是拉脱维亚议会外交事务委员会的主席，曾经把这些说俄语的人比作"平民侵略者"，要求把他们装上火车，送回他们的民族故土。

大行会会所于1384年建造，时为城市商界精英聚会的场所，现位于市中心广场的西北角。19世纪60年代，它经历了大面积的重修，但是它的明斯特房间（Munster room）保留着它中世纪时的样子，有着哥特式穹顶和音乐家展廊。会所四周的墙面上画着汉萨同盟各个城市独有的武器装备，城市中包括伦敦和伊普斯威奇（Ipswich）。我走进演出大厅，里面已坐满了观众，各个年龄段、各个社会阶层的都有，这点与英国不同，在英国去听古典音乐会的绝大部分是老年观众。

拉脱维亚国家交响乐团（The Latvian National Symphony Orchestra）在直布罗陀指挥家卡雷尔·马克·奇琼（Karel Mark Chichon）的带领下，登上舞台。在拉脱维亚年轻的钢琴家洛玛·丝凯德（Lauma Skride）伴奏下，交响乐团首先抒情地演奏了舒曼（Schumann）的钢琴协奏曲。真正的大戏，会在下半场演出，内容是柴可夫斯基的《悲怆交响曲》。柴可夫斯基似乎成了我这段行程中的旅伴了。序曲以深沉的低音大提琴和巴松开场，这就已经可以看出，奇琼并不把柴可夫斯基当作一位柔情的作曲家。演奏整体澎湃有力、一气呵成，音乐的行进，达到特殊的效果。音乐先是活泼灵动，然后史诗般的大开大合，最终汇聚成一种不可抗拒的强大力量。演奏把观众带进了肖斯塔科维奇（Shostakovitch）那种令人恐怖的世界，终曲蕴藏着的悲伤，冷若冰川，要把空气冻住了似的，后世俄罗斯作曲家谱曲的巅峰也不过如此。

音乐会结束，我在街上欣赏高高的红砖教堂时，一对俄罗斯夫妇走到我跟前。那位丈夫对我说："我不是克格勃，不是黑手党，不是基地组织。"尤里（Yuli）在里加已生活了40年，每月靠55拉特养老金生活，55拉特约等于50英镑。靠这点钱，他是买不起公寓的，因此现今住在旅社里面。他说他50岁，但看起来像是

65 岁。他妻子名叫伊莱萨维塔（Elisaveta），个头不高，穿着件白色棉袄，娇小的身躯里，显得忧心忡忡。随着苏联的陨落，这些正派、有尊严的人们，显得是那么的孤立无援。

第二天早上，我出来散步，路过一个火车站和一个市场。市场是在一排 20 世纪 30 年代的齐柏林（Zeppelin）飞机库里。道路的一边，矗立着科学院大楼，它是一座斯大林式的高楼，跟莫斯科和华沙见到的一模一样；它的对面，乃是有着漂亮洋葱顶的天使报喜堂（Church of the Annunciation），这是苏联统治时代的遗产。一路往上，见到了一座犹太教堂废墟，教堂毁于 1941 年纳粹来犯之时。教堂后面有个纪念碑，出自雕刻家艾琳娜·拉兹蒂娜（Elina Lazdina）之手，2007 年，该纪念碑揭幕。一面围墙由多个柱子撑起，柱子上面刻有多人的名字，这些人曾冒生命危险，救助了 400 多个犹太人的性命。柱子下面，有人放了一束红色康乃馨，也有人放了些鹅卵石。

我发动车子，开过德维纳河上的一座大桥，驶出了城外。河的西部地区是 Kurzeme，英语称它为 Courland（库尔兰），德语则是 Kurland。两个多世纪以来，小小的库尔兰（Courland）一度是一个独立的国家，甚至短暂地成为世界舞台上的参与者。1562 年，利沃尼亚邦联由瑞典、丹麦和波兰瓜分之时，利沃尼亚骑士团末任大团长（the last Master of the Livonian Oder）戈特哈德·克特勒（Gotthard Kettler）试图在这里建立一个稳固的军事基地。在克特勒和他后代的领导下，库尔兰和瑟米加利亚（Semigallia）公国名义上虽属立陶宛，但实际上是自治的。戈特哈德的孙子雅各布（Jacob）统治期间（1642—1682 年），该公国达到了其权力和繁荣的巅峰。雅各布受过良好的教育，他精力充沛，活力十足，曾经广游西欧，还建立了公国的商务船队，最终成为了欧洲最大的船队之一。船只从波罗的海的港口威恩达乌（Windau）[现今的维尔纽斯（Ventspils）] 和利巴乌（Libau）[现今的利耶帕亚（Liepāja）] 启程，出口木材、粮食、鱼和琥珀，可远至英格兰。英国内战期间，雅各布还派出一支舰队援助国王查尔斯一世。17 世纪 50 年代，公国甚至在冈比亚（Gambia）的圣安德鲁岛屿（St Andrew's Island）和多巴哥（Tobago）建立了殖民地。

1663 年 12 月 11 号星期五，在伦敦的一家咖啡馆，一位在波罗的海做生意的商人威廉·哈灵顿（William Harrington）告诉他的朋友塞缪尔·佩皮斯（Samuel Pepys）：

库尔兰公爵和那些王公贵族的最大娱乐活动便是狩猎。然而，他们并不像我们一样带着猎狗而行。狩猎那天，他们发号施令，召集举国之民，到野外集合，每人手上都点起火把，开始追赶猎物，熊、狼、狐狸、野猪和狍子，直至这些猎物筋疲力尽，束手就擒。最后，他们随便找个地方，来个瓮中捉鳖，看好什么猎物，直接猎杀它就是了。

可是好景不长。1655 年，瑞典军队进犯库尔兰，1658 年，公爵被抓入狱。囚禁期间，荷兰人侵占了他的殖民地，船队也遭到摧毁。1660 年获释之后，他重新打造了船队，夺回了多巴哥，但是辉煌时代始终是成了过往云烟。可能是公国太小，仅有 20 万居民，以致不能继续维持它在全球的霸业。在其强大的邻国支配下，库尔兰一直保持着不稳定的独立，直到 1795 年被俄国吞并。

我行驶在一条笔直的单车道上，穿过成片的松树林和桦树林，经过一个村庄，路边有些妇女在卖苹果和土豆。出了森林，一片空旷的原野出现在眼前。薄雾笼罩着四野，干草捆成了一个个圆柱蹲在野地里，在秋日潮湿的环境下，全都已发了黑。接着，三个小时的行驶中，我首次到了丘陵地带，沿着缓坡，车子向海岸驶去，这段驾驶令人倍感兴奋。路下约 20 米，波罗的海与爱琴海有着一样蓝色的海面，白色的浪花，层层冲上沙滩。

琥珀海岸（Amber Coast）在这里转了个弯，然后一直延伸到利耶帕亚。在那里的海岸，有"北部黄金"之称的琥珀，被大量地冲刷到岸上。在扎克尔内（Jūrkalne）小镇，一座 18 世纪的白色教堂俯视着一个陡峭的沙质悬崖。悬崖之上，受狂风肆虐的松树，在悬崖边上岌岌可危；早已掉入悬崖的松树躺在沙滩上，露出了条条白骨。扎克尔内以前叫作菲利斯堡（Feliksberg），是拿破仑战争（Napoleonic Wars）中一次海军事件发生的现场。1809 年 5 月 15 日，舰长约瑟夫·贝克（Captain Joseph Baker）的护卫舰"HMS 鞑靼号"（*HMS Tartar*）驶出利斯（Leith）港，在此与丹麦船只相遇。双方在沙丘上展开枪战，贝克的手下登上了丹麦的弃船，结果发现丹麦人在火药库中还燃着一支蜡烛。那时，火苗还差半英寸就会点燃炸药，贝克的一位士兵见状，赶紧把火苗给扑灭了。

帕维洛斯塔（Pāvilosta）是一个安静的小港，萨卡（Saka）河在此汇入波罗的海。我沿着沙滩散步，首次去尝试寻找琥珀。有人独自在沙滩上细细地搜寻，很难辨别是男是女。这人身上穿着风衣，头上一顶羊毛帽，眼睛紧紧盯着沙滩，耸起肩膀做出挡风的动作，沿着潮汐线而行，时不时捡起小东西，放入口袋里。显然，这人比我成功得多。吸引我目光的任何东西，定睛一看，最终不过都是橙色的鹅卵石。我心想，若是跟着有经验的琥珀猎人好好观察下，应该会学到一些东西。于是，我谨慎地保持着距离，跟在那人的后面，但是那身影发现了我，还是走开了。大约过了一小时，耳朵和手指已冻得发木，我决定就那么结束，打道回府。

我向着利耶帕亚港继续出发，但没有选择大路前行，因为走大路，意味着在内陆行驶。我选了一条小路，沿着小路行驶，会经过一些沿海的居住区。整整大半天，车子都在茂密的松树林里行驶。运木材的卡车在地面留下了深深的车辙，一片泥泞。泽姆普（Ziemupe）是个林中糖果屋式（Hansel and Gretel）的小村子，仅仅有几间农房。沿着刺柏林中的一条小路而行，在沙丘的边缘地带，见到了一座简约的白色路德（Lutheran）教堂。教堂内部，巴洛克式的圣坛和讲坛，令其素雅的 16 世纪内饰显得生动活泼。教堂还能在这儿待多久，没有人能知道。海岸受侵蚀严重，近年来，已有大约 10 米的海岸，消失在大海之中了。我站在沙丘上，看到西方的天空，布满红红的落日余晖；往北看去，阿克门拉戈斯（Akmenrags）灯塔的光束，扫过波罗的海的海面；往南眺望，利耶帕亚港的灯光，照亮了暗暗的天空。

我开车行驶在桦树林中。突然，车前灯光中，一只鹿跑了过去，吓了我一跳。等我拐了个弯，眼前出现了一座教堂。真是难以置信，这是一个巨大的俄罗斯东正教堂，有泛光灯照亮它那镀金的圆顶。我以前到过卡洛斯塔（Karosta），这是利耶帕亚的北部郊区，1893 年由沙皇亚历山大三世作为海军基地而建。这个海军基地，一直由苏联军方使用到 1991 年。沿着道路蜿蜒而下，就到了运河上的一座平旋桥，运河是卡洛斯塔和利耶帕亚的分界线。无人看管大桥，桥门也上着锁；自从一艘格鲁吉亚邮轮（Georgian tanker）在风暴中撞上大桥，桥就一直停用，这种状态已有一年多的时间了。因此，居民过河就不得不绕道几公里，而这让卡洛斯塔更加的孤立隔绝。

利耶帕亚官方的旅游手册，试图把卡洛斯塔描述成一个"野蛮之下，自带美丽"的地方，手册上饶有兴致地说："在冰冷弯曲的铁丝网之中，也会飘荡着那沁人心脾的玫瑰花香。"事实上，卡洛斯塔遍布凄凉，失业和吸毒问题突出，困扰重重，即使周六晚上，街道也一片漆黑，空无一人。生活在这里的大多数人是说俄语的，他们当年背井离乡、远赴这里，为海军基地服务，属于后勤人员。而如今，他们滞留在这儿，并且大部分都是失业的，但这个国家并不想收容他们。

在空荡的街上行驶了一会儿，我终于找到了去城里的大路。途中经过一个道口，正是红灯，我把车子停住。一列载着汽油罐的火车，从我车前穿行而过，每个油罐上面，印有俄罗斯天然气工业股份公司（Gazprom）的标志。我前方是辆奔驰车，它的车牌下面，贴有一面苏联小国旗和苏联的俄语名称首字母 CCCP。火车通过后，闸门抬了起来，我过了道口，又开车过了座大桥，就进入利耶帕亚了。一座红砖哥特式教堂的后面，有条狭窄的街道，其两旁都是木头房子，我在这街上找了家酒店，对面是个市场，卖的是廉价衣服和苏联纪念品。

利耶帕亚湖（Lake Liepāja）与大海之间，有一个狭窄的沙嘴，该城就横跨在沙嘴上面。沿着运河，年岁已久的木头房子，呈网格状排列。运河的两边，有成排的货船、拖船和起重机，河岸上，可见一些仓库和工厂烟囱。利耶帕亚有 6.9 万人口，是拉脱维亚的第三大城市，它的建筑风格丰富多样，说明此城历史饱经风霜，商业地位也非常重要。圣约瑟夫天主大教堂（St Joseph's Catholic Cathedral）新哥特式的尖顶和圣三一教堂（Church of the Holy Trinity）巴洛克式的钟楼，俯视着世纪末大道（fin-de-siècle boulevard），大道乃是灰色的战壕混凝土建成，是一个崭新的步行商业区，到处都是霓虹灯酒吧和玻璃墙面的购物商场。

此城起初是个渔村，名为利瓦（Liva），由利沃尼亚人（Livs）管辖，后来条顿骑士团接管，改名为利堡（Libau）。17 世纪时，雅各布·克特勒把这里发展成了一个大港，琥珀就是一种主要的出口产品。虽然该城规定，犹太人不得从商，但是许多犹太人在琥珀贸易中却很活跃，或者自己找寻琥珀，或者从当地农户那儿收购琥珀，然后再把琥珀卖到梅梅尔（Memel）或但泽（Danzig）。涉及的琥珀数量巨大，曾经有人给梅梅尔的商人菲利普·艾伯特（Filip Ebert），一次就拿出了一桶半的琥珀供他挑选。一封日期为 1700 年 2 月 7 日的信中说，一位名为伊萨克·沃尔夫（Isaac Wulf）的犹太商人向库尔兰公爵请愿，要求赋予他在公国经商的权力，因为他替代他的亲戚撒迦利亚·丹尼尔（Zacharias Daniel），一直在做海岸监督巡视员（Stradvogt）。从信中来看，丹尼尔做这份工作，约有长达十年的时间。

北方大战之后，发生了瘟疫，导致城里减少了三分之一的人口。1795 年，俄国吞并了利耶帕亚。在这之后，港口才慢慢恢复元气，重振雄风。20 世纪初期，利耶帕亚达到繁荣顶峰。那时，城里建了许多公园，铺设了电车轨道，还有一些新艺术风格的漂亮建筑也拔地而起。此城甚至在一战末期一度有几个月的时间，成为了拉脱维亚的首都。当时，城市的名字已经改叫利耶帕亚。那个时候，布尔什维克（Bolsheviks）占领了里加（Riga），因此，当时尚且稚嫩的拉脱维亚政府，在英国的保护之下，避难于利耶帕亚城中。

1941年6月22日，德军进攻苏联，这一天，利耶帕亚遭到猛烈空袭，具有深厚历史的市中心毁于一旦；6月29日，德国军队开进此城。一个月之后，德军开始了对犹太人的大屠杀。当时，一批批犹太人，被赶到城北7公里的谢德（Šķēde），在一片沙丘上，遭到德国军队的枪杀。不出一年，城中只剩下800名犹太人。德军用铁丝网围起一片街区，作为犹太人居住区。1942年7月1日，德军把犹太人赶了进去。但只过了一年多，1943年10月18日，犹太人居住区也不复存在，里面的犹太人被转运到了里加附近的凯瑟瓦尔德集中营（Kaiserwald concentration camp）。最后，只有不到80人活了下来。二战后，苏联加紧了对波罗的海沿岸的控制，约有900名利耶帕亚居民被驱逐到西伯利亚地区。因为这里有苏联的海军基地，斯大林明确指示，利耶帕亚禁止外人入内，即使是周边村民，也必须有准入证才能进城。20世纪80年代，苏联实行了开放政策，利耶帕亚才与外界重新建立了联系。

次日早上，我在城里闲逛。城中的建筑，风格是混搭的，这令我印象特别深刻。街上有斯堪的纳维亚典型的单层木屋，它的两侧，有奠基时代（Gründerzeit）的粉饰灰泥公寓，就是在德国任何城市都可以看到的那种，还有红砖别墅，这种别墅也常见于伦敦的郊区。最气派的建筑是俄罗斯东亚船运公司总部大楼。利耶帕亚曾是移民至美国的主要出境港口之一，1906年，就开通了直达纽约的航线。城里，琥珀到处可见。艺术历史博物馆，是一座新哥特式竖窗别墅，里面陈列了大量的琥珀，其中一些与考古发现有关，另一些与各民族文化历史相关。此城鼓励市民到沙滩搜集琥珀，然后将其上捐，用募捐来的琥珀做成了一条长达123米的琥珀珠链，为世界之最，除此之外，还制作了一个高高的沙漏状琥珀时钟，就放置在滨海步行道上。

城市与沙滩之间，有长长的滨海公园。我向沙滩走去，看看能否给自己找到些琥珀。沙丘完全遮蔽了城市，我似乎已出城很远。沙滩上人很少，有几对夫妻，还有一个遛狗的中年女士。顶着海风，我顺着海岸前行，眼睛盯着布满卵石的沙滩。

过了会儿，我碰到一个人，他穿着风衣，沿着潮汐线仔细地搜寻。那人有意地避开了我，很明显，琥珀猎手都是独来独往的家伙。我在沙滩上找了一两个小时，白费了力气，没有什么收获。非要说有，那也就是收获了几块漂亮的石头和感冒。

我回到城中，下午无事可做，就去了书店和咖啡馆消磨时光。晚上，大雨袭来，砸得屋顶铛铛地响，水在沟里哗哗地流，后来又狂风大作，肆虐全城，风声都盖过了大海涌岸的声音，当然风也把大雨吹跑了，至此我才得以睡着了觉。第二天，我早早醒来，天还是刮着狂风，长长的一片灰色积云，低低地疾驰扫过淡蓝色的天空。海鸥围绕着教堂尖塔和冒烟的木屋烟囱飞翔悲叫，教堂的钟声也在鸣响。

早上 10 点，我开车出城，继续上路。路的一边，是有芦苇环绕的利耶帕亚大湖，部分是自然荒野，部分是工业废区；路的另一侧，是长在沙丘上的一排松树。过了卢卡瓦（Rucava），树林渐浓，光色渐暗，树木都把路边给围挡了起来。又行驶了几公里，我就越过了边界，进入立陶宛境内。我驶离了大路，朝着渔村斯文托吉（Šventoji）行驶。13 世纪的编年史中，已提及这个港口，它后来也在 16 世纪的地图中出现。自从石器时代以来，琥珀就已在本地使用。1966 至 1976 年在这进行的考古发掘工作，发现了大量新石器时代的琥珀珠子和琥珀小雕像。这些琥珀文物，现存于里加国家博物馆和帕兰加（Palanga）的琥珀博物馆（Amber Museum）。我行程的下一站，就是这个琥珀博物馆。18 世纪，当地居民要付给庄园领主一定费用，才能取得搜寻琥珀的权利。1739 年，斯文托吉有十位居民取得执照，获准用织网来搜寻琥珀。

大路两边尽是一排排的苏联住宅楼，看似有些凄凉。下了大路，就到了一处海滨度假区，里面有些小棚屋和饭店，饭店都是一些长长的小木屋，因为是冬天，它们全都关着门，没有营业。然而，近海的区域却非常漂亮。有一个红白相间的灯塔，还有一座独特的现代派圣玛丽哲鲁（St Marijos-Juru）教堂。这个建筑有棱有角，好像是一个船头从松林中驶出，它那细长的红色尖塔，在远远的海面上就可以看到。教堂旁边，斯文托吉河在沙丘之间蜿蜒而行。

正午时刻，我到达了帕兰加，那时，雨开始转为雨夹雪。约纳斯·巴萨纳维丘斯（Jonas Basanavičius）是立陶宛独立的缔造者。路上见到此人的一个半身留髭铜像，凶巴巴地朝下瞪着街道，这街道正与他同名。该街道可以直通码头，街道两侧有酒吧、娱乐场、赌场和脱衣舞俱乐部。起初，斯文托吉是个渔村，13 世纪时，它首次有了书面上的记载。这个立陶宛的偏远村镇，把利沃尼亚和普鲁士正好分开。条顿骑士团曾经觊觎此地，想据为己有，这样就能把它控制的两个区域合二为一，统一起来，但是最终却没有成功。16、17两个世纪的时间，帕兰加发展成为了一个大港。荷兰、瑞典和英国的船只经常停靠此港，这里往外出口大量的木材、亚麻、粮食和琥珀。1581年11月，普鲁士公爵派出的一个委员会说，犹太人在琥珀贸易中异常活跃。1701年，在北方大战期间，港口遭瑞典军队毁坏严重，以后就一直没有恢复重建。1795年，波兰遭到第三次瓜分（the Third Partition of Poland），随后，帕兰加就实际处于俄德的边界地区，它变成了走私犯的巢穴。至19世纪，因为有宣传手册不断从德国走私过来，帕兰加的地理位置让它成为了立陶宛民族主义的温床。

1824年，一位波兰裔立陶宛伯爵，名叫麦克·迪斯基维奇（Mykolas Tiškevi-čius），试图重振旗鼓，复兴港口；其实，他的后人却更加成功，他们着手把这小村发展成为了度假浴场，建有酒店、疗养院和水疗馆。那时，像现在一样，琥珀制成的珠宝，深受人们喜爱；到19世纪末，大约有500名工人受雇于琥珀行业。如今，帕兰加就是波罗的海沿岸英国的布莱克浦（Blackpool）。夏天，这里热闹非凡；冬天，又湿又冷，人迹罕至，十分凄凉。出乎我的意料，琥珀博物馆却是开着门的，它主体是一座粉红色的新文艺复兴风格的豪宅。1897年，该豪宅由费利克斯·迪斯基维奇（Felix Tiškevičius）建于大片草木绿地之中。1941年，费利克斯全家被迫逃离家园之后，此宅一度荒废。1957年，它最终得以重修，1963年，这里就建成了琥珀博物馆。

博物馆拥有25万多件琥珀藏品，这是世界上规模最大的琥珀收藏品。然而，令我印象深刻的不是它藏品的量大，而是藏品的华丽和多样。琥珀藏品前面，置有高度放大镜，可以让你看到琥珀发光的内部。有小而光滑的琥珀，像小卵石一样，也有大些的琥珀，长度可达几英寸。其中，"太阳石"（Sun Stone）琥珀，直径达20厘米，如足球般大小，重达3.5千克，是欧洲的第三大琥珀，另外两个分别在柏林和加里宁格勒。太阳石琥珀，曾两次被偷，两次被找回，最近一次是发生在2002年9月。

有些琥珀清澈透明、金黄色；有些是浊珀，纹理粗糙。一些琥珀，表面有层层薄片，像是石器时代打磨好的燧石尖片。有些琥珀内部还有琥珀，琥珀再套着其他琥珀，这就产生了一些微妙的条纹，起初如果树脂包裹树脂，就会形成这种情况。另一些琥珀中，还能看到树皮和叶子的印记。许多琥珀，内部包含着其他东西。这些其实是树脂封存住的一些动植物碎片，有苍蝇、甲壳虫、蛾子、蚂蚁、蜘蛛、蜈蚣、蜻蜓，甚至有脊椎动物。最令人吃惊的是，一块琥珀中，竟然有一只完整的壁虎。内部含有爬行动物的琥珀异常珍贵，早在中世纪时，就有人伪造过这种琥珀了。

馆里除了天然琥珀，还有一些琥珀手工艺品。19 世纪，在库尔斯沙嘴上的沃德库兰提（Juodkrantė），发现了一些新石器时代的琥珀雕刻品。馆里有个房间，专门展示这些雕刻的复制品，其中有珠子、护身符、圆形饰物、吊饰和人像。这些手工艺品非常漂亮，工艺简约传神。另有十七八世纪立陶宛工匠制作的琥珀念珠、圣体匣以及其他用于祈祷的工艺品。馆里还可以见到一些不同寻常的苏联奖杯，如有个是列宁的半身像，甚至还有个是拖拉机模型。本地还出土了罗马、拜占庭和斯摩棱斯克（Smolensk）这些遥远地区的商品和硬币，它们用来交易波罗的海的琥珀，馆里有个展区专门说明上述情况。

从帕兰加这里，琥珀之路往南一直延伸，就到了克莱佩达（Klaipėda）。就在克雷廷加（Kretinga）以南，我在最外车道减慢了车速，缓缓地行驶，有个不耐烦的司机狠狠按起了他的喇叭。据推测，我刚刚跨越了俄罗斯帝国与德意志帝国以前的国土分界线，但我却看不到任何边界痕迹，没有纪念碑，没有匾牌，路上甚至连条线也没有。我有一张 1900 年的旧明信片，上面有边防检查站，可以看到有关卡、海关和漆有 V 形标志的哨所。那时，两国边界看起来非常宁静，似在安睡之中。而仅仅 14 年过后，这里就成了两国的战争前线。1914 年 8 月 3 日星期一，第一战打响了。当时，哥萨克（Cossacks）一纵队越过边界，进行突袭，但被梅梅尔守备军击退。然而，俄军的主力部队，却在更靠南的地方发动攻击，火力猛烈，行动迅速。索尔仁尼琴（Solzhenitsyn）在其小说《1914 年 8 月》（*August 1914*）中描述了这场战役。

柏林波茨坦广场（Potsdamer Platz）周围大厦的玻璃墙面整洁明亮，闪闪发光。广场地面上，仅有用石头铺成的一条界线，用来标记柏林墙的原来位置，这面墙把柏林一分为二，而这种分裂的状态一直持续了几十年。以前，从德理（Derry）到多尼戈尔（Donegal），你开车在路上行驶，会看到许多瞭望塔和英国军队的装甲车；如今，你沿着同一道路开车行驶，也看不到瞭望塔和装甲车了。这儿也是一样的。开车行驶在克莱佩达北部平原上，没有任何分界线的标记，这分界线以前是那么的重要。如今，没有分界线，眼前只有水涝地。

然而，我正进入欧洲历史上争夺最为激烈的弹丸之地。梅梅尔领地（Memell-and），以前也是叫这个名字，位于东普鲁士（East Prussia）的最北端。13 世纪时，这里生活着异教徒古普鲁士人（Old Prussian），他们宣誓对立陶宛大公国（the Grand Duchy of Lithuania）效忠，此国当时正与条顿骑士团开战。大约 1252 年，条顿骑士团入侵此地，引发了两个世纪的冲突。1422 年，实力已衰的条顿骑士团与波兰立陶宛联邦（Poland-Lithuania）达成和解，签订了《梅尔诺条约》（the Treaty of Melno）。从条约当中，条顿骑士团仅获得了少数领地，其中就有梅梅尔领地。后来，骑士团给这地区规定了边界，直到 1918 年，边界不复存在。

骑士团自称为琥珀之王（Lords of Amber），完全控制着琥珀贸易，欧洲大部分地区的琥珀念珠由他们供应。垄断贸易，有利可图，他们利用铁腕手段，加强垄断控制，禁止从沙滩私自寻找琥珀，违者处以死刑。1524 年，骑士团最后一位大团长（Grand Master）信奉路德教之后，梅梅尔领地归属普鲁士。1871 年，它最终成为了德意志帝国最东北部的小镇。在德国统治的几世纪期间，梅梅尔领地中有大量说立陶宛语的人口，这些人被称为普鲁士立陶宛人（Prussian Lithuanians），立陶宛语是 Lietuvininkai。

我把车开到了一条窄路上，向渔村卡尔克尔（Karkle）驶去。卡尔克尔挺有名气，据说是个寻找琥珀的好地方。一路上，到处是松树林和白桦林，树上挂着白雪，感觉很漂亮。有记录说，这里原来叫作卡贝尔贝克（Karbelbeck），早在 1540 年，它就是一个重要的城镇。现在，它缩小到只剩下了几处房子，依偎在树林中的一个池塘周围。我走下一段木楼梯，弯弯曲曲的海滩上，尽是些沙子和鹅卵石，上面覆盖了一层冰和雪。海风吹来，令人神清气爽。有几个人，顺着滩头而行，眼睛盯住潮汐线。还有一个更加专业的琥珀猎手，手里提着防水胶靴和网，从我身边走过，有意离得我远远的。我向北走去，在丛丛海草里，寻找着琥珀。时不时，我会看到发光的东西，但刚要捡起来，便发现那不过是一块漂亮的金色石英岩。走了 200 码后，我碰到一处急流，它穿过沙丘，沙丘上已有一条深深的水渠，流到沙滩后，在滩头形成了发夹形状的水流，接着就汇入了大海。一两个年轻人开着沙滩四轮摩托车，从我身边呼啸而过，轻而易举地跨过了水流，而我发现，由于没有防水胶靴，我只能走到这里了。于是，我沿原路返回，并且仔细搜寻着潮汐线。

找寻琥珀，这事看起来容易，做起来难。这东西不会扎堆在那儿等着你把它们捡起来；打磨好的样品，也不会躺在阳光下在那儿闪闪发光。要想在沙滩上找到琥珀，你必须目光敏锐，还得清楚琥珀的各种颜色和模样，另外，还得明白琥珀的一些特性。琥珀很轻，可以在盐水中漂起来，但是波罗的海的含盐量不够，琥珀在其海水中只能稍微浮起。受到搅动，它便浮起；置它不管，它便下沉。海浪会携带琥珀而来，但除非有东西拦住琥珀，不然它还会随海浪而去。这就是为什么那些琥珀猎手穿着胶靴，站在齐腰深的冰冷海水中，以捕获那些稍纵即逝的波罗的海黄金碎块。

　　如果真有"新手运气"（beginner's luck）这回事，那么我看来是不会有了，所以我决定采用更加系统的搜寻方法，仔细查看那些浅水坑，里面可能会有搁浅的琥珀。突然，还真发现了一个。这琥珀就躺在沙石中的低洼处，沙石的凸起挡住了它返回大海的去路。它不大，也不漂亮，但是毫无疑问，它确实是一块琥珀。这个琥珀像个圆柱残块，也像个冰柱，似从一块钟乳石状的树脂上脱落下来，它还像蜡烛流下的一滴蜡。它长度仅有 1 厘米多，截面大约有半厘米，呈半透明状，玳瑁色。琥珀的一面，有树皮的印记。5000 万年前，正是这棵树，渗出树脂，诞下了此珀。

第四章
流沙

　　我开车到了丹河（River Danė）边，驶上一座宽阔的现代大桥，过了桥就是克莱佩达了。这时，天空飘起了片片雪花。老城给人印象颇深，石铺的街道，新古典粉饰灰泥的墙面，以及三角墙面的砖垒仓库，全都凑在一块，显得甚是杂乱。老城的这个模样能让我们猜出城市其余地方在二战末期被毁掉之前的样子。

　　此城的地理位置至关重要。这儿有一狭窄的海峡，连接着库尔斯乌湖（Curonian Lagoon）与波罗的海。1252 年，波波·冯·奥斯特纳（Poppo von Osterna），这位条顿骑士团大团长（Grand Master of Teutonic Knights），正是在这狭窄海峡之上建了一座城堡，来控制进入乌湖与涅曼河（River Nemunas）的通道，德国人称涅曼河为梅梅尔河（the Memel），这条河最终流入库尔斯乌湖中。库尔斯沙嘴是一条长达 100 公里的沙洲，夹在乌湖与大海之间。这狭长沙嘴与沼泽陆地相比，会让条顿骑士团与其在普鲁士的领土联系更加方便。城堡周围慢慢发展为城镇，早期居民是德国人。1254 年，此城加入了汉萨同盟，成为一个主要的中转港口，出口产品主要有木材（大部分出口到英格兰）、粮食、皮革、毛皮和琥珀。海关文件记载，1677 年，从这出口的琥珀总重量达到 27 普鲁士英石（*Prussian stein*），约 300 千克。

　　然而，地理位置优越，也让它成为了别人争夺的目标。1628 年，瑞典人夺取了该城。七年战争（Seven Years War）时，1757 年，俄国 7 万大军进攻梅梅尔（Memel）。俄军炮击了 5 天，炮声震耳欲聋，100 英里外的哥尼斯堡（Königsberg）都可以听见，此城最终被俄军攻占。1762 年，伊丽莎白女皇（Empress Elizabeth）去世，其继任者彼得三世（Peter III）从这儿撤军。至此，俄国结束了对此城的控制。

我入住的酒店非常漂亮，叫欧罗巴（Europa），位置在中心广场。广场是石铺地面，面积很大，上面最显眼的建筑，是一座新古典主义的剧院，有着米黄色的粉饰墙面。看着这个宽阔的城市空间，我脑中不禁出现了一个新闻短片，一闪一闪的，那画面中，时间是 1939 年 3 月 23 日，希特勒站在贴着纳粹标志的剧院阳台上宣布，梅梅尔地区又回到了德意志帝国的怀抱，他当时的姿态有点像卓别林。我下榻的酒店，建于 1854 年，原来叫作俄国酒店（the Hotel de Russie）；第一次世界大战期间，俄国再次围攻了此城之后，酒店名字改成了波罗的海霍夫酒店（Baltischer Hof）。我的房间贴有深红色的壁纸，放置着红木大桌、旧式床架和衣柜，散发出中欧那种阴郁的舒适。

一战后，《凡尔赛条约》（the Treaty of Versailles）规定，梅梅尔领地归国际联盟管辖，驻有一支法国军队来强制执行。1923 年 1 月 11 日，立陶宛民族主义者驱逐了当地驻军；同年 5 月，该城并入新立陶宛共和国（the new Republic of Lithuania），从那以后，城市名字改为了克莱佩达。说德语的人称他们自己为梅梅尔人（Memellander），仍占该城人口的近 50%。20 世纪 30 年代之前，他们与朝夕相处的立陶宛人保持了良好的关系。到了 30 年代，克莱佩达当地纳粹分子开始鼓动与德国统一。希特勒在其小型战舰"德意志号"（Deutschland）上快速向克莱佩达挺进时，立陶宛政府没有别的选择，只能放弃这块领地。大量立陶宛人，尤其是此城政治文化生活中的活跃分子，都逃离了克莱佩达。这里曾有犹太人的祖先定居，并且其历史可以追溯到 1567 年，而在 30 年代，有 8000 名犹太居民也逃离了此城。没有逃离的犹太人多数在大屠杀中受害。1939 年，犹太教堂和犹太墓地被毁；老城南区，犹太教堂路（Synagogue Street）的尽头立有一块牌匾，用于纪念被毁的教堂和墓地。

1944 年秋，苏联军队包围了梅梅尔；1945 年 1 月，他们攻占了此城。没有逃出的德国人惨遭流放。起初，该城作为加里宁格勒的行政区来管辖，1948 年，城市被归入立陶宛苏维埃社会主义共和国（Lithuanian Soviet Socialist Republic）。那时，这种调整，无非就是一种苏联内部的重组，但是苏联解体的时候，克莱佩达就确实归属了独立后的立陶宛。位于波罗的海东岸的最北端，港口永不结冰，今天的克莱佩达是立陶宛的第三大城市和主要港口。

这个地区让立陶宛人和德国人都能产生情感上的共鸣，考虑到该地的历史，这并不让人感到吃惊。一个小公园内，有一座"立陶宛统一纪念碑"（Monument to the United Lithuania）。纪念碑建于 2003 年，它的样子是个残缺的柱廊。一个竖立的大方柱代表立陶宛本部（Lithuania Major），支撑着一个横柱的一端。一个小点的多立克（Doric）柱代表克莱佩达，支撑着横柱的另一端。横柱的这端往外伸出的部分呈断裂的状态，边缘参差不齐，唤起人们对丧失国土的印象，这些丢失的国土，现在属于俄罗斯加里宁格勒州（Kaliningrad oblast of Russia）。纪念碑上刻有立陶宛诗人伊娃·西蒙妮特（Ieva Simonaitytė）的诗句。诗人生于 1897 年，时值德国统治之下；亡于 1978 年，时值苏联统治之下。碑上的诗句是："我们同属一个民族，同属一片土地，同属一个立陶宛。"

于德国人来说，该区的重要地位可见于歌词之中，这首歌也成为了德国的国歌，那就是霍夫曼·冯·法勒斯雷本（Hoffmann von Fallersleben）的《德意志之歌》（*Das Lied der Deutschen*）。歌的开头，"德意志胜过一切"（*Deutschland, Deutschland über alles*），虽然臭名昭著，但是这歌词写于 1841 年，那时德国统一不过还是个理想，这歌本不是军事扩张主义的赞歌，而是一个分崩离析的民族寻求政治统一的赞歌。"这个民族的家园，从默兹（Meuse）一直延伸到梅梅尔。"德语为 *"Von der Maas bis an die Memel"*。

次日醒来，城市白雪素裹，安详静谧。丹河岸边的一处旧库房，竟然是一家工艺古玩店，卖的是书、手工艺品和琥珀饰品。

我买了一本德语的库尔斯沙嘴旅游指南，还有一本梅梅尔老照片相册，里面的照片描绘的是 19 世纪和 20 世纪早期的梅梅尔。许多照片是从明信片中复制过来的。其中一张，日期为 1904 年 4 月 1 日，一位英国游客写道：

> 祝你复活节一切安好！来这儿的路上，糟糕透了，再也没有比这更恐怖的事情了！做梦都没想到这艘船会遇上风暴。回去的时候，我一定坐火车。再也经不起这样的事了。我在海上，不是待了三晚，而是待了五晚。于我，简直是场噩梦。希望你一切都好……

我希望这位作者安全到家了。他描述的恐惧，其实一点儿也没有夸张。1900 年 10 月，《劳埃德船舶日报》（*Lloyd's List*）里写道：据一份梅梅尔电报说，在卡克尔贝克（Karkelbeck），有船倾覆搁浅，完全损毁，船上人员，生死不明。

克莱佩达与库尔斯沙嘴仅隔一湾窄窄的海峡，沙嘴上林木茂盛的海岸，隔水可见。柏林到圣彼得堡的邮政古道，这狭长的沙嘴就是必经之路。1717 年 1 月，琥珀屋的墙板装在 18 个大木箱里，置于马车之上，自柏林出发，就中途经过库尔斯沙嘴，车队缓缓在上面通过。到了梅梅尔，彼得·贝斯图热夫 - 留明（Pyotre Bestuzhev-Ryumin）接管了这批货物，他是库尔兰女公爵的总管勋爵，同时也是她的情人，女公爵就是后来的安娜·伊凡诺夫娜女皇。货物从这儿开始，由军队护送，经过里加，最后送到圣彼得堡。

我计划驾车穿过长长的沙嘴，越过俄罗斯边境，然后到达加里宁格勒。我把车子开上车辆渡轮，车压在金属坡道上，哐当哐当地响。一辆大丰田越野车在我的前面，它的窗子贴着浅色车膜，车上挂着俄罗斯牌照。渡轮在海峡里调了个头，不知不觉，很快就到达了远岸的斯米尔汀（Smiltyne）。下船后，我驾车行驶在林木覆盖的沙丘之间。车的左侧隔着宽广的舄湖，可以看见那边的陆地。景色的反差，真是如梦如幻。我的近处是一片自然荒野，而水的那边是克莱佩达，崭新的高楼大厦和船坞的起重机清晰可见。过后，随着航运基地消失在视野中，对岸的陆地那边能看到的，就只剩下了低低的、长着树木的海岸。

沙嘴上的沙丘和林木中，栖息着麋鹿、野猪、狍子、褐兔、狐狸和一些小型掠食动物，如松貂、短尾鼬和臭鼬；沙嘴的天空中，盘旋着海鹰、白尾海雕、黑鸢、鹞鹰和鹗。波罗的海岸边的海浪中，巡弋着红嘴鸥、黑燕鸥、普通燕鸥、蛎鹬、红喉潜鸟和剑鸻。另外，还有成千上万的水鸟和涉禽在舄湖的浅滩上过冬。1809 年，威廉·冯·洪堡来过库尔斯沙嘴，他曾说道："这地方太不一般了，如果你不想让你的灵魂错过这一绝妙的景色，你一定得来这儿看看，就像一定得去西班牙和意大利看看一样。"美丽的库尔斯沙嘴被联合国教科文组织批准列入《世界遗产名录》。

沙嘴上的路又窄又滑，没有撒上防滑沙砾，我开车在上面行驶，异常的小心。路上一辆车打滑掉到了沟里，见状后，我开车更加谨慎起来。谢天谢地，出事的那个司机并没有受伤，他在打电话寻求帮助。在不远处，路的左侧有两座 19 世纪的红砖建筑。它们异常简陋，是用来关押普法战争（Franco-Prussian War）中法国战俘的。这些战俘曾经在此服劳役，就是在沙丘上种树。又往前驶了几公里，我停下车，走到了舄湖岸边。放眼望去，白雪茫茫，湖边长满芦苇，在阳光照耀下，发出金色的光芒，与褐色的湖水交相辉映，这景色真是美丽至极。这里空气清爽，弥漫着松香的气味，耳边只有阵阵的松涛声。

快到沃德库兰提（Juodkrantė）时，在湖的这一侧，我到了一个僻静的小湾，边上尽是芦苇，湾里停着渔船，还扔着一些醒目的船坞垃圾，这船坞依然在运行之中。垃圾当中，有油桶、绳子、破轮胎和板条。这里曾叫作琥珀湾（Amber Bay），它今日已睡意沉沉，过去则是一个热火朝天、大型采矿作业的地点。1857 年，普鲁士政府雇来挖泥机，要把舄湖挖深，以开通船运，不料挖出了一些琥珀。两位梅梅尔商人，威廉·斯坦申（Wilhelm Stantien）和莫里茨·贝克（Moritz Becker）看到了商机，不仅出资继续挖湖，而且，若是挖泥机哪天挖出了琥珀，他们会相应再付一笔日租金。起初，只有四辆挖泥机，辅以马匹，但是后来工程规模发展迅速，巅峰时期，共有 1000 名劳工、20 多台蒸汽挖泥机、两艘拖轮和大约 100 艘驳船或平底船。这项工程，一年之中，产出的琥珀达到 70 吨，带动了沃德库兰提的繁荣，后来人们都知道它有了一个德语名字——施瓦佐特（Schwarzort）。至 19 世纪 90 年代，矿藏已被挖空，Stantien & Becker 公司把琥珀挖掘工作转移至桑比亚（Samland）海岸的帕姆尼肯（Palmnicken），即今日的扬塔尔尼（Yantarny）。

挖湖的过程中，工人发现了一大批新石器时代的琥珀工艺品，它们可以追溯到公元前 3000 年。这些工艺品当中，有珠子、护身符、圆形饰物、吊坠、人和动物的小塑像，除此之外，还有些未加工的琥珀原材。起初，公司主管会把小塑像赠送给公司的访客当作纪念品，但是后来这些小塑像引起了学者的关注，公司便请来理查德·克莱伯斯（Richard Klebs）教授仔细考察这些工艺品，克莱伯斯是哥尼斯堡大学（University of Königsberg）的地质学家。克莱伯斯收集了 434 件琥珀工艺品，并给它们详细编了目录，并把这些工艺品在他的一本书中展出。该书出版于 1882 年，书名是《施瓦佐特出土的石器时代琥珀饰品》(Stone Age Amber Adornments from the Mines at Schwarzort)，原德语书名为 "Der Bersteinschmuck der Steinzeit von der Baggerei bei Schwarzort"。后来，人们称它们为施瓦佐特珍宝（The Schwarzort Treature），并先后在柏林、伦敦、芝加哥和圣彼得堡展出。克莱伯斯去世后，哥尼斯堡大学买下了这些工艺品。二战末期，城毁之时，大多数工艺品都丢失了。只有借给哥廷根大学（University of Göttingen）的五件幸免于难。然而，多亏了克莱伯斯书中详细的介绍，复制出这些工艺品才成为了可能，我之前在帕兰加的琥珀博物馆见过这些复制品。

沃德库兰提以南，路突然向右，来了个急转弯，延伸到了一座高高的沙丘之上。我走下车，爬到沙丘之顶。于此，我目光近处，松林随风摆动，越过松林，波罗的海蓝绿色的海面一览无余，上面点缀着朵朵的白浪，空中灰色的积云疾驰而过。天气冷得要命。往东侧舄湖这边望去，简直是一片恐怖的荒芜，一棵树木都没有，在这样的北纬地区，有着撒哈拉一样的沙漠，真是令人惊叹不已。这里便是纳戈利亚伊（Nagliai）保护区，此区依然没有种植树木，里面的沙丘可以移动，范围往南延伸 10 公里。保护区内，主要有三个大沙丘。最近的一个是阿瑞乌沙丘（Ariu Dune），德国人称它为施瓦芬堡（Scharfenberg）；越过它，便是纳戈利亚伊沙丘，德国人称它为奈格尔恩（Negeln）；还有弗英科普（Vingkope）沙丘，德国人称它为威英卡普（Wingkap）。风刀的雕刻下，沙丘曲线鲜明，形状极具几何美，它们流至湖边，途中若遇阻拦，皆吞灭之。

约 7000 年前，库尔斯沙嘴由风吹沙填而成，地形变动不居，但史前时期长出的椴树林稳固了这里的地貌。然而，到了 18 世纪中叶，梅梅尔地区的船坞需要木材供应，这让沙嘴失去了大量的林地。至 18 世纪末，所剩林地只有原来的10%。没有树林来防风，没有树根来保持脆弱的土壤，本不安分的沙丘又开始蠢蠢欲动，吞没整个村庄，路上若有剩余的树阻挡，沙暴便把它们打成"白骨"，空剩树墩。

1675 至 1934 年，共有 14 个村庄丧身沙中。其中一个奈格尔恩（Negeln）村，埋在了沙丘之下，此村的名字也就埋葬于这个沙丘。1675 年，原村被埋之后，该村又往南搬迁了三次，直到 1836 年，村子被居民废弃。失去家园的居民继续沿着沙嘴南行，建立了普瑞拉（Preila）和普尔沃尔卡（Pervalka）两个定居点。1860 年，哥尼斯堡的地质学家朱利叶斯·舒曼（Julius Schumann）造访于此，发现一处教堂墓地，它刚刚被发掘了出来，里面有颅骨、骨头和棺材碎片，散落于乱沙之中。19 世纪，该地区发起了集中造林运动，顺着波罗的海海岸，在沙丘之上，筑起了一道绵延不绝的林墙。现今的森林，大多是松树和桦树，有自然生长的，也有人工种植的，覆盖面积约达沙嘴的三分之二。但是，此地生态系统依然脆弱，不断受到侵蚀的威胁，要想保住这片土地，必须依靠孜孜不倦的照顾管理。

自这儿起，主路沿着沙嘴中间，一直延伸下去。由于定居点都位于舄湖边上，所以必须走辅路，才能到达那里。前行了几公里后，往左拐的道路，通往普尔沃尔卡定居点。路边一座有树木覆盖的沙丘顶上，可见一个特别的纪念像，由古橡树干雕刻而成。该像纪念的是诗人兼民俗学家路德维希·瑞萨（Ludwig Rhese），他生活过的村庄卡威腾（Karwaiten），立陶宛语为Karvaiciai，就埋在了南边的沙丘之下。瑞萨出生的1776年，卡威腾村其实已经危在旦夕了。那时，沙丘吞没了村边的树林，沙子埋没了主任牧师家房屋窗子的一半。村民奋力与沙丘对抗，直到1795年，最后一批村民搬迁至沃德库兰提。瑞萨的木刻半身像，扫视着沙丘，似是在寻找他那葬身沙下的家园。人像下边，刻有几行诗句，来自其诗作《溺村》（*The Drowned Village*）。

> 亲爱的行者，在这座座废墟之上，歇一歇脚吧！
> 几年前，村落周围，尽是鲜花盛开的花园。
> 从森林到湖边，村庄绵延不绝，
> 哎！如今，你能看到什么呢？只有那随风漂移的漫漫黄沙呀！

　　天色渐暗，我到了尼达（Nida）。这地方还是相当大的，与其说它是个村子，倒不如说它是个小镇。但是，时值淡季，小镇可说是门可罗雀，游人甚少。我定了房间的酒店名字叫作朱拉特酒店（Hotel Jurate），它是一座有着三角墙面的气派建筑，位置距马路较远。1807年，露易丝皇后（Queen Luise）从拿破仑大军的进攻中逃出，在此酒店一扇窗户上，用她的钻石戒指刻写了歌德作品《威廉·迈斯特》（*Wilhelm Meister*）中的几句话。然而，19世纪下半叶，酒店进行了重建，因此，那扇窗户已无踪迹可寻，真是令人悲伤。窗上所刻的话是：

> Wer nie sein Brod mit Thränen aß,
> Wer nicht die kummervollen Nächte,
> Auf seinem Bette weinend saß,
> Der kennt Euch nicht, ihr himmlischen Mächte. [①]

---

①译文：谁不曾眼含泪水，吃下自己的面包／谁不曾长夜漫漫，忧虑重重／在床哭泣／他不认识你们啊，天上的神明。——译者注

我是酒店唯一的客人。房间不大、布置简朴，但非常干净。内有几样家具，衣橱、桌子和床头柜，都是现代的。仅有一件比较独特，它是一把老式的黑漆椅子，椅座是布料的。眼前的这个座椅是一件老苏联货。我把椅子倒置过来，如我所想，底部粘有一个油印标签，上面有苏联（USSR）标识和斯奥莱（Siauliai）工厂的地址。标识和地址下面印有俄语 стул，意为"椅子"；除此之外，我还能辨认出几个内容：后面跟着数字的"索引"、"产品"（后面也跟着数字）和一系列的价格。座椅的生产年份是 1979 年，若这件椅子是英国制造或西德制造的，我就可以把生产日期断定为 20 世纪 50 年代。

第二天上午，天气非常寒冷，空中飘着小雪，路上几乎没有行人。附属于游客咨询处的文化中心，有当地艺术的小型展览；只有咖啡馆和拐角处的 Kursis 餐厅正在开门营业。港中停着渔船和游艇，但是游艇俱乐部冬天是关门休业的。一所木屋里的荧光灯下，一个脸冻得通红的女人戴着黄色的防雨帽，在售卖刚捕捞上来的鱼，有波罗的海里的鳕鱼、鳎鱼、大比目鱼和西鲱鱼，还有舄湖里的梭子鲈（sterkas）和鳗鱼。尽管尼达魅力十足，但从地理位置来说，它是一条死路。一侧是舄湖，另侧 2 公里处是波罗的海；往南走 4 公里，便是俄罗斯边境，唯一出路是向北而行，50 公里可到克莱佩达。

该镇的德语名字是"Nidden"。1437 年，在条顿骑士团的文件中首次提及此镇。1745 年，驿站由皮尔科朋（Pilkoppen），即现今俄罗斯境内的莫斯克耶（Morskoye），搬迁到这儿。至 19 世纪 80 年代，它发展成为一个生机勃勃的度假胜地，文人墨客无不至此相会。一位喜欢艺术的旅店老板名叫赫尔曼·布劳德（Hermann Blöde），身边聚集了一些艺术家，如诗人卡尔·扎克迈尔（Karl Zuckmayer）、作曲家恩格尔贝特·洪佩尔丁克（Engelbert Humperdinct），还有画家路易士·柯林斯（Lovis Corinth）和马克斯·佩希施泰因（Max Pechstein）。1909 年，表现主义团体"桥社"（Die Brucke）的领军人物佩希施泰因造访此地，产出了一些描绘这里沙丘奇景的画作。这些画作表现力极强，是他职业生涯中一个重要的组成部分。1917 年，精神分析学家卡尔·阿夫拉姆（Karl Abraham）来到这里，写信给他的老师西格蒙德·弗洛伊德（Sigmund Freud）：

> 我们也到了一个人迹罕至的偏远地区，位于祖国的最东北角上。尼达大约坐落在沙嘴的中间地带，位于库尔斯舄湖边上，这

沙嘴长约 100 公里，我此时就坐在湖边，给你写信。天气极好，
这沙嘴与世隔绝，森林密布，座座沙丘，我们在这自然之中，真
是不亦乐乎。

我沿着帕玛利奥（Pamario）街向北走，到了一座教堂，它立于沙丘顶的松林
之中。教堂挺高，红砖建筑，有着细细的尖塔和陡陡的屋顶，19 世纪 80 年代之后
建成。树下的墓地之中，德国人和立陶宛人共眠于此。已故渔民的木制墓碑形状
奇怪，有的如飞鸟，有的如走兽，这些与更加传统的铁十字架放到一块，特别有
异教徒的感觉。1934 年，布劳德死后，便葬于此墓地，就在其父母的旁边。这里
还葬着一对夫妻，弗里茨（Fritz）和多萝西·弗洛丝（Dorothea Fröse），他们的
先人当过渔民、驿站长，再往后是旅店老板，他们祖祖辈辈自 1720 年起，就生活
在尼达了。这对夫妻的儿子乔安·迈克尔，于 20 世纪 20 年代，让此城用上了电。
然而，二战期间，全家人都逃离了这里。如今，这个家族的成员天各一方，有的
住在德国，有的住在美国。

教堂的一侧安装着木头脚手架。我靠近教堂时，有个身穿黄夹克的屋顶工用
英语向我问话，问我是否想进教堂里面看看。我使劲地点点头，于是他爬下来，
带着我从教堂大门进去。他先在圣坛前面跪拜了下，接着就走到祭祀室，打开了灯。
教堂内饰呈白色调，有着雅致的悬臂托梁，整体来说，带有一种朴素美。祭坛的
拱腹位置涂有哥特字体的一节经文，它来自路德版圣经《马太福音》（5:8）："Selig
sind, die reinen Herzens sind, denn sie werden Gott schauen"。这经文的意思是："心
灵纯净的人是有福气的，因为他们必能见到上帝之神。"

安德鲁斯（Andrius）50 多岁，健壮结实，饱经风霜，右手有三根指头缺失
了最上面的关节。他和工友上个月一直在给教堂顶部重新铺瓦，希望下周能够完
工。他们不是当地人，而是来自立陶宛中部的一个城镇。我正要离开时，他突然
问我想不想上教堂屋顶去看一看风景。我们先爬上石头台阶，到了楼座，再穿过
风琴楼廊，继续爬了一段快要散架的木头台阶，然后通过钟楼，就到了教堂的屋
顶空间。地下木板上堆放着些普通木头十字架，从墓地里搬来的，制作日期大多
是 20 世纪早期，十字架上多是德国人的名字。我小心翼翼地踩在轻薄的铺路板上，
从已被积雪遮挡了一半的天窗里往外看去，先是看到森林，森林的那边便是库尔
斯乌湖。安德鲁斯拍打了下粗壮的橡木横梁，赞许地说："这教堂建得真棒。结

实无比。"那是当然，修建它时就得考虑到让它能抵挡住波罗的海的强风和天上降下的大雪。

过了教堂，有个高高的沙丘，俯瞰着湖水。沙丘的一条小路上，就坐落着托马斯·曼（Thomas Mann）的双层避暑别墅。别墅的颜色与当地建筑色调一致，为暗红、蓝和白三色组合。该别墅是茅草屋顶，茅草屋顶的建筑，在尼达已不多见。如今，尼达的大多数屋顶是瓦片的。现在别墅的负责人，是位40多岁的德国女士，她不会说英语，所以我们用德语交流。她告诉我，1929年，托马斯·曼首次来到尼达，那年他获得了诺贝尔文学奖。这地方的景色深深迷住了他，于是，受他委托，这个别墅在此建成。一张照片上，他和妻子卡特娅（Katya）乘坐着马车，到达此地，当地人夹道欢迎。

库尔斯沙嘴独一无二的风景给他留下了深深的印象。1931年，他回到慕尼黑（Munich），在扶轮社（Rotary Club）的一次讲话中谈道：

> 那景色，就是简单加粗暴。你站在沙丘之上，海与湖皆在你身下铺开，一览无余，这时，你的感觉还并不强烈。若你身处沙丘沟壑，难见天日之时，你就会特别明白，简单加粗暴的真正含义了。那儿就是一片荒芜，无路可言，只有一望无际的黄沙和头顶的天空……那里的海和沙滩，是那么原始，那么纯粹……

托马斯·曼公开反对纳粹，他于1939年移民美国，定居在洛杉矶附近的太平洋帕利塞德（Pacific Palisades）。德国占领沙嘴之后，赫尔曼·戈林强制挪用了别墅作为他的狩猎小屋。这件事是对纳粹分子行为的典型讽刺。战后，此别墅被弃置了几十年，最后彻底修缮，20世纪60年代，作为博物馆重新对外开放。

推开一个双开玻璃门，进入一个房间，里面有一架大钢琴，此屋窗外，可见松林和湖泊。其他房间里陈列着一些照片、剪报和小说《约瑟夫和他的兄弟》（*Joseph and his Brothers*）的不同版本，托马斯·曼就是在这儿写成的这本小说。游客留言册中，有人用德语写了一句话，意思是："去年，我到过太平洋帕利塞德。显然，托马斯·曼非常喜欢大海的景色。"

下午，我开车到了波罗的海这边，希望能找到更多的琥珀。我一走出树林，下了木梯走到海滩，风就把我吹得够呛。这风卷起黄沙，打到我的夹克后背。远处南边的位置，阳光射穿云层，照亮了一座高高的沙丘和一个钢铁瞭望塔，那儿就是俄罗斯边境了。巨浪滚滚，狂风带起浪末，像小小的恶魔扫过黄沙。我夹克后背持续发出哒哒的响声，此时我意识到，打在我身上的不是沙子，而是冰雹。于是，我撒腿跑向树林躲避。林中的地面是腐叶土、地衣、泥炭藓和伞菌的丰富混合物，这看似坚固，但是腐殖质却只有几英寸深。这层之下，只要有树曾被风扯倒过，就可以清楚看到，下面全是沙子，这似乎提醒着我们，正是坚持不懈的森林管理工作才得以让这里的土地不曾消失。

至晚上 9 点半，我安处在酒店屋内。雪下得很大。大约 10 点，一道闪电划破天空，接着一声可怕的惊雷。最终，我也慢慢进入了梦乡。不过，我时不时被一些怪异、凄惨的声音惊醒，"咯咯吱吱""噼噼啪啪"以及"咔咔嚓嚓"。早上醒来发现，一夜之间，雪竟然下了有三英尺厚。我本来计划那天要越过边境的，但是看来是寸步难行了。外面有人在用铁铲除雪，清理出人行小道，但是酒店车道上，依然埋着深深的雪。我手指着一堆蓬松的白雪堆，那就是我租来的车呢。酒店员工见状，捧腹大笑，说免费让我在这儿再住一晚。清理酒店车道得用扫雪机才行，扫雪车队有更重要紧急的任务，那就是要清理学校、诊所和消防站的积雪。

当然，下雪在立陶宛并不是什么大惊小怪的事情，但是，在当地人的记忆里，近十年或十几年中，都没有下过这么大的雪。人们穿着高筒胶靴，迈着重重的脚步，挥舞着铁铲和长杆，清除树上的积雪。我酒店屋内的窗外，积雪重压之下，刺槐上的一根大树枝折断，差点砸到我的车上。路的对面，一棵干巴巴的银桦也遭受了同样的命运。沙丘上托马斯·曼的别墅边上，几棵粗壮的松树折成了几段，还有几棵则连根拔起，像受伤的士兵一样，靠在其他松树的肩膀上。

出发不成，反而给了我一个机会来仔细观察城里的生活。我身边几乎见不着多少人，即使见到，也总是那几个相同的面孔。镇公所有几个人会在正午时分到 Kursis 餐厅吃午饭，镇公所在中心广场上，是一座砖建大楼。下午 1 点，游客咨询中心的那位男职员出现在了咖啡馆。我一天之内，去过此中心两次，给加里宁格勒发邮件，解释耽搁的原因。值班的年轻女士开朗、睿智，个子很高。她告诉我，大多数当地人如果不在游客咨询中心工作，那就在市政、诊所或者国家公园工作，从风衣或越野车侧面的标识上，我可以辨认出后一类工作人员。这儿许多房子的主人住在克莱佩达，他们只来这儿度周末，并且冬天他们不会来。房子处于空置状态，水阀要关闭，以防水管冻裂。渔业已不是此地的经济支柱产业，但是当地还是有一支捕鱼船队。她父亲是一位渔民；天气虽不好，她父亲两天前却到湖上捕鱼去了，这令她非常担心。

次日早上，酒店车道的积雪被清理完毕。我重获自由，就继续上路前行。我开车驶过红白相间的灯塔时，清楚看到有大片的树木遭受了暴雪的毁坏。路上有车载吊车在整理残枝断干，然后由拖拉机拖到路边，再堆放起来。几分钟内，我就到了边境。1923年，梅梅尔领地归属立陶宛，这似乎是在沙嘴中间随意划了一条线，但实际上，它是乌湖陆地那侧"涅曼河"界线的延伸，这条线可以追溯到14世纪，那时它是梅梅尔与普里莫斯克（Fischhausen）的界线。我现在身处的这个边境，自1923年以来，始终是一条国际边界。

俄罗斯守卫有点冒失，但还算友善。我询问他们是否有人会说英语，一位身穿卡其色军装、肩章带几颗星的女守卫响亮地说出个俄语词"nyet"，意思是"没有"。一位热心的立陶宛司机会讲英语和俄语，守卫检查我的签证与车辆资料时，他给我做了翻译。十分钟后，我驶过路牌，上面写着：欢迎来到俄罗斯。

过了边界，道路变窄，路上积雪也没有清理；森林更加茂密高大，大多是桦树。行了2公里，一对大野猪，长着黑黑的、乱蓬蓬的鬃毛，从我车前慢悠悠过了马路。又前行了一会儿，我把车开到一条小径上，这羊肠小道通往莫斯克耶。莫斯克耶是沙嘴俄国区的首个定居点，它原叫作皮尔科朋（Pillkoppen），曾经是个很重要的地方。1283年，条顿骑士团在这儿建了一个城堡，即pils（意为城堡）。后来，城堡周围慢慢有了村子。然而，村子却始终受到流沙的威胁，城堡倒塌成为废墟，村民最后也都死于瘟疫。旧村的遗迹，也都埋于阿尔道夫·伯格（Altdorfer Berg）沙丘之下，这座大沙丘一直延伸到它南边的乌湖中。

除了几户人家在清理积雪，村中不见一人，甚是冷清。偶然会看到一些在建的红砖房子，它们的建筑风格好似在俏皮地模仿当地的德国老别墅。有一间传统的红褐色木屋，它的院子里有一个金属雕塑，顶上有一个十字架，上面刻有 *"Den ehemaligen Bewohnern von Pillkoppen zum Gedenken"*，意思是"永念皮尔科朋先民"。此屋原属弗朗茨·厄法（Franz Epha），他生于1828年，卒于1904年。他是一名森林巡视员，花了40年的时间护林固沙，挽救村庄使它不被沙山所吞没，后来，那座沙山也以他的名字来命名。

我继续开车前行，穿过暴风雪所毁的一片桦树林，就到了下一个定居点。雷巴奇（Rybachy，又名 Rossitten），坐落于一个突入湖里的岬角之上，我于此回头远望，可看到沙嘴的边境地区，横铺着大片黑绿绿的森林，森林旁边是那覆盖白雪的沙丘，绵延不断，直到湖边。与莫斯克耶相比，雷巴奇定居点更大，路上撒了更多的沙砾，路面好走不滑。木头房屋当中，零零星星有些低矮的前苏联时期建造的住宅街区。这里有一家咖啡馆、几家商店，在加加林街（ulitsa Gagarina）上，还有一座 19 世纪的红砖小教堂。路的对面，一处老旧的牧师住所如今是一所学校所在地。沿着一条坑坑洼洼的小路，就会走到一个小港口，港口两边是些废弃的工业建筑。

教堂近处有一粉红色的两层小楼，这就是雷巴奇生物站（the Rybachy Biological Station），专门研究鸟类迁徙的。每年春秋两季，有 1000 多万只候鸟会在俄罗斯西北地区与南欧、非洲之间来回迁徙，必定途经库尔斯沙嘴。候鸟当中，主要是雀类，有苍头燕雀、金雀、金冠戴菊、柳莺、大山雀和椋鸟，这些雀类不喜欢飞跨大片水域迁徙，故会沿着沙嘴而行。沙嘴作为重要的迁徙路线是在 19 世纪末期，由约翰尼斯·帝恩曼（Johannes Thienemann）首次确定的，他是一位德国牧师，也是一位鸟类学家。1901 年，他建立了罗西腾鸟类天文台（Vogelwarte Rossitten），这是世界上第一个给鸟类大规模带上扣环进行研究的机构，现由俄罗斯科学院动物研究所（the Zoological Institute of the Russian Academy of Science）管理。在这沙丘之上，天文台每年会用雾网捕获 5 万到 10 万只候鸟，给它们带上扣环，再放走它们。

雷巴奇以南，透过我左侧的树林，可见湖光闪闪，这便是"海鸥湖"（Seagull Lake，也叫 Lake Tschika），这湖是沙嘴上唯一一个大点的淡水湖。有一件事颇让人伤心，那就是此湖虽叫海鸥湖，但海鸥早就飞走不在了，说起原因，没人知道。海岸的一处僻静墓地里，可见帝恩曼与厄法都葬在了这里。我现在马上就要到达沙嘴的最窄处。海这边的沙丘慢慢侵占了路的右侧。路的左侧隔着树林，舄湖就在几百码的地方。周围只有风声和海声。

过了列斯诺伊（Lesnoy），沙嘴变宽了。列斯诺伊是个中等大小的定居点，有一个新建的大酒店和一些奢华的现代别墅。沙丘慢慢缩小，树林也越来越稀疏，沙嘴的壮丽景色不见了踪影，换来的景色却是如此平凡单调。一马平川的田野之中，交错着条条大道，道路两侧是酸橙树。在先前 100 多公里的行程中，这是我首次见到成熟落叶树。然而，我驶入的这个地区，如果说它的地貌是平凡普通的，那它的地缘政治意义却是极其重要、非同一般的。它就是俄罗斯那似乎已被世人遗忘的前哨——加里宁格勒州。

第五章
回到前苏联

　　"你是从伦敦来的，要去加里宁格勒？"一个立陶宛年轻小伙问我，"这有点像我要去火星的样子呢。"

　　我开车路过大片的水泥建筑。以前在华沙条约组织的成员国中，这种建筑随处可见。过后，车子又行驶在坑坑洼洼的小路上，两侧尽是些破破烂烂的工业用房。萧瑟荒凉、不甚美观，离开里加之后，这是我造访的最大城市。共产主义元素的街名、赫鲁晓夫时期的住房，还有路边报刊亭售卖的《共青团真理报》（*Komsomolskaya Pravda*），这些让我感觉好似又回到了前苏联。

　　加里宁格勒算是欧洲最奇怪特殊的地区了。苏联解体之后，这块巴掌大的地区与俄罗斯其他领土之间，隔着波兰和立陶宛两个国家，并且这两国还是北约和欧盟的成员国。这个地区原属德国，二战末期由苏联占领。该地区东西距离大约200公里，南北距离超过100公里，面积大概与北爱尔兰相当，人口仅不到100万。

　　车子行驶在石铺的路面，底下传来轰隆轰隆的声音，人也要颠得快散架了。过了一条宽阔的现代马路，我就驶进了一所大门。这是一处新式别墅庄园，位于格尔奇街（Gorky Street）北端附近。阿尔贝蒂娜酒店（The Hotel of Albertina）模样比较奇怪，是一个圆形建筑，这样设计是为了吸引德国游客。酒店里的布置装饰中有许多大学纪念品，而酒店也沿用了这所大学的名字，但是它离大学的距离至少有2公里，并且两者也没什么官方联系。我的旅行社给我推荐了这家最便宜的酒店，但是，它与我在尼达简陋的住宿相比，却是够豪华奢侈的了。

将近傍晚时分，我到了加里宁格勒。来的路上，我先是穿越了桑比亚半岛（Samland Peninsula），此半岛形如大拇指，翘入了波罗的海的东南海岸。我后又驶过平坦的原野，上面散落着些红砖农舍，时有湖泊和池塘出现，还见有许多鹳巢筑在了电线杆顶上。1945年之前，此城隶属东普鲁士。东普鲁士乃是德意志帝国遥远的边疆地区，其首府是哥尼斯堡（Konigsberg），即如今的加里宁格勒，距离柏林600公里。1871年，普鲁士统领德意志帝国，从那之后，此地一直就是帝国的偏远区域，这里丛林覆盖，秘不可测，原始沙滩布满了琥珀。该地原住民的祖先在中世纪条顿骑士团征服这里之前，就已经生活于此了。一战结束到二战爆发，在这段和平时期，有一片波兰领土把东普鲁士省与德国其他领土隔开了。1945年7月的波茨坦会议（Potsdam Conference）将从白俄罗斯到波罗的海，横跨东普鲁士，划了一条直线：此线以南，全部归属波兰；此线以北，归属苏联，这就是 *Kaliningrad oblast*，意为"加里宁格勒州"。

近半个世纪以来，加里宁格勒简直是一个禁城，它实施高度军事化管理，而且不对外国人开放，许多苏联人也对它不甚了解。进入了21世纪，它似乎也没什么吸引力，几乎没有游客至此，而若有游客，则多数是斯堪的纳维亚商人，或是来这里寻根的德国人。后苏联时代，犯罪、吸毒和艾滋病病毒败坏了此城的名声。城中事物的命名方式也没有起到恢复其声誉的作用，这样的命名方式，让人感觉苏联来了个时空穿越。加里宁格勒之外的俄罗斯地区，全都改回了俄国革命之前的名字；而该州及其首府都以人名米哈伊尔·加里宁（Mikhail Kalinin）来命名，斯大林统治时期，此人是该州名义上的负责人。另外，该州的街道还是采用马克思、列宁等来命名。1945年以前，该地区实属德国，而如今，这里却见不到任何共产主义苏联之前的名字存留下来。

不到一小时，天就要黑了。我便没有冒险去城中心，而是步行逛了逛周边。灰色的街道满是雪泥，两边的住宅区甚是丑陋，入口画满了涂鸦之作。附近有一家刚刚营业的维多利亚超市（Viktoria Supermarket），创始人是当地两位海员，其连锁店已经开到了圣彼得堡。超市卖的东西有些熟悉的，如Cif清洁剂、Cherry Blossom的鞋油；也有些不熟悉的，如冰柜里放着斯堪比虾棒和蟹棒，可用铁勺装袋，还有三个大塑料水箱，其中一个里面有肥肥的鲫鱼，另一个里面有银灰色的鲑鱼，最后一个里面有绿绿的挪威龙虾，挥舞着大钳子，很是绝望。

次日上午，酒店经理来了。我们之间的交流起初磕磕绊绊，后来发现我俩都会说德语。吃早餐的房间，装饰布置完全是德国的主题风格。内有哥尼斯堡老照片，还有大学杰出校友的半身像，该校友便是伊曼努尔·康德（Immanuel Kant）和 E. T. A. 霍夫曼（E. T. A. Hoffmann）。不过，这些全似有赝品之感，除了一架老立式钢琴。我打开钢琴盖，了解到钢琴的制造者是莱比锡（Leipzig）的朱利叶斯·海因里希·齐默尔曼（Julius Heinrich Zimmerman）。酒店经理柳德米拉（Lyudmila）告诉我，她是在旅游行业学习的德语。这时，我脑中不禁闪过一个念头，她会不会如普京一样，是在克格勃（KGB）学的德语。40 多岁的她，满头黑发，嘴唇浓浓一抹口红，神似邦德（Bond）电影中长相迷人的恶女。我问她城内停车位是否好找。

"你是什么意思？停车位？"她用德语大声地说，显得一头雾水。

我开车进了市中心，才明白我和经理之间的误解，不是源自语言问题，而是出于文化差异。此城停车，非常简单：停在路边、停在人行道或者你喜欢停哪就停哪。政府也会竖起标识，做出警告，违停车辆必被拖离，但是我后来与人交谈中，得知他们的车辆从没被拖走过，他们也没有听说有谁的车辆被拖走过。

我把车停在了胜利广场（Victory Square，又叫 Ploschad Pobedy）的市政厅外面。淡淡的阳光之下，新建的基督救世主东正大教堂（The Orthodox Cathedral of Christ the Saviour），呈现出白色与金色，闪闪发出光芒。一座现代建筑，就能给市容增光添彩，让这座脏兮兮、受过重击的大城，重拾风度与尊严，这种情况甚是少见。此城历史中心的多数建筑，或在二战中遭受破坏，或在二战后几十年中遭到拆除。在 1944 年 8 月 29 日和 30 日的夜间，英国皇家空军第五集团（RAF's NO. 5 Group）的 176 架兰卡斯特轰炸机（Avro Lancaster）从哥尼斯堡上空扔下了480 吨燃烧弹，大火瞬时吞没此城。轰炸机的攻击范围，最远可到哥尼斯堡。

"哥尼斯堡，"英国皇家空军官方得意地说，"傲慢军人阶级的万恶滋生老巢，600 年的时间完好无损，如今为了全人类的福祉，一夜之间被夷为平地。"很显然，这次空袭，也是在警告苏联。"琢磨一下我们会采取什么措施回应，"皇家空军继续说道，"若苏联于我们之前飞到不来梅，彻底摧毁了它的话。"

过了加里宁格勒酒店，有一座小山，条顿骑士团的城堡就曾立于此山。该城堡毁于战时空袭，1970 年，勃列日涅夫下达命令把城堡废墟炸为平地，因为它是德帝国主义的象征。1255 年，此城就始建于此；1701 年，选帝侯腓特烈三世（the elector Friedrich III）在此加冕，封为国王腓特烈一世（King Friedrich I），皇后索菲亚（Sophie）居其身边，佩戴着琥珀首饰。城堡原址之上，盖起了苏维埃宫（the

House of the Soviets）。原城堡石头基座之内布满隧道，但是该宫建造工人忽视了这种情况。于是，工程还未结束，苏维埃宫的水泥石柱便开始下沉了。这座大楼周围，石板地面裂开条条大缝，喷泉也名不副实，干巴巴见不到水的存在。该宫也从未投入使用，当地人把它称为"怪兽"（the Monster），它似是一座纪念馆，体现了思想体系的崩塌。

哥尼斯堡的老建筑也不是全部消失了。自苏维埃宫所在的这个高坡上，我朝下而望，可以见到一座 13 世纪的教堂，它建在普列戈利亚河（River Pregolya）中的克奈普霍夫（Kneiphof）岛上。教堂于空袭中烧毁严重，只剩了个空壳，整个苏联时期就一直这样保留下来。有一个说法，当年勃列日涅夫下令拆除教堂后，想知道"哥尼斯堡最后这颗烂牙"何时可以拔掉。本地官员便问勃列日涅夫打算如何处理教堂中的康德墓，康德可是马克思的前辈呢，结果他沉默不语，也没有什么解决方案。于是，教堂得以保留下来，后逐渐坍塌，最终成为如今所见的废墟。现在，德国出资赞助对教堂进行了修复，色调也已如它本来中世纪时的姜饼颜色。紧靠教堂的东北角，大哲康德之墓由简单朴素的红色砂岩列柱围绕。遗憾的是，教堂周围的一些小街已不见了踪影。如今，沉闷的市政稀树草地之中，只有这教堂立于小岛上面，甚是孤单。

虽然历史中心遭到损毁，但是城市外围区域，地形地貌保持完好。普列戈利亚河，德国人称它为 Pregel，自东向西，蜿蜒而流，至克奈普霍夫岛附近，河道有了分岔。两片细长的湖泊，自城堡原址处，向北延伸，另有一条河流的残段，条顿骑士团曾在此河筑坝，一来蓄水养鱼，二来推动水磨。围绕着内环道路，一连串的新哥特式砖砌堡垒显得格外突出。19 世纪时，它们由德国人建造，如今是保存完好的地标建筑。这些堡垒之中，有个多纳堡垒（Dohna Fort），现在是琥珀博物馆的所在地。

在琥珀博物馆的圆形展廊里陈列着一些大块琥珀原石；最大的一块，重达4000 克，大如人头。琥珀展品中，有的状如水滴，有的状如钟乳石。一些琥珀，内有树皮印记，另有一些色彩艳丽，有着白蓝色的螺旋波纹。内有包裹物的琥珀，其前方置有放大镜，可以用来探视琥珀里的树叶与蕨类碎片、蜘蛛、苍蝇和蚊子，甚至还有蚂蚱，这些家伙当年没能及时摆脱厄运。

琥珀手工艺展品中，可见沃德库兰提珍宝的复制品和一些新石器时代的饰品。另外，还有几件琥珀钟表和琥珀烟具，它们由国家琥珀工厂（Staatliche Bernstein

Manufaktur）于休战时期制作。苏联时期的代表作品中，有一件是 1960 年制作的原子动力船模型"列宁号"（Lenin），它在琥珀雕刻的海浪之中奋勇前进。船只模型上方有枚细长的琥珀导弹，承载着苏联的传奇，横击那琥珀刻成的长空。一个展室里面全是琥珀屋的墙板和雕刻的复制品。当年纳粹从列宁格勒窃取此屋，在这儿的城堡中把它组装起来。随后，战乱当中，琥珀屋不知去向。

我造访了哥尼斯堡的德国末任指挥官奥托·拉施（Otto Lasch）司令的地堡，战争的残暴便历历在目了。地堡就在"无产阶级路"（Proletarskaya）旁边，位于原来的阅兵广场（Paradenplatz）。广场上种植着马栗树，大的建筑就是康德俄罗斯州立大学（Immanuel Kant State University）；入口右侧，有哲学家的一尊小雕像。雕像真品已于战争中丢失，这件复制品由玛丽昂（Marion），即登霍夫女伯爵（Countess Dönhof），1992 年重回此城时，把它放在雪铁龙车后座上，一路带到这里。院里有个海神（Neptune）的无头雕塑，它曾是登霍夫祖上之家——弗里德里希施泰因（Friedrichstein）庄园——的装饰品。这座庄园建于 18 世纪，位置在哥尼斯堡东南约 20 公里，处在普列戈利亚河边的草场之中。登霍夫的男性亲属几乎一个不剩，他们或是在二战中死亡，或是由于 1944 年 7 月参与刺杀希特勒而被处极刑。1945 年 1 月，俄国坦克逼近哥尼斯堡，登霍夫骑马穿过饱受战争蹂躏的乡野，逃到西方。600 多年前，她的祖先也是骑着马来到的这片土地。1945 年 11 月末，弗里德里希施泰因庄园遭到焚毁，具体是偶发事件还是有意谋划，就不得而知了。登霍夫后来定居汉堡（Hamburg），成为西德著名记者和自由主义周报《时代周报》（Die Zeit）的出版商。1992 年，登霍夫去世，享年 92 岁，去世之前，她一直是许多官员和外交官的顾问，同时也是他们的朋友。

广场南端的树下，四个弹痕累累的掩体赫然在目；同时，在这气氛欢快的公共广场聚着一群学生，边抽烟边聊天。这情景，一前一后显得极不协调。我踩着潮湿阴冷的台阶下到地堡，穿过一扇厚厚的铁门，进入了长长的通道，两边全是小小的房间，一股不祥的预感向我袭来。

1945 年 1 月 6 日，丘吉尔急于缓解盟军（Allied troops）在阿登（Ardennes）的压力，就问斯大林何时跨过维斯图拉河（Vistula）发动攻击。同年 12 月，切尔尼亚霍夫斯基（Chernyakhovsky）领导的白俄罗斯第 3 方面军（3rd Belorussian Front）向西推进，在桑比亚半岛围困德国北方集团军（German Army Group North）。战斗异常激烈，打得难解难分，一天之内，村庄被两军轮流占领。12 月 19 日，切尔尼亚霍夫斯基战死沙场；随后，华西列夫斯基元帅（Marshal Vasilievsky）接替了他的位置。12月26日，苏军包围了哥尼斯堡。

从苏军手中重新夺回的外围地区传来的消息，让哥尼斯堡居民对即将到来的命运不抱有任何幻想。二战结束前的几个月，共有200万人逃离东普鲁士，大约动用了970艘船只救助他们；144艘德国船只被水雷、鱼雷和空袭击沉，约有2.5万人丧生。许多幸存者也选择了自杀，若谁需要剧毒氰化物，药房就会分发给他们。

1945年4月6日，一阵猛烈炮击之后，苏联红军攻进了城郊地区。那时，哥尼斯堡的城内守军由国民突击队（Volkssturm）组成，这支部队里，皆是拿着猎枪的老人与小孩。地堡的一间小屋内展示着一张德语传单，标注日期是1945年4月7日，上有华西列夫斯基元帅的签名，这是当年苏军空投到哥尼斯堡城中的：

> 哥尼斯堡西南、维斯图拉舄湖（Vistula Lagoon）上的德军已遭全歼，其他残余部队也被赶入大海……你们的处境，毫无希望……为避免不必要的流血牺牲，我要求你们放下武器，停止抵抗。

4月9日，拉施和手下走出地堡，缴械投降。哥尼斯堡沦陷，希特勒暴怒之下，隔空判了拉施死刑。苏军押送拉施到了苏联劳改营，在那待了十年。地堡之中，他的工作室保留了下来，东西还挺齐全，有桌子、地图、打字机和野战电话。该室怪异恐怖，给人一种会引起幽闭恐惧症的感觉。

哥尼斯堡是苏联夺取的第一个德国大城市。四年的战争，苏军死亡人数达到2000万，其长期严酷的反攻过程中，目睹了曾被如今溃败的德军肆虐过的国土，这种情况下，哥尼斯堡的陷落必将惨烈。"不要放过任何德国人，就像他们之前不放过我们。"切尔尼亚霍夫斯基这样告诉他的部队。玛丽昂·登霍夫的远亲汉斯·冯·莱恩道夫（Hans von Lehndorff）在哥尼斯堡陷落之时，是城里的一名医生，他给我们描述了该城遭受重击之下噩梦般的场景：

> 烈火燃烧的废墟之间，疯狂的人群，拥挤地跑过街道，看不到头也看不到尾……我们跑向城堡。废墟之间，似个感叹号，城堡立在那里，从上到下，撕裂开来，墙面满是窟窿，千发炮弹打在它的身上……废墟的左右，幸存者在慢慢蠕动，像那落水被淹

半死不活的家禽。

　　他的日记叙述了随后而来的杀戮、掠夺、纵火和奸淫。征服起初总带着愤怒，在这愤怒平息之后，许多德国人受雇工作，保证基础设施的正常运行。然而，1947年，仍在该城的东普鲁士人遭到了驱逐。自战争结束至1948年，有1100万至1600万人被迫从中东欧逃离，上述的东普鲁士人就在其中。这次种族清洗，在德国称之为 *Die Flucht*，即"大逃亡"（the Flight）。世界对此保持沉默，持续了半个世纪。当然，这也可以理解。在共产主义苏联，批评苏联政策是不允许的，而在西方，对德国人略表同情，则无异于为第三帝国（Third Reich）书面辩护。

　　等到"铁幕"坠落之后，这个话题才被广泛讨论，但依然敏感。2022年，安东尼·毕沃尔（Antony Beevor）出版了著作《柏林：1945年沦陷》（*Berlin : The Downfall 1945*），书中详细记录了苏联军队犯下的大规模强奸罪行。俄罗斯驻英国大使谴责书中这种说法，称它是"一种亵渎行为"。

　　我出门沿着和平大道（Prospekt Mira）寻找我雇的那家旅行社，它会带我去扬塔尔尼的琥珀矿，该琥珀矿不对自由行游客开放。旅行社还会给我配一个翻译。此长街原来叫作阿道夫希特勒街（Adolf Hitler Straße），在地势较低的这端，两旁矗立着20世纪早期的新古典风格建筑，还种着许多酸橙树，大道漂亮雅致。我走到戏剧院新古典风格的柱廊处，大道从这里拐了个弯，自此处开始，建筑便带有了更多德国的风格。过了动物园，我到了阿马里恩努（Amalienau）郊区，见到一些带有新艺术（Jugendstil）元素的别墅。我脚下有个水泥消防栓盖上面有红色大写字母字样 FEUERWEHR，意思是"消防局"。往前走了几步，又见一个新艺术风格的下水道井盖，其上刻有弗朗茨·莫根廷—莱比锡-尤特里茨（FRANZ MOGENTHIN—LEIPZIG-EUTRISCH）。

　　一处虚夸的新乔治风格（neo-Georgian）柱廊后面有一座现代办公大楼，我要找的旅行社就在这里面。我来得有点早，一位愁眉苦脸的年轻女士建议我午饭后再来。她给我推荐了一家附近的餐厅，叫作 Dvenadtsat Stulyev，意为"十二把椅子"。这家餐厅看上去更像一处民宅，我由人领着进入灯光昏暗的地下餐室。餐厅的名字以伊里夫和彼得罗夫（Ilf and Petrov）1928年出版的小说来命名，此小说是苏联时期出版的为数不多的讽刺作品。餐厅的氛围让人感到一种另类的舒适惬意。两个生意人邀我与他们同桌而坐；他们英语说得挺好，虽然带点俄罗斯口音。但是，他们竟然是土耳其人。泰尔（Teher）和阿里（Ali）从事建筑行业，在俄罗斯做生意已有十几年了。莫斯科、加里宁格勒和拉占（Ryazan）都设有他们的办事处。

这时，我的导游翻译突然现身餐馆。莉迪亚（Lydia），40来岁，热情洋溢、满面春风，英语说得非常流利。她脖子上戴着一串琥珀珠项链，珠子中间，有一个东正教金十字架。我们快速吃完午饭，然后出发去扬塔尔尼，但是莉迪亚动身前，也不忘与两位土耳其人互换名片。随后我就发现，导游莉迪亚非常健谈，但有点固执己见；热情似火，但有点口无遮拦。没走多远，她就表露出对俄罗斯西方化的愤怒之情，还有她对年轻一代的同情，同时拿她20岁的女儿做例子。

"他们年轻人就知道玩手机和上网。不读书、不听古典乐、不了解历史、不与大自然接触。他们是迷茫的一代。他们只追求物质上的享受——车子、房子、夜总会和钱。他们的心中空空如也，"她敲着胸膛说道，"但是艾瑞娜（Irina）却说：'妈妈，你思想太过时了。'"

莉迪亚表达了她的忧虑，她担心艾瑞娜会像加里宁格勒的其他年轻女人一样，最终坠入色情业："她从大学回家，就说她朋友买了一辆新车。那位朋友在夜总会赚的钱。"

我们朝西一路行驶，路边种着酸橙树，树干上涂着宽宽的白色漆带。"我们把这些树称为'希特勒最后的军队'，"莉迪亚说，并进一步解释道，"这些树是由德国人栽种，并且时不时夺走那些脑袋缺根筋的，即那些酒后驾车的俄罗斯司机性命。"

经过库麦能（Kumehnen，也叫Kumachevo）村时，我发现一座已经倒塌的中世纪红砖教堂的钟楼，断壁残垣上长满了野草。

"这里没人做礼拜了，并且也没钱维护这座教堂，"莉迪亚说，"这里的人，就做一件事，那就是喝酒。"

耕地荒弃，她悲伤不已。路边地里有三头黑白相间的母牛，她指出这是我们唯一能看到的几头了。许多农民把自己养的牛都杀掉了，因为超市里有更便宜的进口牛肉售卖，他们是竞争不过的，比如维多利亚超市。我说我不觉得超市的产品都是便宜的，其实价格和英国没什么两样。加里宁格勒的失业率接近20%，老师的月工资是每月7000卢布，约160英镑，很难想象当地人是如何维持生计的。

"我们生活很简单，"莉迪亚说，"我们住的公寓不大，买二手衣服穿，自己种点菜。不算富裕，日子也还算过得去。"

很多人有一种感觉，俄罗斯对加里宁格勒的发展不甚关心。虽说加里宁格勒不比阿尔汉格尔斯克（Arkhangelsk）或新西伯利亚（Novosibirsk）贫穷，但其生活水平远远落后于莫斯科或圣彼得堡。莫斯科人（Muscovites）来这里，似乎只是在景区修建度假别墅。20世纪90年代流传一种说法，要把加里宁格勒地区发展为"欧洲的香港"，即让其变为与欧盟邻国进行贸易的中心。然而，企业老板抱怨，莫斯科官员干涉太多，要想办事就得行贿才成，这极大挫伤了当地企业家们的积极性。结果，烟草走私却好像成了最大的贸易。

战前的地图把这片沿海地区描述为 Die Bernsteinküste，即"琥珀海岸"。最大的琥珀矿藏就发现于扬塔尔尼，这个海岸定居点尽是德国老别墅和农场，从这儿产出的琥珀可占全球琥珀产量的90%。Yantarny 这个名字，来自词语 yantar，这是个俄语词，意思是"琥珀"。1519年，多米尼加修道士（Dominican monk）西蒙尼斯·格鲁那维（Simonis Grunovii）来到桑比亚半岛寻找琥珀，以献奉教皇。"当刮起北风时，"他看到，"当地农民肯定都来到海滩，把网下到海中，然后奔跑收网，捕捞琥珀……但是，很多人也会溺水而死。"琥珀捕捞者身穿皮夹克，上面有深深的口袋，用绳子把他们绑到一块，以防被海浪卷走。

海滩上燃着熊熊篝火，他们从冰冷海水中出来时可以烤火取暖。格鲁那维骑马经过艾尔伯灵（Elbling）、佩尔劳（Pillau）、普里莫斯克（Fischhausen）和大德施凯姆（Gross Dirschkeim）时，看到海岸边的绞刑架上，挂着些晃来晃去的尸体。"普鲁士大团长（The High Master of Prussia），"他说道，"禁止随意捕捞琥珀，若有违者，就地在树上吊死……"

21世纪的安保虽不像以前那么严格，但我仍须向矿场办公室报告一下。办公室贴着瓷砖，由穿着迷彩服的民兵守卫。见到此状，以前苏联时期的情景又出现在我的脑海里。负责人验过护照，签发了文件，我就开车上行。路上全是车辙，开了一会儿，见前方一水泥块上面写着STOP，意为"停车检查"，另有一个黄牌子，上面写有PROHIBITED ZONE，意为"禁区"。这就是检查关卡了。话不多的守卫把栅栏升起，我们见一处陡岸被风肆虐得厉害，后又爬到其顶部，上面长着些蔫蔫的杜松树和鼠李树。陡岸的一侧，地上破败不堪，损毁严重，一直延伸到一片长长的沙滩；另一侧，地面犹如荒弃的月球表面，坑坑洼洼，千疮百孔，极目所望，也不见尽头，这是一处露天矿场，遍布沙坑和沙丘，下面远处还有许多机械挖掘机，看似小孩的玩具车。

1870 年，斯坦丁和贝克尔（Stantien & Becker）公司于此开挖了第一处矿藏，当时这地方还叫作帕姆尼肯（Palmnicken）。不远的地方，我们可以看到这处矿藏的大坑；老早之前就被挖空弃置，这里已形成一个又深又宽的湖泊。1899 年，普鲁士政府买下这片矿址。此后，哪个国家是这里领土的主人就由谁轮流接管，垄断经营。这些国家先后有普鲁士、德国、苏联和俄罗斯，只有在叶利钦（Yeltsin）时代尝试过矿场私有化，但以失败而告终。自一战后的商业化以来，矿场的生产方式就几乎没有改变过：机械挖掘机把含有琥珀的蓝土挖出，蓝土再被装到卡车之上，再由卡车运到冲洗车间，最后用高压水枪把琥珀清洗出来。

我们离开时，守卫漫不经心地搜查了下车子。20 世纪 90 年代，偷出的琥珀要比正规渠道交易的琥珀还要多，那段时期充斥着"疯狂西部"（Wild West）的气氛，现在情况虽已好转，但偷窃仍是一个问题。这矿场的琥珀足够再开采 300 年。

莉迪亚提议我们去看望她的一位朋友，这个朋友就住在附近，是搞艺术和音乐的。我们在村子这儿停了下车，莉迪亚奔出车外，买了饼干带着，然后我们爬坡驶到一处峭壁，俯视着下面的大海。峭壁之上，有一间低矮的德国老式农房。克斯特亚（Kostya）自房中走出，来迎接我们。他有 30 来岁，留着淡褐色的长发，下穿牛仔裤，上面溅满了油漆，上穿一件汗衫，流露出一种让人捉摸不透、略带神秘的气质。他领我们进了门，去见他的母亲。这门是那种老式的农舍门，结实厚重，由古色古香的铜铰链固定，门的上端有精美的装饰。见到他母亲，是在一处低矮的房间，里面有个贴了瓷砖的德式火炉。所有橱架和壁架上都放着海里来的东西，有贝壳、发白的漂流木、大而光滑的鹅卵石，还有些琥珀。我们坐在桌旁，喝着热热的红茶，里面加了甜甜的自制黑醋栗果酿，同时还吃着干干的烟熏波罗的海西鲱鱼，鱼可配着小白面包团一起食用，另有园里刚摘的梨子，吃起来有点碜牙，但还算美味。

两位女士交换了她们自做的手工样品，有皮质钱包、浮木吊坠、琥珀吊坠，还有一些瓶子，用皮革包了起来，皮革上面嵌入了琥珀。你需要机器，如滚揉机和抛光机，才能让琥珀珠更圆更亮，这样，中间的穿孔才能更工整美观。可是，只用白垩和石蜡，她俩就能做出那种平整哑光的琥珀珠，再须烧红一根针，此针足可穿出一个好孔，那珠子便是一个很好的吊坠了。这些纯手工琥珀制品与波罗的海地区售卖的工业琥珀制品相比，我觉得前者的魅力要远远大于后者。

莉迪亚的手机铃声——拉威尔的舞曲《波莱罗》（Ravel's Bolero）——打断了我们的谈话。打来电话的是远在丹麦的汉斯（Hans）。他问莉迪亚是否认识人，可以给他提供 8000 吨的哥尼斯堡圆石。显然，很多城市还使用圆石铺路，在西欧许多修复工程中，需要大量的圆石材料。是的，莉迪亚确实认识这样的人……他能出多少钱呢？他们最多出价每块九欧元。莉迪亚回头再给他电话。

克斯特亚聊到俄罗斯社会的道德败坏问题，还有俄罗斯需要有开明的人提供远见。莉迪亚在翻译的时候，我搞不清哪些话是克斯特亚说的，哪些话是莉迪亚评论的，因为两人的观点非常相似。他们都厌恶消费文化，且都相信精神需要重生。在他们看来，资本主义社会和共产主义社会相似，都体现着对奴性的依赖和精神的破产。唯有贴近自然，感知上帝，信仰俄罗斯圣母，才能让人前进。

克斯特亚拿起吉他弹奏了起来。他轻轻地唱起歌来，一副沙哑、男中音的嗓音。这时，莉迪亚把歌词译了出来："宁愿挨饿，也不能吃那毒药。"

我们即将告别时，"这是给你的。"克斯特亚边说边把一小把琥珀放到我的掌心，这些是他自己捡来的。

第二天，在苏维埃宫附近，我遇到一处考古发掘现场。当时没人在那儿工作，但是有些解释说明的壁板，我透过临时围挡的缝隙也能看到里面的情况。沿着石墙，从地面往下挖了两米，底部平整处插着一些旗子。这是条顿骑士团的拷问室，后来被用作一家饭店的酒窖，这家饭店的名字是 Blutgericht，意思是"血腥法庭"（Blood Court）。以前，在一个新闻短片中，我见到过这个地方，其内装饰有纳粹旗子和条顿等庸俗艺术品。拷问室的上方就是骑士大厅，琥珀屋在失踪之前，可能就存放在这里。

1945 年 5 月，苏联人民委员会（the Council of People's Commissars）派遣亚历山大·伊万诺维奇·布鲁索夫（Alexander Ivanovich Brusov）追踪琥珀屋的下落。当时，他发现哥尼斯堡这座废墟之城仍在烈火中燃烧不止。6 月 10 日，在附近的一座市政大楼内，布鲁索夫发现了 1 万块琥珀，一些是在箱中，一些散放在地板上。一份清单显示，这些是哥尼斯堡大学收藏品的一部分。

其余装有琥珀的箱子由卡尔·安德烈（Karl Andree）照看并带走了，此人是地质古生物研究所（Institute of Palaeontology and Geology）的所长，也写了几本有关琥珀的书。其余琥珀，包括沃德库兰提珍宝，都消失不见了。琥珀屋也不在找到的物品之列。一天，布鲁索夫偶然碰到阿尔弗雷德·罗德（Alfred Rohde），他曾是城堡博物馆的馆长，那天他正在废墟中游荡，精神已经失常。罗德告诉布鲁索夫，英国皇家空军轰炸哥尼斯堡之后，他让人把琥珀屋拆解，装到木箱中，等待运往东普鲁士乡间的安全之地或是萨克森的地下矿藏中。布鲁索夫发现了一些檐板、线脚和铰链的焚烧残留，这些都是凯瑟琳宫门上的东西，琥珀屋与这些物品都是同一时期运到哥尼斯堡的。布鲁索夫的报告令人沮丧："我们应当放弃琥珀屋的寻找。"

这可不是他的上司愿意听到的结果。琥珀屋凝聚着太多的民族自豪感，西方政府若要苏联归还其截获的艺术品，琥珀屋便是苏联谈判的一个重要筹码。第二年，阿纳托利·库楚莫夫（Anatoly Kuchumov）接到任务，开启琥珀屋下落的进一步调查。战前，库楚莫夫原是列宁格勒凯瑟琳宫的负责人，琥珀屋也由他负责管理。"血腥法庭"饭店的经理保罗·费耶阿本德（Paul Feyerabend）受审时告诉库楚莫夫，哥尼斯堡沦陷时，骑士大厅没有受到毁坏，确实保留了下来，但是后来很快就遭火焚毁了。库楚莫夫对此证词置之不理，并报告说德国肯定把琥珀屋转移到一个无人所知的地方。因此，探寻琥珀屋的活动又复燃起来。

永不停歇搜寻失踪的琥珀屋，似乎总与这个神秘地区紧紧联系在一起。琥珀屋的搜寻者冠以此地所有城市以新的名字；当然，没有任何城市的名字能像加里宁格勒一样，让人随意命名称呼，简直有如灾难，如德语名字 Königsberg、波兰语名字 Królewiec、立陶宛语名字 Karaliaučius、俄语名字 Kenigsberg，甚至还有人提议，以此城骄子康德之名来重新命名该城市，称它为康德格勒（Kantgrad）。这种 K 式名字的泛滥，犹如卡夫卡式的荒诞（Kafkaesque），让我们可以一窥此城身份的扑朔迷离。

该城已经成为人们的想象之城，不同的人对它有不同理解，人们根据各自的记忆与愿望来重新把它设计塑造。在纳粹看来，哥尼斯堡是条顿文明的城墙壁垒，用以抵抗东方的粗俗野蛮。在苏联看来，哥尼斯堡是普鲁士精锐部队的坚固堡垒，必须要把它清除毁灭。

城里有些上了年纪的居民来自俄罗斯、乌克兰或白俄罗斯，他们依然记得，在 20 世纪五六十年代，城市的大部分地区还是处在一片废墟之中。对于那时之前的居民，他们一无所知。"对于我们来说，历史始于 1946 年，"莉迪亚告诉我说，"对城市一些地方的老名字，我们一概不清楚。"玛丽昂·登霍夫把她的一卷回忆

录起名为 *Namen die keener mehr nennt*，意思是"无人再说起的名字"。这卷回忆录中，她提到了一些地方名，这些名字已经消失不见了，如 Quittainen，Arklitten 和 Trakehnen，对此，她甚是满怀悲伤。这些老地名新鲜奇特、富有诗意、古色古香，更具波罗的海的风格，而不是德国风格。其实，在苏联大改这里的地名之前，纳粹已经把许多地名德国化了，如把 Eydtkuhnen 镇改为了 Ebenrode 镇。当地居民——他们的曾祖父母那辈不在此地出生——到现在才刚刚开始，打算重拾过去的历史，很多人如今称这城市为"肯尼格"（Kenig）。

地名遭受如此命运，城市建筑也是一样。德米特里·纳瓦利欣（Dmitri Navalikhin）是战后加里宁格勒的主建筑师，他想把这座毁于空袭和炮火的资本主义城市改造成为一座引领进步的新兴之城。1990 年，登霍夫隔了近半个世纪，首次重返此城，纳瓦利欣到底是否成功，这个问题的答案可见于登霍夫的评论："如果把我空投到这个城市，有人问我，这是在哪里，我可能回答说，这是在伊尔库次克（Irkutsk）。"

然而，给德国游客营造的老哥尼斯堡的浪漫风景，也是一种想象中的构思。战前照片显示，20 世纪二三十年代，教堂周围的中世纪街道很大程度上已经为现代发展让出位置；甚至在老城区（Altstadt）都盖起了一座建构主义风格的八层高楼。

在这些照片中的城堡的主楼，其特点更加鲜明，它乃是模仿 19 世纪时主楼的样子重新建造的。如果城市中有地方保留了战前的样子，那它就是胜利广场的西端。人们很容易误以为莫斯科火车北站的古典现代柱廊是苏联时期建造的，但是它实际建于 1930 年[①]。外表阴森森的法院和市政厅于 1923 年建造，现在也基本保持了原貌。登霍夫女伯爵认出城市的这一部分应该不难，但是这地方与老城区相比，她可能更喜欢后者。

广场的另一端，东正大教堂的圆顶代表着一种更新的建筑表现形式。这地区由俄罗斯管辖已经半个多世纪，但是大部分时间里，这里建筑的表现风格却是苏维埃式的。现在，共产主义留下的意识形态领域的空白已由宗教信仰和民族主义填充起来，东正教堂如雨后春笋，遍地开花，尤其是在战争纪念馆附近。在这片充满了残酷战争的土地上，战争纪念馆是随处可见的。我的酒店不远处，有座黄

[①]此处应为作者笔误，1930 年正处于苏联时期。——译者注

色砂岩小教堂，风格非常传统，似乎它已在一个俄罗斯古城存在了几世纪之久；但实际上，它彻头彻尾是新建的。这个欧洲角落开始看似俄罗斯的模样，在此地的历史中，这是破天荒头一次。

内环路上堡垒的外围是 15 号赛道，大约在城外 1 公里处。这些堡垒，建于普法战争后，部分由法国战犯修建，资金来自法国战败的赔款，共 50 亿法郎。过去 50 年中，很少有人来访，这些堡垒便用来储存蔬菜，并且也慢慢坍塌损坏了。大多数堡垒依然布满危险，因为有些堡垒周围，还埋有未爆炸的地雷。然而，有人自愿成为了 1 号堡垒管理员，他和家人住在里面。这 1 号堡垒的名字叫作斯坦堡垒（Fort Stein），取名于拿破仑时期的一位普鲁士政治家。

一天下午，莉迪亚和我一起开车前往 1 号堡垒参观。城市东边的荒野中，有一座低矮多树的小山丘，呈多边形状的堡垒，便坐于此丘之上。堡垒四周有护城河围绕，河水又深又黑，我们走吊桥过河，此桥两边，尽是枪眼。

有人打开厚重的铁门出来迎接我们，这人又高又瘦，四十五六岁的样子。1991 年，斯坦尼斯拉夫（Stanislav）首次来到这里，那时有家合作企业"老城"（The Old City）准备修缮加里宁格勒的历史建筑。该企业从在堡垒储存蔬菜和粮食的公司那里租下这个堡垒。后来，在一些志愿者的帮助下开始了对堡垒的修缮工作。斯坦尼斯拉夫从城里公寓被赶出来后搬到了这里，并且一住就住了 15 年。

斯坦尼斯拉夫向我们介绍了他的朋友谢尔盖（Sergei），一个年轻小伙子，穿着一身军装。他参加了爱国俱乐部，该俱乐部成员都是一些军事迷，致力于找到烈士的尸骨，再重新好好安葬。起初，要想找到有助于精确修缮堡垒的信息非常困难。但后来，前德国指挥官的两个儿子造访堡垒，并解释了堡垒的方方面面。最后一位指挥官拒绝投降，被自己的手下所杀。"他就埋在那里。"斯坦尼斯拉夫边说边指向城墙。

斯坦尼斯拉夫的办公室占了一间营房，他和家人住在另一间。这里没有自来水，只有一口井。一个铁立管压水井残桩的边上装配有一个现代电水泵。若他们需要电，斯坦尼斯拉夫便带上油罐，骑车去加油站买油，回来再把油加到发电机里。即使这样，水电公司照样会给他送来大额账单。

"出账单的人完全清楚我们这儿没有自来水，也没有电，"他解释道，"他们就是想让你给他们送点礼。总有一天，他们很可能会收回堡垒，那我们就得睡大街去了。"

沿着办公室的一面墙，放着一个玻璃书橱；其他墙面上贴着地图、照片和图表。角落有个炉子，烧着木头，这是唯一的取暖措施。书橱里摆放着一些小工艺品，有弹壳、匕首，还有一个铝皮带扣，上面有纳粹标识，标识四周写着 GOTT MIT UNS，意思是"上帝与我们同在"。我翻译这几个字时，谢尔盖拨弄起他的枪栓。这时，莉迪亚轻声说："魔鬼与他们同在！"

我们爬上了堡垒顶部的炮台，上面长满了野草，草中又冒出了好多树。中央是个圆形凹地，起初是个演习广场，如今是举办音乐会的场地。这处场地气氛诡异恐怖，深深吸引着骑车族、哥特摇滚乐迷、新异教徒和黑暗民谣乐队，甚至西伯利亚的萨满巫师也来这里表演过。

"你们知道塔尔科夫斯基的电影《潜行者》吗？"我们即将离开时，斯坦尼斯拉夫问道。莉迪亚还没来得及翻译，我似乎就明白了他要说的话："这里就是'造访区'（the Zone）。"斯坦尼斯拉夫指着我们周围说。

我们把谢尔盖顺路带回城里后，莉迪亚和我停下车，准备吃晚饭，我们选了一家乌克兰小餐馆。听着现场音乐，喝着红酒，顿时令她伤感怀旧。"我太喜欢这些乌克兰歌曲了，"她说道，"我喜欢乌克兰语。他们发动了'橙色革命'（Orange Revolution），简直太遗憾了。他们把自己卖给了美国人。这些该死的美国人，试图挑起斯拉夫民族内部的矛盾，让他们分崩离析。至少，白俄罗斯情况安好，他们的总统非常强硬。"

"在西方，"她说，"你们喜欢戈尔巴乔夫（Gorbachev）。在我们看来，他就是美国人的一个傀儡。他毁了一切。"

这些极端的观点对我造成了连续的冲击，我决定次日单独环游桑比亚半岛。自加里宁格勒开车向北，我到达的第一个地方是斯韦特洛戈尔斯克（Svetlogorsk）。以前这地方叫罗斯申（Rauschen），是德国的水疗之城。此地虽经历过战争，但似乎毫发无伤，建筑保存完好。街道又陡又窄，两旁全是德式老房子，走在街道上，很难相信我依然是在俄罗斯。商店和咖啡馆都挂着德语的招牌，"Bernstein"（售卖琥珀）的字样随处可以见到。

我想尽量开车到达半岛的最西北端，那个地方叫塔兰角（Brüster Ort）。然而，开车不能直接到那儿，我只好在塔兰角以南，离它几公里的地方停了下来，这个地方叫顿斯科耶（Donskoye）。此镇的外围有大片的营房，我在路上遇到了数列军车。淡淡的阳光，斜照过树林，一座金蓝色东正教堂的圆顶，映着阳光，闪闪烁烁。灌木丛生的田野上时不时能见到还未熄灭的篝火。往北而望,我能看到两处岬角,直伸入海中。可是,我却前进不了:原来塔兰角是个军事禁区。

北走不成,我便沿海岸往南而行。海岸边上,不时有新式别墅出现。几间别墅之外,停有莫斯科牌照的大型汽车,还有凶猛的看门狗,要挣脱狗绳似的。此路把我带回到了扬塔尔尼,我停好车,然后走向沙滩。见到一个孤零零的堆石标(cairn),上有黑色大理石匾牌,写着俄语和希伯来语。1945 年 1 月,施图特霍夫集中营(Stutthof concentration camp)的关押人员在这个沙滩被杀害,这个堆石标就是为了纪念他们而设立的。当年,随着苏联军队攻入东普鲁士,纳粹押解了约 7000 名囚犯,其中很多是妇女,从哥尼斯堡到帕姆尼肯。囚犯食不果腹,身披破布,最终只有 4000 人从冰天雪地中暂时活了下来。1 月 31 日深夜,纳粹亲卫队(the SS)把这些囚犯驱赶到沙滩,用机枪扫射他们入海。

马丁·贝尔高(Martin Bergau)当年 15 岁,是国民突击队(Volkssturm)的民兵,站在峭壁上的他目睹了这一惨境,令他感到恐怖至极。"我不能相信自己的眼睛。大片浮冰之间,"他在 1994 年出版的著作《琥珀海岸的男孩》(*A Boy from the Amber Shore*)中写道,"漂着的尸体,数也数不清楚。"只有 15 人幸存了下来。

这个地方曾经试图以工业化的规模来搜寻采集海里的琥珀,但是以失败而告终,失败带来的结果就是在悬崖与海岸之间形成了一些舄湖。我沿着潮汐线行走,很快就捡到一块琥珀,不大但很光滑,呈金黄色。第二块琥珀到手,花的时间稍长,见到它时,我还以为它是块金褐色的玻璃碎片。但是,随着它在我指间慢慢变得温暖,我就能感受到了它有树脂的手感。第三块也是最后一块——这时天已慢慢变黑——比一块德梅拉拉糖(Demerera sugar)粒大不了多少,但是绝对是真的琥珀。

自扬塔尔尼,我往南驶向普里莫斯克(Primorsk)。现在,天已黑透,走了一会儿,我发现这里的路况竟然比加里宁格勒的路况还要差,简直出乎我的意料。我突然走到一条死路,前面是一个门口,双扇大门紧锁。大门里面有座楼房,低矮昏暗,还有一座通讯塔,顶上亮着红灯。整个海岸遍布军事设施,我突然间有一种莫名的感觉,似乎今晚要做俄军的客人,心里惴惴不安。我调转车头,一路开回了扬塔尔尼,然后找到了大路路口,沿着大路,我就返回了加里宁格勒。

次日早上 8 点,电话把我吵醒。柳德米拉用她尖锐的德语告诉我要把车挪一挪,因为隔壁修建别墅的工人要过一下卡车。我走到车旁,发现靠路侧的车前轮彻底没有了气。开车返回加里宁格勒时，我就觉得车子有些不对劲，轮子轰隆轰隆响得厉害，但是终觉得是石铺路的原因。肯定是在扬塔尔尼以南那坑坑洼洼的路上把车轮弄坏的。

按照租赁协议，那天是我去立陶宛交还车辆的日期。租车的时候，我就打算还车时不重走走过的路线，因此商定好在立陶宛的考纳斯（Kaunas）还车，这样可以让我正好游历加里宁格勒州。

那天是柳德米拉救了我，她迅速找来了建筑工头。工头把轮胎卸下，装上备胎，把坏轮胎丢进他的车内，我和一个背小提琴的小女孩也进了车里。随后，他开车出发。把小女孩送去学小提琴后，他开车到了一家轮胎店，就在格尔奇街的边上。店员把轮毂整形恢复，又换上一条新轮胎。没想到，总共费用只有 500 卢布，这让我有了一丝安慰。我又给工头 500 卢布，以表谢意，但他只收了 200 卢布。

中午 12 点，我出发上路，沿着普列戈利亚河的河谷前行，准备从城东的检查站出境。路经的第一个城镇是格瓦代斯克（Gvardeysk），以前叫作塔皮奥（Tapiau）。除了一座大的列宁铝质雕像，该镇的主广场仍然看似老普鲁士的小镇市场。驶离格瓦代斯克后，山路多了起来，路也变得更窄了。这时，我已离开桑比亚半岛，行驶在东普鲁士大陆上。某些地段就是一些石铺路；很难相信，这就是通往莫斯科的主路，到达莫斯科，还要往东再走约 1200 公里。

切尔尼亚霍夫斯克（Chernyakhovsk）镇，地方不小，教堂的尖塔远远就可以望见。此镇原来叫作因斯特堡（Insterburg），是东普鲁士的重要交通枢纽，战时曾遭到猛烈轰炸。镇的外围，新建零售商业区内，尽是一排排的赫鲁晓夫楼（Khrushchobi），镇中心的石铺街道有些坡度，两边建有德国老房和普鲁士办公楼。一面墙上涂有建筑公司 H. Osterroht 的德语广告，虽已模糊，但还可认出。有一个繁忙市场，真是人声鼎沸。一座 19 世纪的红砖教堂摇身一变，已成为圣迈克尔东正大教堂（Orthodox Cathedral of St Michael）。教堂庭院里有三个镀金洋葱头圆顶，立于木头架子之上，它们好似刚刚从外太空降于此地。铁路站场边上，切尔尼亚霍夫斯基（Chernyakhovsky）的英雄雕像立于一处环岛的中央。

我到达了车尔尼雪夫斯科耶（Chernyshevskoye），以前叫作伊德库能（Eydtkuhnen），这里就是边境了。车的前面，俄罗斯卡车排起了长长的车队，它们是要到东面大陆去。我看到车内后视镜中，夕阳西下，粉色的霞光，穿透了铁灰色的云彩；玄月挂在天空，金星居于月下，明亮而闪耀。到了检查站，一个情绪易激动的女守卫感觉我的文件有点问题，就拿走了我的护照。幸运的是，一位讲英语的年轻人走过来，可以给我提供帮助，能和我练习说英语，他还显得挺高兴的。在他的帮助下，误解不一会儿就消除了。在立陶宛这边，我很快就过了检查，而那些俄罗斯卡车司机却在接受严格而漫长的盘问。1862年，陀思妥耶夫斯基在去柏林、巴黎和伦敦的路上，坐火车走过这里。我有了一个奇怪的想法：假设100多年前，我就在这个地方，旅行方向也和现在一致的话，我应当是从德国这边到俄罗斯帝国那边；现在我却是从俄罗斯这边到欧盟国家。这让人觉得，世界好似颠倒了过来。

晚上8点，我到了考纳斯。我的酒店豪华舒适，酒店接待说着一口流利的美国英语，酒店还有一个商务中心，上网速度极快。可是，为何我倒怀念起土里土气的加里宁格勒来了呢？第二天早上，我逛了逛老城区，这里既有漂亮的巴洛克建筑，也有呆板的战后大楼。在一处墙面上，我看到一个俄语广告，已经非常模糊，估计可以追溯到沙皇时期，这简直就是那幽灵广告的表兄弟。幽灵广告，指的是我在切尔尼亚霍夫斯克看到的那个建筑公司的广告。附近可见蓝白相间的19世纪犹太教堂，它们竟然从战争中挺了过来，真是不可思议。

在酒店退房后，我开车去第9堡垒（the Ninth Fort）。此堡垒属于绕城堡垒的一部分，这里的绕城堡垒与哥尼斯堡的堡垒相似。《苏德互不侵犯条约》（Molotov-Ribbentrop Pact）指定立陶宛归属苏联后，第9堡垒由内务人民委员部（NKVD）使用，作为清除异己的地方。

1941年，纳粹占领了这里，第9堡垒就变为了一块犹太人的处决地。这些犹太人有的是来自维尔纽斯犹太人居住区，有的是从德国被驱逐到此。中世纪历史学家威利·科恩（Willy Cohn）就遭害于此，他还是我祖母的一位老朋友。他既是一个热情的犹太复国主义者，也是德国的爱国者，第三帝国时期，他一直有写日记的习惯。战争期间，他的日记不知所踪，2012年，这些日记才得以出版。我曾希望这次行程中，在来到此地之前，即在他人生轨迹较早的时期、不是那么绝望的时间点与这位优秀的人相遇。然而，历史和地理决定了我们的人生旅程在此相遇。1941年11月21日，科恩和他的妻子以及两个小女儿被驱逐出布雷斯劳；25日，他们被带到了第9堡垒，在这里，等其他2000名布雷斯劳犹太人一到，他们就全部遭到枪杀。

高速路互通立交中间有一座小山丘，风把它吹得七零八落。砖墙和砖塔就立在此丘之上，墙塔顶部立有铁丝网。一个巨大的苏联纪念碑由两块破碎的片状金属组成，互相靠在一起；走近一看，原来纪念碑上有很多的面容和拳头。地堡式的博物馆里展览着一些遇害者照片和私人物品，有眼镜、剃须刀和小刀，这些都是从此地找到的。除此之外，还展览着一些个人用品，这些是立陶宛人带到劳改营的。这些立陶宛人曾经被苏联流放至此。过去，纳粹曾在这里犯下暴行；现在，这里已被挪用为政治服务。这都让人感到不安。正如苏联纪念法西斯的受害者但不承认犹太人占受害者的多数一样，独立的立陶宛承认纳粹犯下滔天罪行，但认为苏联政权造成的伤害也不容小觑。明亮的夏日，这里也是一片凄凉；在阴郁11月的早上，天还下着雪，这里给人的感觉是无可言说的可怕。

我把车子交还给出租车公司后坐在一家咖啡馆里，听着伤感的西方圣诞歌曲，就这样一直等待回去的大巴车。大巴车走的路，比我来时走的路要更靠北，虽然有点绕路，但路况要好一些。

乘客不多，有九个人，大多是俄罗斯工人，还有一位中年妇女。此路一直顺着涅曼河（River Nemunas）河谷前行，蜿蜒穿过薄雾弥漫的草场，至几个岛屿附近时分岔而行，过后又汇合起来。这条大河发源于白俄罗斯，自东向西而流，长达950公里，最后汇入库尔斯乌湖。

终于，河那边出现了索韦茨克（Sovetsk）的灯光。我们过了支流上的一座浮桥，就到了立陶宛的边境检查站。一名守卫收去了所有人的护照，过了大约20分钟，终于把它们还回。然后，大巴车开过了"露易丝皇后桥"（Queen Luise Bridge）。1807年，拿破仑和沙皇亚历山大一世在河中游艇签订了《提尔西特条约》（Treaty of Tilsit），这个条约就是普鲁士露易丝皇后安排的，桥的名字就来自这位皇后的名字。我们驶过一个有泛光灯照明的新巴洛克式出入口，就到了俄罗斯的边境检查站。我们排好队，证件又被检查了一遍。

第二天早上，我给旅行社打电话，确定下午去巴提斯克（Baltiysk）军港的行程。莉迪亚没有时间，旅行社给我推荐了一位新导游，名字叫玛丽亚（Maria）。她50多岁，一头金发，英语说得很好，但口音我听不出是哪的。原来，她虽出生在特维尔州（Tversk），但她有一半波兰血统，并且德语说得也很流利。我们一路开车往西，出了加里宁格勒，经过一些别墅花园，行驶的道路是当年拿破仑的士兵进军莫斯科时铺设的。虽然玛丽亚住在加里宁格勒，但是她去过的地方却不少。她在波兰有许多亲戚，前几年也去过英国旅游。她告诉我，波兰和立陶宛加入申根国家，这让往返俄罗斯大陆变得更加困难。对多数人来说，乘坐飞机太贵，而坐自圣彼得堡出发的渡轮则要花三天时间。"琥珀号"列车（Amber Train）下午2点自莫斯科发车，次日凌晨2点到达白俄罗斯边境，车上工作人员把所有乘客叫醒，要进行的通关移民检查会花40分钟的时间。

凌晨3点，火车到达白俄罗斯和立陶宛边境，前面的检查程序会再重复一遍。凌晨4点15分，火车抵达维尔纽斯，停车20分钟，进行随机检查。等到了立陶宛与加里宁格勒边境，乘客会再经历40分钟的检查，火车会在上午10点45分最终抵达加里宁格勒。密闭的火车内深夜进行边境检查，这让我想起了休战时期东普鲁士人经历的类似情况，那时东普鲁士与德国其他领土被其他国家给隔开了。

我们快到巴提斯克时，在一个检查站停了下来，我必须要出示我的护照，这地区依然是一个有着众多限制的军事区域。军港位于维斯图拉沙嘴（Vistula Spit）的北端，维斯图拉沙嘴是个狭长的沙洲，一直延伸到波兰的施图托沃（Sztutowo），把维斯图拉舄湖圈了起来，这看似北部库尔斯沙嘴。以前此城叫作佩尔劳（Pillau），如今它是俄罗斯在欧洲唯一不结冰的军港，也是俄罗斯波罗的海舰队（Baltic Fleet）的母港基地。

城中一半的建筑尽毁于战争。有一个角落，老城的一些建筑却保留了下来，如教堂、市政厅、红砖营房，还有一个建于1904年的军官俱乐部。一座古老的路德教堂已经变成了东正教堂。教堂里面，空气中弥漫着熏香的味道，东端由一个木头圣幛给遮掩了起来。玛丽亚给她儿子点起一根蜡烛，让他在教堂里复习功课，因为快要考试了。我们走过宽阔的阅兵场，周围有些老房子，还有个不小的战争纪念馆。水滨区域有一家酒店，外表呈蓝色，名字叫金锚（Golden Anchor）酒店。墙上匾额提道，在20世纪60年代，诗人约瑟夫·布罗茨基（Joseph Brodsky）来这里住过，那时他还是一位年轻的新闻记者。一位年轻的海军军官，给彼得大帝雕塑的头上戴上了一顶帽子，佩戴的角度显得活泼可爱。

然后，我们赶往渡轮码头，坐船去沙嘴那边。橙白色的渡轮"维斯图拉号"（the Vistula）是一艘陈旧的CalMac公司的船只，这种渡轮早在2001年就已在苏格兰西部群岛（Western Isles of Scotland）投入使用。

渡轮尾部冒起一团浓烟，接着我们便驶入了水道。淡淡的阳光中飘着青灰色的薄雾。在沙嘴的那一边，我能看到巨大的混凝土飞机库，样子可怕阴森，这让我想起了奥福德内斯（Orford Ness）用于炸弹测试的"宝塔"（pagodas）建筑。

多年以来，奥福德内斯一直也是个军事禁区。

为应对北约导弹防御系统，克里姆林宫宣布要在加里宁格勒地区部署导弹。自此，俄罗斯与西方国家的关系日益恶化。一些当地人认为，导弹已经在这里部署；另一些人以为，导弹本来就一直存在。一名加里宁格勒人告诉我，他们来沙嘴摘蘑菇时就曾见到过导弹。在一件事上，大家都看法一致：如果北约能在波兰和立陶宛的边境，即在俄罗斯家门口部署导弹，那为何他们就不能在这里部署导弹呢？

我们从渡轮的另一侧快速下了船，因为我们还要坐同一艘船返回，一旦耽误，两小时内就不会再有别的船了。绕着唯一的定居点，迅速地逛一逛，时间也就刚刚好。这是一个小村庄，土色房子的周围长着些干瘦的白蜡树。我最远就能走到这儿了，没有时间再去逛别的地方。沙嘴上没有过境处；这里有导弹也好，无导弹也罢，反正一些区域过去是——我现在写作时，依然是——军事禁区。要继续沿着琥珀之路前行，我必须要走个回头路，到沙嘴对面的维斯图拉潟湖岸边，顺着大陆这侧的湖岸进入波兰。

我们头顶的悬崖上矗立着伊丽莎白女皇巨大的骑士雕像。她在位时期（1741—1761），俄罗斯曾短暂控制过这个地方，直到 1945 年，才又重新夺回。此雕像建于 2003 年，地点位于俄罗斯联邦的最西边。它显然是模仿了圣彼得堡的彼得大帝青铜骑士像（Bronze Horseman），并且宣称是世界上最大的女骑士雕像。然而，抬头望去，雕像的最醒目之处，却是她那坐骑的巨大阴茎，好似女皇被赋予了男人的阳刚之气，向西方国家发出了挑战。

[第二部分]
祖先之声
——从格但斯克到维也纳

"为什么选了你？为什么偏偏让我们来做那件事情？你们总是问这么多的为什么。答案就是：因为这一瞬间，即是存在。你见到过被困于琥珀中的虫子吗？"

"见到过。"其实，比利在配镜办公室有一个镇纸，就是一块抛光的琥珀，里面封存着三只瓢虫。

"那么，皮尔格林先生，我们此时就困于这一瞬间的琥珀之中。这没有为什么。"

库尔特·冯内古特《第五号屠宰场》

第六章
三角洲和舄湖

　　罗马的疆域开拓至多瑙河（Danube）与莱茵河（Rhine）；战后，波兰与德国的边界由奥得河（Oder）与尼斯河（Neisse）划定；1945 年，在波兰的东北角，划定的波兰与苏联的边界几乎像是用尺子画了一条线段，线段的两端分别是戈乌达普（Goldap）和布拉涅沃（Braniewo），这样就把原来的东普鲁士分成了两部分。辽阔的维斯图拉河（the Vistula）三角洲在波俄两国边界南北两侧同时平铺延展。维斯图拉河是波兰最长的河流，它最终流入维斯图拉舄湖（Vistula Lagoon）。正如北部的库尔斯舄湖，这片浅浅的水域与波罗的海之间，也隔着一条窄窄的沙嘴。格但斯克（Gdańsk）以西，另有一条较短的沙嘴，最远延伸至海尔（Hel），它正好与维斯图拉沙嘴遥遥相望。

　　梭鱼在咸水小湾里游来游去，鹳在烟囱和电线杆上筑起摇摇欲坠的鸟巢，候鸟沿着库尔斯和维斯图拉沙嘴迁徙转移，全然不顾沙嘴之上的边境检查站和铁丝网……运往南部肥沃土地的琥珀，几世纪以来，踏着这条古道，悠悠而过。1539 年，令人叹为观止的北欧和斯堪的纳维亚地图《海图》（*Carta Marina*）在威尼斯出版。该地图由马劳斯·马格努斯（Olaus Magnus）绘制，在此地图中，他详细描述了波兰东北角的海岸。马劳斯·马格努斯是一位制图师，也是乌普萨拉（Uppsala）名义上的大主教，受宗教改革的影响，他惨遭驱逐，来到波兰。在《海图》中的维斯图拉沙嘴位置，他画有一个小人，手拿铁锹，身边还有几个桶，这种桶是琥珀收集专用的。此位置上还写着两个字 *ripa svccini*，意思是"琥珀海岸"（Amber Coast）。

海湾的西半部分，主要是格但斯克（Gdańsk）、索波特（Sopot）和格丁尼亚（Gdynia）大都市圈，当地人称此三城为特罗米阿斯托（Tromiasto），即"铁三角"（Tri-City）。不过，此三角洲的大部分地区则人烟稀少，你若放眼望去，尽是一片一片的白色沙滩。在这片区域，琥珀碎片被海水冲到岸上，处处可见，比如在弯弯小河与浅浅湖水的墨角藻中，在白桦林与松树林中，在肥沃的淤积土形成的平坦原野中，都可以见到。这些原野之间，有沟壑相连，沟壑两边长着矮矮的柳树和桤木。

维斯图拉舄湖的南岸由条顿骑士团的据点环绕。这些据点便是布劳恩斯堡（Braunsberg），现为布拉涅沃；弗劳恩堡（Frauenburg），现为弗龙堡（Frombork）；还有艾尔伯灵（Elbling），现为埃尔布隆格（Elblag）。条顿骑士团就利用这些据点来控制琥珀贸易。曾经，人们可以坐着观光火车，穿梭于这几个城市，沿途欣赏整个舄湖美丽的风光。然而，市场经济的到来导致许多农村地区的火车线路难以为继。2006 年，火车观光线路突然彻底取消，停止了运营。如今，弗龙堡废弃的火车站就位于港口边上，甚是孤独冷清，轨道之间也长满了野草。因此，凡有游客打算来琥珀之路的这片区域，就只能开车或坐大巴车了。

布拉涅沃是个集镇，离俄罗斯边境有 5 公里。中世纪时，此镇名叫布劳恩斯堡。在当时镇中的建筑中只有一段城墙保存了下来，墙上也只剩下一两个孤零零的碉堡。不过，往西去几公里便是弗龙堡，这地方更令人印象深刻。弗龙堡是一个湖边小镇，这里有一个条顿骑士团的教堂。教堂周围已筑起城堡防御，它的红砖墙矗立在树木繁茂的小山之上。院中有棵大橡树，树龄已达 600 年，中空的树干有钢筋固定，以防古树倒掉。城堡之中最突出的建筑就是这个教堂了，它的顶部有着高高耸立的尖塔。该教堂修建于 1329 年到 1388 年之间，专为纪念圣母玛利亚（Virgin Mary）；这个镇的德语名字是弗劳恩堡（Frauenburg），它的意思是圣母玛利亚的要塞（the fortress of Our Lady）。所有城堡建筑中，最高的当属拉杰约夫斯基塔（Radziejowski's Tower），塔身巨大坚固，钟楼是圆顶的。爬到塔顶，所见的风景会让你感觉不虚此行。

往外望去，近处是舄湖，远处是沙嘴，此时便不难明白，骑士团为何选择这个塔顶以对整个要塞发号施令；因为立于这里，任何陆路或水路的来来往往，尽在眼下，一览无余。

小镇如今看似宁静祥和，但历史上却是动荡不安的。在这片土地上，日耳曼人和斯拉夫人争斗了近 1000 年的时间。13 世纪时，条顿骑士团从异教徒普鲁士人手中夺取了瓦尔米亚公国（The Duchy of Warmia），Warmia 的德语为 Ermland（埃姆兰）。异教徒普鲁士人属于波罗的人的一种（a Baltic people），与拉脱维亚人和立陶宛人有一定的血缘关系。瓦尔米亚公国被骑士团占领之后，公国领土就向内陆扩展延伸，直到越过了奥尔什丁（Olsztyn），领土已不是当年那海边的一小片土地。多年之后，此地的普鲁士人、波兰人和日耳曼人发现条顿骑士团的统治越来越残暴，于是，1454 年，他们发动起义，反抗条顿骑士团，并且后来又与波兰结盟。随后，爆发了十三年战争（the Thirteen Years War）。战争结束后，条顿骑士团退居到东普鲁士地区，而瓦尔米亚和西普鲁士则被纳入了波兰，但是留有了一定的自治权。自此，弗龙堡一直属于波兰领土，直到 1772 年，波兰遭到第一次瓜分，普鲁士吞并了弗龙堡。波兰共遭到三次瓜分，而这导致了在 1918 年之前，地图中已没有波兰的存在。

城堡围墙的一角，矗立着矮壮方形的哥白尼塔（Copernicus Tower）。据传说，哥白尼曾用此塔作为天文台，虽然他的设备早已不见，它们在三十年战争（the Thirty Years War）中，由瑞典人拿走了。哥白尼生于托伦（Torún），1510 年左右，他搬到了弗龙堡，成为了教堂的咏礼司铎，除了在奥尔什丁待过 5 年，他的余生都在弗龙堡度过。至 1514 年，基于自己的观察研究，他得出了地球和其他行星都围绕太阳公转的结论。他清楚自己的观点会带来巨大争议，因此，没有确切的证据，他不愿将他的观点公之于众。后来，他出版了《天体运行论》（*De revolutionibus orbium coelestium*），书中提供了严谨的数学证明。该书出版不久，1543 年，哥白尼去世。

奥地利数学家乔治·约阿希姆·雷蒂库斯（Georg Joachim Rheticus）曾经鼓励哥白尼发表他的观点，并且于 1539 年 5 月，抵达弗龙堡。"我久闻北方哥白尼大师之大名，"雷蒂库斯写道，"若不从他的教导之中，学到更多的知识，我就决不会罢休……即使花再多的钱，跑再远的路，历再多的险，我也绝不后悔。"雷蒂库斯一心要劝说可敬的哥白尼尽快把他的观点公布于世。为此，雷蒂库斯后来去了但泽（Danzig），但泽的市长给他提供资金，使他出版了《地动说》（*Narratio Prima*）或者叫作《第一报告》（*First Report*），内容是介绍哥白尼的发现。该书以文章《普鲁士赞歌》（"In Praise of Prussia"）结尾，这篇文章赞美了此地的自然资源，如果园、湖泊和田野、狩猎和捕鱼，尤其是琥珀。文章赞美琥珀是上帝的特殊礼物，在上帝给予的众多礼物之中，他首选用琥珀来装扮这个地方。

教堂右边是主教宫（Bishop's Palace），这所房子有着白色的山墙，如今已是一个博物馆。博物馆一楼的展品是一些基督教会的圣物，它们是金银圣体匣和耶稣受难像，其中一个 19 世纪的制品，其底座周围装饰有四块截面琥珀。二楼主要介绍哥白尼的生平，挂有他一系列的画像（皆非当时所画），还摆放了他可能使用过的设备的复制品。公元前 2 世纪，托勒密（Ptolemy）著有希腊语的天文学论文《天文学大成》（Almagest）。1524 年，德国人文主义者彼得·阿皮安（Peter Apian）出版了《宇宙志》（Cosmographia）。哥白尼的观点与这两本著作的观点截然不同。《天文学大成》的早期印刷版和《宇宙志》皆是二楼的展品，两本著作都打开到了有示意图的那页，示意图显示的是地球中心系统。哥白尼是真正的文艺复兴时期巨匠，展品中有他医学的研究成果，如他提出用琥珀酊剂来治疗心脏疾病，展品中还有他经济学的研究成果。他还是一位技艺高超的制图师，曾经帮助雷蒂库斯和海因里希·奇勒（Heinrich Zell）首次详细绘制了普鲁士地图。该地图于 1542 年在纽伦堡（Nuremberg）出版。海因里希·奇勒是德国宇宙学家塞巴斯丁·缪斯特（Sebastian Münster）的学生。

自弗龙堡乘坐当地小巴士往西而行，在纳如萨（Narusa）村（人口 95 人）与波格罗茨（Pogrodzie）小镇（原名 Neukirchen，诺伊基兴）之间，我就从东普鲁士到了西普鲁士，当然，这是按《凡尔赛条约》之前划定的边界而论。西普鲁士的大多地区被划为波兰走廊（Polish Corridor）后，埃尔布隆格及其周边地区就成了东普鲁士的飞地。巴士穿过针叶树林和开阔的田野，下午斜阳之下，褐色与绿色的田野更加鲜明。到了埃尔布隆格的郊区，住宅和轻工业建筑渐渐多了起来。临近这个大镇中心时，柏油路变成了石铺路，车子行驶在狭窄的古道上，上下颠簸，隆隆作响。周围是繁忙的道路，还有大片的住宅街区，有一个洋葱顶金光闪闪，吸引了我的目光，原来是一座崭新的俄罗斯东正教堂。主广场上，有一座 16 世纪的商房，正面修缮得非常漂亮。商房后面就是我定的酒店，出乎我的意料，酒店是一个时髦的商务酒店。现在，雨下得很大，我决定晚上就不出去了。

埃尔布隆格是特鲁索（Truso）的维京人定居点，特鲁索是琥珀之路上的一个主要交易市场。只有一次书面记录提到过特鲁索这个地方。这个记录出自 9 世纪末的航海记录，由盎格鲁 - 撒克逊水手及商人伍尔斯坦（Wulfstan）所写。阿尔弗雷德大帝（Alfred the Great）翻译的保卢斯·奥罗修斯（Paulus Orosius）的《历史》（Histories）中，收录了伍尔斯坦的航海记录。又过了一个世纪，特鲁索衰弱了，格但斯克兴起，令特鲁索黯然失色。13 世纪早期，条顿骑士团在艾尔伯灵河（River

Elbling）岸边修建了一座城堡。后来，紧靠城堡之北，一个定居点迅速发展起来。作为汉萨同盟的早期成员，埃尔布隆格很快扩展了贸易网络，范围覆盖整个波罗的海和其他地区。在老版画和旧照片中，埃尔布隆格是一个典型的北欧中世纪港口，城里挤满了山墙房和高耸的教堂尖顶。二战末期，战火席卷了整个地区，城中一切几乎尽毁。

城堡仅存的部分是它的麦芽作坊，长长的像谷仓一样的建筑。1535年，这里成为了波兰第一所公立语法学校，如今它是埃尔布隆格考古历史博物馆（Elblag Museum of Archaeology and History）。作为欧盟赞助的跨境项目，该博物馆已经与加里宁格勒的弗里德兰门博物馆（Friedland Gate Museum）合资修复，以纪念两个城市共有的遗产。一个录像画面中，有些德国老人在回忆他们在艾尔伯灵（Elbling）战前的童年生活。1945至1946年，这些老人逃离了此地。馆里的老照片和街道标志展示了该镇以前的模样，工厂、码头的起重机、两旁尽是商店和19世纪公寓楼的街道。

一战前夕，我的一个远亲是艾尔伯灵的镇长，叫沃尔夫冈·耶尼克（Wolfgang Jaenicke）。他的一生在很多方面都体现了20世纪德国的历史。他的妈妈贝蒂娜·阿什（Bettina，出生于Asch家族）是阿尔弗雷德·保乌尔（Alfred Bauer）的孙女，而阿尔弗雷德·保乌尔是我的天祖父（great-great-great grandfather）。贝蒂娜皈依了基督教，后来嫁给了卡尔·耶尼克（Karl Jaenicke），他是布雷斯劳的市长。沃尔夫冈参加了一战，三次获得了勋章。战后，按照《凡尔赛条约》规定，部分德国领土必须移交给波兰，他就在负责这项工作的执行委员会任职。作为自由主义德国国家党（German State Party）党员，他曾当选为波茨坦地区政府总统，但是纳粹登台后，他辞去总统职务，后来作为使节被派往中国。1936年，他应召回国，在巴伐利亚（Bavaria）过着平静的生活。他因有一半犹太血统而受到过纳粹亲卫队的残酷审问，尽管如此，他还是活了下来。战后，他受命任职巴伐利亚邦政府难民事务专员（Commissioner for Refugees）。1954年，他就任德国驻巴基斯坦首任大使，在其职业生涯的最后，就任的是德国驻罗马教廷（the Holy See）大使。

博物馆圆顶地室的展览让人看到了一个更加久远的年代，这个展览的名称是Skarby Gótow，意思是"哥特人的珍宝"。展品中包括当地出土的一些琥珀，另外还有不少贸易货物，比如罗马的银铜搭扣。博物馆负责人在这些古董旁边放置了它们的现代对等物品——梳子、一次性剃须刀——来解释其功能，这种做法甚是聪明。该室还展有一条古道上保存下来的木材，此古道有点类似萨默塞特平原（Somerset Levels）上的斯威特古道（Sweet Track）。古人走在琥珀之路的一个分支，途经博加特（Bagart）的一片沼泽地时，脚下就是踏着这些木材而过。这片沼泽地就位于杰日贡河（Dzierzgoń river）的河谷，德语称此河为 the Sorge，即索尔格河，这条河流就在埃尔布隆格以南。19 世纪 90 年代，德国考古学家雨果·威廉·康文兹（Hugo Wilhelm Conwentz, 1855—1922）首次发现了这条古道，他还出版了许多有关琥珀研究的著作。1879 年，他受命担任格但斯克新建成的西普鲁士省立博物馆（West Prussian Provincial Museum）的馆长，任职长达 30 年。作为环境保护运动的先驱，他不知疲倦地开展各种活动，争取建立一个保护当地环境的机构。1906 年，普鲁士自然古迹国家保护局（the Prussian State Agency for Natural Monument Care）最终得以成立。1994 至 1995 年，波兰考古和民族学研究所（the Polish Institute of Archeology and Ethnology）的普热米斯瓦夫·乌尔班契克（Przemyslaw Urbanczyk）进一步调查研究了这条古道。他使用"碳–14 年代测定法"和树木年代学方法，得出了研究结论。结论认为，古道修建于公元前 1 世纪，并且至少到 3 世纪，它一直被人所使用，那时正是波罗的海地区与罗马进行琥珀贸易的鼎盛时期。

后来，罗马帝国灭亡，接着又发生了民族大迁徙。尽管如此，琥珀之路上的往来却依然不止，只是有时候繁忙，有时候稀落罢了。523 年左右，罗马元老院议员卡西奥多罗斯（Cassiodorus），效力于意大利东哥特国王（the Ostrogothic king of Italy）狄奥多里克（Theodoric），他记录下了国王写给埃斯蒂（Aesti）部落的一封书信，信的内容是感谢对方赠予了琥珀这件礼物。至 8 世纪，特鲁索在艾尔伯灵河岸边发展壮大起来。从博物馆的展品中可以看出，琥珀显然是当时特鲁索地区交易的主要商品。

16 世纪末，理查德·哈克卢伊特（Richard Hakluyt）出版了《英国主要航海、航行、交通和地理发现》（*The Principal Navigations, Voyages, Traffiques and Discoveries of the English Nation*），书中重印了伍尔斯坦的航行记录。自那时起，古文物研究者就一直在找寻特鲁索的具体方位。1982 年，马雷克·贾戈津斯基（Marek Jagodzinski）在德鲁日诺湖（Lake Druzno）的岸边发现了特鲁索的具体位置，此湖现今位于埃尔布隆格之南。经过超过 25 年的挖掘，人们发现了许多沿着规整街道排列的矩形房屋，以及港口中平底船的痕迹。大量的手工艺品重见天日、为人所知，其中有些未加工和加工过的琥珀，还有些成品，如琥珀珠和吊坠，这说明特鲁索是琥珀的加工场所。另外，还出土了近 500 个阿拉伯银币以及一些砝码，不过银币大都成了小碎片。出土的一些陶器和另外一些饰品证明了此地的贸易范围可远达西欧地区。

17 世纪末，住在哈默尔恩（Hameln）的格鲁克尔（Glückel），一位犹太商人的遗孀在回忆录中说："有位但泽的年轻亲戚，来到她汉堡的家中做客。这位亲戚带来的所有家产，是大约价值 20 到 30 帝国元（Reichsthaler）的琥珀，他让我的丈夫或是保存，或是卖掉它们。"一个世纪之前，在 1572 至 1617 年，格奥尔格·布劳恩（Georg Braun）和弗兰斯·霍根伯格（Franz Hogenberg）出版了《世界城市》（Civitates Orbis Terrarum）地图册，这是一本城市地图和鸟瞰图汇编，地图册共有厚厚的六本。《世界城市》中收录了但泽市的全景图。全景图的视角取自格拉多瓦山（Gradowa Hill），这座山位于市中心以西，即现今的火车站附近。图中可以看到，城市天际线中，细细的尖塔高高耸立，圣玛丽教堂的巨大方塔特别突出醒目，此教堂乃是当时世界上最大的砖砌教堂。教堂的右边是市政厅高高的尖顶。

地图配文中，作为科隆大教堂咏礼司铎的布劳恩大大赞扬了港口，说它有着最棒的码头和仓库，并且与整个西部和北部地区交易的商品丰富多样。他还说道：

> 男人赤身裸体，乘坐着小船，外出搜寻 succinum（琥珀），异国人称它为 amber（琥珀），海浪把琥珀冲到了岸边。琥珀起初是软软的，暴露在空气中，很快会变硬，可用车床和凿子，把它加工成各种样子。琥珀的颜色有的发暗，有的发亮。发亮的琥珀会卖出更高的价钱。据说，琥珀燃烧散发出的味道可以解毒。有时，琥珀之中会见到一些蚂蚁、蚊子和其他昆虫，这不是人为的，而是天然的，或称为偶发情况。甚至暴风雨也会把琥珀带到大陆海岸。

1652 年，教皇使节贾科莫·芳图奇（Giacomo Fantuzzi）在他的《欧游日记》（Diary of a European Journey）中这样写道："在但泽，白色和黄色琥珀的加工手段，非常精致灵巧；黄色琥珀更加珍贵，因为它们可以用来制作小雕像，这些雕像，制作手艺高超，看起来栩栩如生……只有那些交了琥珀税的人，才能去搜集琥珀。在格但斯克，琥珀特别昂贵……"

二战中，格但斯克老城区尽毁于战火。战后，该市费尽心力重建了老城的大部分区域。格鲁克尔的那位年轻亲戚在但泽做过琥珀生意，走在长街（Ulica Dluga）上，不难想象当时但泽市的模样。市政厅位于长街和长广场（Dlugi Targ）的接口处，它看似几乎与布劳恩和霍根伯格的全景图中的一样。该厅始建于1379年，当时，但泽由条顿骑士团控制。条顿骑士团遭到此地起义反抗后，1457年，该城归属波兰王国（the Kingdom of Poland），但是仍留有自治权。随着贸易的繁荣发展，市政厅也在扩建。然而，16世纪中叶的一场大火令它面容尽毁。自那以后，市政厅就变成了如今的样子。该建筑既有哥特式的元素，又有文艺复兴的风格，拥有一个高达83米的钟塔，钟塔顶部还有波兰国王齐格蒙特二世奥古斯特（Zygmunt II August）的镀金雕像，该国王在位时间为1548至1572年。

老城的周围，有门楼环绕。长广场的西端，在车来车往的环路边上，坐落着高地门（Brama Wyzynna）。该门楼建于1568年，是一座巴洛克式的凯旋门。1886年，该建筑得到修缮，变成了浮夸的普鲁士风格。高地门的前面就是监狱塔（Prison Tower），修建于16世纪。该塔如今是格但斯克市的琥珀博物馆。沃尔特·本杰明在其文章《打开我的藏书》（"Unpacking My Library"）中回忆道，20世纪早期，该建筑由古书销售商汉斯·劳尔（Hans Rhaue）占有。正是在这个塔顶，君特·格拉斯的著名但泽小说《铁皮鼓》（*The Tin Drum*）中的人物奥斯卡·马策拉特（Oskar Mazerath）首次练习了他那足以碎窗的高音技巧。

自狭窄的旋梯而上，头顶的木梁上还依稀可见当年囚犯刻的一些字。低矮的拱顶之下，陈列着一些透明琥珀和云状琥珀，有两块如椰子般大小。其中，有一块琥珀呈黄褐色，外表坑坑洼洼的，来自维斯图拉舄湖；另一块，来自乌克兰。一个裂开的琥珀，个头不小，外部呈深褐色，内部呈硫磺色。有些琥珀来自遥远的异国他乡，如西班牙、摩洛哥、印度尼西亚和俄罗斯远东的萨哈林岛（Sakkhalin，库页岛）。一个壁龛里放着旋转式显微镜；只需摁下按钮，琥珀之内的东西——植物碎片、整片树叶、蚊子和其他昆虫——就会在透镜下依次出现。然而，最耀眼的展品，当属一块包有一只完整蜥蜴的琥珀。1997年，琥珀猎人加布里埃尔·基尔洛斯卡（Gabriela Gierlowska）在格但斯克附近的沙滩发现了这个琥珀。后来，它由 L. 克伦伯格银行基金会（L. Kronenberg Bank Foundation）收购，并赠予了该博物馆。

波兰北部地区的考古发现证明：早在石器时代，人们就开始把琥珀原材加工成饰品了。大概最引人注目的是中石器时代的一个大马雕像，可追溯至公元前4500年左右，出土地点在什切青（Szczecin）南部的斯切尔采 - 克拉延斯凯（Strzelce -Krajeńskie）。这个矮壮的马雕看似一匹挽马，马头摆向一边，由淡黄色的浊珀雕刻而成。一个新石器时代的圆形护身符出土于奥尔什丁；一个有雕饰的圆锥形护身符来自桑多米次（Sandomierz）。有一个大的铁搭扣，时间可追溯到约公元前1000年，出土于弗罗茨瓦夫（Wrocław）附近的莱格尼察（Piekary Wielkie），搭扣上面有一个圆形琥珀装饰。

再上一层，是中世纪展厅。提到这个时代，琥珀念珠便不得不提。因此，展品中有大量的琥珀念珠。但是，15世纪中叶，条顿骑士团失去了西普鲁士，这出乎意料地让琥珀雕刻艺术兴旺起来。垄断已被打破，琥珀匠人的同业工会在但泽和其他地区不断涌现，势如雨后春笋。以前，条顿骑士团坚决压制同业工会的发展。宗教改革降低了大众对琥珀念珠的需求，这样就使琥珀匠人能够多元化发展，可以为收藏者制造精巧的艺术品，也可以尝试新的工艺技术。在展品中，可见一个16世纪时期的圣母圣婴像，自格但斯克出土；还有17世纪时期的首饰盒、18世纪时期的墨水台、一组雪茄架和带有琥珀嘴的烟斗。另外，有一个非常华丽的橱柜，由但泽的匠人约翰·格奥尔格·泽内巴赫（Johann Georg Zernebach）设计，日期标注为1724年。橱柜两边，各有一列抽屉，抽屉有拱形凹陷，里面有象牙小雕像；橱柜顶端，也有个象牙雕像，雕的是一个小孩骑着一只海豚。这些巴洛克式的精品物件之中，有一件似乎显得格格不入。它是一个苏联时期的瓮，配有树桩底座，它是1952年赠送给斯大林的。

顶层展厅陈列着哥尼斯堡国家琥珀工厂的一些产品——饰品、盒子、锁具、气压计和烟具，以上物品都是在两次世界大战间隔期间生产的。一组现代展品，如一座东正教的琥珀圣像，它们可以说明，自1990年以来，宗教艺术开始复兴。展厅还可以见到一个用琥珀雕成的夜莺，叫作琥珀夜莺（Bursztynowy Slowik）。在每年举行的索波特国际音乐节上，都会颁发这个奖杯。展厅中有视频回放，内容是2006年的音乐节上重播的莱赫·华勒沙（Lech Wałęsa）和艾尔顿·约翰（Elton John）这个不太可能的组合。

市政厅的东侧，长街的出口，正对着偌大的广场，即长广场，它的长度远远大于它的宽度。广场上，杰克美国酒吧（Jack's American Bar）与俄罗斯饭馆（*Kuchnia Rosyiska*）面对面，互相瞪着眼——似乎要看看谁先眨眼睛。

周围是大都市休闲的人群，两旁是汉萨同盟时期的房子，涂成了淡淡的绿色、蓝色和褐色。此情此景，我很难想象，70年前，这里是一片废墟。我坐在咖啡桌旁，审视着这个广场，不由自主地又思考起历史建筑的修复这个问题来。有一种情况，若建筑几乎尽毁，人们修复时，使用了正确材料，又领悟了古代技艺，建筑可以修复得很好；另有一种情况，若建筑因年代久远或每天磨损而破烂，人们只随时修一修、补一补，这样持续几个世纪，建筑依然可以保存完好。试问，前一种情况与后一种情况相比，哪个更有伪造之嫌呢？就像华盛顿的斧头，许多著名历史建筑，现在肯定只有其名，再也无法复原出它的原始结构了。

次日，我去了国家档案馆，想找寻一下我自己的历史片段。1850年，我的曾祖父阿道夫·舒勒（Adolf Schüler）出生于布托（Bütow），即现今的贝图夫（Bytow）。双亲阿伦（Aron）和米娜（Mina）早亡之后，他就搬到了贝伦特（Berent），该小镇位于但泽以西约50公里处，现在叫作科希切日纳（Koscierzyna）。祖父曾回忆道，曾祖父在这个小镇，做了一位遗孀萨拉·科恩（Sara Cohn）的印刷工学徒。最终，他接管了生意，经营起该镇的报纸《贝伦特报》（*Berenter Zeitung*）。当时，印刷厂几乎都是中等大小的印刷机，除了一个手动小印刷机，其余全是脚踏印刷机。

多年以前，我刚刚踏足新闻与出版行业时，对家族往事一概不知。好久之后，我的远亲艾琳·纽豪斯（Irene Newhouse）让我知道，原来我的血液里流淌着印刷工的基因。因此，我心中渴望去了解更多曾祖父和他的报纸的故事。贝伦特属于但泽地区，如若有曾祖父相关的记录，就可能存放在这儿的档案馆里。档案馆位于市中心以北的瓦利-皮亚斯托斯基（Waly Piastowskie）路。此路是条繁忙的主干道，路旁有铁路干线和巴士车站，另外还有个简约的钢铁纪念碑，该纪念碑是为1970年起义中牺牲的船厂工人而修建。纪念碑的那一边，耸立着列宁船厂（Lenin Shipyard）的起重机。起义十年后，该船厂工人罢工，并最终导致了团结工会运动（Solidarity movement）的爆发。

格但斯克国家档案馆（Archiwum Panstowe Gdańsku）是一座19世纪的建筑，外表庄严肃穆，有着阶梯式的山墙，它还连带着一座附属建筑。馆内气氛安静，人人好学，还有一排排缩微胶片阅读机，看到这些，我就知道，我来对了地方。值班的两位馆员既不会说英语，也不会说德语，但是他们找来了另一位同事帮忙。她说去看看馆里有没有关于科希切日纳的资料。过了一会儿，她带回几个活页夹，里面有些计算机打印的文件，是科希切日纳相关资料的目录。虽然许多条目的文字是波兰语，但我感兴趣的是德语。

我浏览档案条目时得知，小镇 1884 年刚刚开通了铁路，随着我一条一条浏览下去，这个小镇 19 世纪的生活场景浮现在我的眼前：市议会选举、安全警察关于 1831 年华沙动乱的报告、19 世纪 60 年代波兰的骚动事件、针对波兰和俄罗斯移民的诉讼、乞丐和流浪汉登记、狱囚的转运工作、1888 年志愿消防队成立、对水池和牲畜市场的维护、开始征收养狗税、妓女卖淫问题、1901 年兴建电力工程……档案馆下午 2 点闭馆，我本想再调出些文件资料，但时间已经不够了，馆里建议我第二天上午再来。

回去的路上，我到圣布里奇教堂（Church of St Bridget）看了看。二战中，这座 14 世纪的教堂遭到焚毁。20 世纪 80 年代，教堂成为了团结工会（Solidarity）领导人的避难之处。当时，教堂内部已经简单进行了重建，地方非常宽敞。为纪念教堂在团结工会运动中发挥的作用，2001 年，于此开始建造一个巨大的圣坛，材料全由琥珀构成。圣坛还没有完工，但是它的主面板在教堂里展示着。其上，有圣母玛利亚的浮雕，她身穿奶白色的琥珀长袍，头戴金光闪闪的琥珀花冠。

索波特音乐节和其他一些场合，都会见到琥珀的身影。此地使用琥珀，是把琥珀当作了波兰追求自由的象征。这可以反映出，不同国家会利用琥珀来做不同的事情。尼禄强征琥珀，为角斗比赛增光添彩。条顿骑士团垄断了琥珀贸易，手段残忍又无情，而他们的继承者普鲁士国王，则把琥珀当作特色的外交礼物，送给其他统治者。1871 年，普鲁士摇身变为德意志第二帝国（the Second German Empire）后，也宣称琥珀独归自己所有。1900 年的巴黎世博会（Paris Exposition Universelle）上，在德国展区，普鲁士贸易工业部（Prussian Ministry of Trade and Industry）安排了大量琥珀展览。《凡尔赛条约》把琥珀海岸部分地区划拨给波兰以后，琥珀丰富的东普鲁士地区就和德国其余领土割断开了。这种情况下，再声称琥珀乃是德国所独有的，听起来就非常尖锐了。克里斯汀·施瓦恩（Christian Schwahn）是一位作家，在饰品珠宝方面著述颇丰。1933 年，他在一份贸易杂志上，用充满诗意的措辞来劝说读者，若他们深爱自己的祖国，那就穿戴起"德国土地上的德国人自己的宝石"吧。1938 年，博物馆馆长阿尔弗雷德·罗德（Alfred Rohde），也就是本书上次提到在哥尼斯堡城堡废墟游荡的那位，出版了一本著作，叫作 *Bernstein, ein deutscher Werkstoff*，即 "《琥珀，德国的东西》（*Amber, A German Materia*）"。

自 1989 年以来，在市场宣传中，琥珀被强化为波兰的产品，并且强调它体现了波兰的手工技艺。从 1994 年开始，格但斯克每年都要举行波兰国际琥珀和宝石博览会（Amberif trade show）；2006 年，世界琥珀理事会在格但斯克成立；2011 年，波兰经济部（Polish Ministry of Economy）认定了 15 个行业为特殊出口项目，琥珀行业便在其中。然而，波兰的琥珀产量却满足不了国内珠宝商的需求，大多琥珀的原材料是从加里宁格勒地区的俄罗斯矿藏进口而来。这不免有些讽刺。

那天晚上，我如当地人晚间散步一样，沿着河岸往北而行。教堂的钟声伴着市政厅的钟琴声共同鸣响。此城海雾笼罩，成群的寒鸦扑腾扑腾掠过屋顶，嘎嘎的叫声刺穿了夜空。寒鸦与样貌不堪的同科秃鼻乌鸦相比，其体型更加小巧精干。除此之外，寒鸦还有明显的不同，那就是它们有灰色的颈圈和白色的眼圈。波兰语称寒鸦为 kawka，寒鸦的捷克语是 kavka，名字是它们叫声的拟声词。弗朗茨·卡夫卡（Franz Kafka）选择寒鸦作为其私人徽章上的图案，巧妙用了一个双关的修辞。

次日上午，我回到档案馆，只见几本厚厚的、布满灰尘的资料已在等着我了。资料标签上的文字是旧德文黑体字。我开始翻阅犹太会堂记录，几页之后，便看到了他的名字 "Buchdrücker Schüler"，意思是 "图书印刷商舒勒"。他首先出现在 1879—1880 的记录资料中。自此，他在记录资料中定期出现，直到 1898 年，全家人搬到了布雷斯劳。我翻到了人口普查表的部分，内容显示，总人口约 6500 人，基本上德国人和波兰人各占一半。卡舒比人（Kashubians）数量不足 300。卡舒比人属斯拉夫民族，在波兰人之前，就已在这个地区定居生活。《铁皮鼓》的作者就有部分卡舒比人的血统。这本小说中，奥斯卡的祖母安娜·科尔贾切克（Anna Koljaicek）这样描述卡舒比人："说他们是德国人吧，他们不是；要说他们是波兰人吧，他们也不是。"犹太居民很少，总共不过 65 家，其中有头有脸的人物有：布鲁门撒尔（Blumenthal）、卡斯帕里（Caspari）、匹恩克斯（Pinkus）、科恩（Cohn）、弗拉多（Flatow）和巴拉多斯基（Baradowski）。卡斯帕里和阿伦特（Arendt）是镇政务委员会委员。

普鲁士政府依照传统，雷打不动地每五年进行一次人口普查。人口普查表上显示：1880 年，我的曾祖父单身，住在长街 23 号（23 Langgaße）；1885 年，他住在长街 6 号，家庭成员有两位男性和三位女性。那时，曾祖父已和塞西莉·弗兰克尔（Cäcilie Fraenkel）结婚，他俩在布雷斯劳相识；他们的女儿弗丽达（Frieda）出生于 1883 年。家人中的另外一位男性成员，肯定不是我的祖父，因为祖父出生于 1888 年。所以，这位男性成员，可能是一位来访的亲戚。除了曾祖母和其女儿弗丽达，家里另外一位女性成员估计是女管家。1890 年，全家搬到了该镇主广场 19 号（19 Markt）；1895 年，他们又搬到了主广场 6 号。

　　人口普查表之间夹着些当地报纸，上面有当时的人口状况。我曾祖父出版的大幅报纸《贝伦特报》，其前身是名为《贝伦特小报》（Berenter Anzeiger）的新闻简讯。1890 年的一份《贝伦特报》说，此报以《贝伦特报》为名出版发行，已有 6 年时间，其前身《贝伦特小报》出版发行了 21 年。1883 年，《贝伦特小报》由阿道夫·舒勒印刷；1885 年，《贝伦特小报》上有这样的说明：Redaktion, Druck und Verlag von A. Schüler in Berent，意思是"由阿道夫·舒勒于贝伦特编辑，印刷及出版"。那年晚些时候，他把报纸扩版成大幅报纸，名为《贝伦特报》。他重新设计了报纸刊头，加入了一只熊的图像。这是一个双关修辞，熊的德语是 Bär，此字的发音与 Berent 相似，因此熊的图像又可以指 Berent。报纸从柏林运到此地时，其第二页和第三页上，已经印刷了国内新闻和国际新闻。报纸空白页上，阿道夫在第一页印刷当地新闻，在第四页印刷广告。为了出版大幅报纸，他购置了大型快速印刷机，由驱动齿轮提供动力，但需人工操作齿轮转动，因为贝伦特当时还没有通电。另外，贝伦特当时也没有通煤气，印刷作坊用油灯照明，取暖用的是一个煤瓦炉。除了报纸，他还印刷书籍、传单和小册子，其中包括当地中学的年度计划和 1896 年政府发布的县公告。

　　我从档案馆出来，走到马路对面的车站，坐上了一辆到科希切日纳镇的汽车。途中都是乡村小路，低矮的山丘起伏不断，白桦林与云杉林缝隙中，湖水波光粼粼，池塘的水面却已经结冰，周围遍布着芦苇和蒲草。路上行程共一个多小时。以前，科希切日纳是一个小小的镇子。现在，镇的周围，有了一些大道，两旁有很多的超市和商业园区。该镇的历史中心由一个椭圆形的街道围绕，此街道是原来镇堡垒的所在地。这里有两座大大的红砖教堂，格外醒目。新教教堂建于 19 世纪末，是德国北部的新哥特风格；天主教堂建于一战期间，是德国南部的新巴洛克风格，有一个洋葱状的穹顶。

自 19 世纪以来，宽阔的主广场大部分都保存完好。毁掉西边贝图夫镇的那场战役，绕过了科希切日纳。主广场北边的中间坐落着小小的镇政厅，现在是个博物馆。我曾经从一份德语家谱杂志上看到了这个广场的平面图。如果平面图是准确的，那么自 19 世纪以来，这里的房屋号码就没有改变过。自广场的西北角，长街（Ulica Dluga）通向新教教堂，长街又可称为 Langgaße。波兰语 Ulica Dluga 和德语 Langgaße，意思都是"长街"（Long Street）。

我站在广场角落，很明显地感到，曾祖父在贝伦特生活的 20 年中，他即使搬过家，但距离都不超过几百米。然而，他的迁居却与他事业崛起、冲出小镇社会阶层合拍一致。他先是住在长街的中段，后来搬到主广场的角落，最后又迁到了主广场的好地段。他起初搬来广场，地址是 19 号，位于广场的东南角。该建筑是一个三层高的大楼，里面肯定包含着几个公寓。后来，他在广场的住址是 6 号，这里与镇政厅左侧斜对着，该建筑的一楼现在是一家乳品店。

据祖父讲，阿道夫·舒勒活动积极、精力充沛，他参加了当地唱诗班、体操俱乐部，还有新成立的志愿消防队，并且最终还成为了镇议员。

《凡尔赛条约》签订后，1920 年，受其影响，贝伦特及西普鲁士其他地区都划拨给了波兰。德裔人口和大多数犹太居民都迁往了依然还由德国统治的地区。如今，科希切日纳是一个安静的小镇，甚至可以说有点冷冷清清。除了主广场一家无人光顾的披萨饼店，我再也找不到一家营业的酒吧或是咖啡店了，而现在却已是工作日的下午 5 点钟。在返回格但斯克的巴士上，只有我和另外一位乘客坐完全程，其余乘客在路过这些村子时，都零零星星地下了车。

长街的东端由绿门（Brama Zielona）占据着。虽然该建筑名为绿门，但是它既不是绿色的，也不是一个门。它实际上是一座豪宅，建于 1564 年，属弗兰德风格，宅底有四个拱门，面向莫特拉瓦河（River Motlawa）。自此沿着河岸往北走几百码，便是圣玛丽门（St Mary's Gate），河中停靠着拖船、游艇和驳船。有一座高高的 16 世纪的商房与圣玛丽门相连接，它俩合在一块就是现今的格但斯克考古博物馆（Gdańsk Archaeological Museum）。路边一块草坪上有四个花岗岩拟人雕像，与莫特拉瓦河相望，每个雕像三四英尺高。人们把这种雕像称为"巴巴斯"（babas），13 世纪之前，古普鲁士人制作了这种雕像，把它们视为敬拜神灵和英雄的纪念像。后来，人们在伊拉瓦（Ilawa）地区发现了这些雕像。由于条顿骑士团残酷打击异教信仰，其中许多雕像已被毁坏。保存下来的雕像，或作为地区边界标志使用，或是用在了后来的建筑中。

考古博物馆中，有整个一层专为一个永久展览而布置，这个展览名为"琥珀千年"（A Millennium of Amber）。如监狱塔的琥珀博物馆，此馆也是按照历史时间顺序进行展品的介绍，从琥珀的自然形成到格但斯克匠人的艺术精品，时间上起 16 世纪，下至 18 世纪。

琥珀原石展品中，有个巨大的浊珀，似大脑的模样，格外引人注目。它的旁边还摆放着一些泪滴状鸡蛋大小的琥珀，好像当年刚从树干滑下来时，就马上冻结了一样。另外一些琥珀原石，里面依然还有树皮的印记。一些金色块状琥珀摆放在有背光照明的橱柜里，这些琥珀里的植物碎片、飞蛾、毛翅蝇、蚂蚁和甲壳虫都清晰可见。史前时期的手工艺品，包括下面的一些展品：一件马雕，属中石器时代，与监狱塔琥珀博物馆中的那件类似，出土于多别格涅夫（Dobiegniew）；一件熊雕，出土于斯武普斯克（Slupsk）；还有一些作为史前武士饰品的方形琥珀珠，在万斯克湖（Lake Lanskie）边的扎比（Zabie）出土。另外，展品中还有一些琥珀加工工具，如燧石刀片和骨刻刀等。

墙面上的一张地图显示了琥珀之路的一段，这段路线自波罗的海沿岸，蜿蜒延伸至意大利境内。格但斯克地区出土的罗马时期文物，由这张地图负责统领展览。这些展品包括：一些刻有同心圆的琥珀珠；一个银环和三个银搭扣；一口罗马铜锅；还有十个罗马硬币，年代自哈德良统治时期（Hadrian，117—138）至马可·奥勒留统治时期（Marcus Aurelius，161—180）。展品中，还有一个琥珀匠人的百宝箱，发现于斯维尔扎（Swilcza），箱子可追溯到 4 世纪末至 5 世纪。箱里的物品有：一个金吊坠；两个大大的金色银搭扣；两个小一点的金色银搭扣；其他各种各样的银饰；十个罗马硬币，上面有哈德良、福斯蒂娜（Faustina）、马可·奥勒留和康茂德（Commodus）的人像，据此可以判断，匠人收藏这些物品时，它们确实已经就是古董了。

大迁徙时代，琥珀贸易仍然继续。在索波特的一个山上要塞发现的琥珀原石就可以证明这一点。此发现标注的大体年代是 500 年至 980 年。中世纪后期的文物，展品主要有琥珀原石、一些工艺半成品和一个制作琥珀珠的木钻残片，年代自 10 世纪至 13 世纪。这些工艺半成品，主要有未完成的戒指、珠子和十字架。所有展品都来自格但斯克，这就清楚地证明，此城拥有悠久的琥珀工艺传统。

然而，令人感触最深的，莫过于一副年轻女性的骨架。它出土于一座 11 世纪的古坟，地点位于乌内拉茨（Uniradzc）。该骨架上，可见一些琥珀饰品、一条项链和一顶假发。

在格但斯克的最后一晚，无意之中，我参加了一场守灵仪式。那晚，我走到皮瓦纳街（Ulica Piwna），找了一个酒吧坐一坐。酒吧环境很好，屋内是低顶的天花板。时值深夜，酒吧几乎空无一人，但是蓄着胡须的男招待让我放心，说他们还会继续营业一段时间，因为老板稍后会来酒吧。约半小时后，一位40多岁的女士领着几个人来到酒吧。这位女士身材娇小，穿着得体优雅。她向我发出邀请，让我过去一块坐坐。过去的11年，安娜一直在都柏林（Dublin）生活。她以前在饭店、酒吧工作过，现在工作于一家加拿大投资银行，其儿子刚刚拿到都柏林圣三一大学（Trinity）的硕士学位。她父亲的葬礼，在50公里外的一个小镇举行。她的妈妈、兄弟和远亲都参加了葬礼，葬礼完后，他们一块回到了酒吧。她告诉我，她爸爸是突然去世的，他生前一直在利兹（Leeds），从事房屋装潢工作。他们不得不在利兹把爸爸火化，然后再把骨灰带回家。

维斯图拉沙嘴归属波兰的这一半区域，与库尔斯沙嘴相比，地域更加宽阔，树木更加繁茂，也并不是那么荒凉。这个区域里散布着一些酒店、露营地和度假别墅。夏天，有渡船自埃尔布隆格开往沙嘴上的度假胜地克里尼查-谟尔斯卡（Krynica Morska）；其余时间要想到这个度假胜地，只能从格但斯克出发。若想搜寻琥珀，世界上最好的地方莫过于此地；克里尼查-谟尔斯卡的一条街道，甚至都命名为Ulica Bursztynowa，即"琥珀路"。沿着海岸走几公里就可到达扬塔尔村（Jantar）。自1998年以来，每年夏天世界琥珀搜寻锦标赛（World Amber Hunting Championship）的决赛都在这个村里举行。比赛每年会吸引数百名来自各地的参加者，有人甚至来自遥远的西班牙。比赛人员需用两种方式搜寻琥珀，其一是顺着潮汐线搜寻，其二是拿着抄网涉入海水搜寻。在为期两日的赛事中，会穿插一些展览和讲座，主题涉及琥珀、波罗的海地区生态系统和琥珀搜集与加工的历史。

在沙嘴陆地侧的尽头处，我来到一个小镇，它名叫施图托沃（Sztutowo）。小镇看似没有什么特别之处。一眼望去，有卖香烟、杂志和酒水的街角小店，女士理发店脚下铺有整齐的块砖，还有一些广告小传单，内容印有尊巴（Zumba）健身课程和寻狗启事。其实，提及此地便会令人毛骨悚然，这种联系永远抹之不去。然而，此镇的街景中，只有小小的教堂和红砖邮局见证过这种恐怖。沿路而上仅

1 公里，在一片寂静的树林中，有一座纪念碑。该纪念碑是为施图特霍夫集中营（Stutthof concentration camp）的遇难者而立，遇难人数估计为 6.5 万人到 8.5 万人，遇害时间为 1939 年至 1945 年。路边有一条窄轨铁路，铁路建设之初，是为运送自但泽到克里尼查 - 谟尔斯卡的度假者。但后来，该铁路被纳粹用于更邪恶的事上。这个集中营由但泽的纳粹分子于 1939 年 8 月建立，那时德国还没有入侵波兰。起初，纳粹分子用此营来关押他们的反对者。1942 年，施图特霍夫成为纳粹的官方集中营，并且又发展出了一些分营。

集中营入口右侧有一座漂亮的山墙别墅，这是指挥官及其家人的住处，由关押人员修建。立陶宛作家巴里斯·斯洛加（Balys Sruoga）曾被关押于此，他回忆了指挥官保罗 - 维尔纳·霍普（Paul-Werner Hoppe）的家庭生活。据他回想，指挥官的家庭生活是在单调乏味之中带着一种诡异的神秘。"在他家人面前，霍普的一举一动，完全正常……他的妻子，面善亲切。集中营里发生了什么，她假装一点也不知道。"面容亲和的霍普夫人是达豪集中营指挥官的女儿。她的丈夫在 1945 年被英国人关押，后来设法逃到了瑞士。返回德国后，他被判入狱 9 年，于 1966 年获释。"这都是没有的事，"他说道，"全是谎言。"斯洛加于 1947 年去世，关在集中营时，他的身体便一落千丈；霍普中校于 1974 年在德国安详去世。

顺着入口继续前行，就会见到卫兵的红砖营房。一个较小的房子是用来养军犬的。军犬有两种——德国牧羊犬和罗威纳犬，即使体重最轻的军犬，也比一个快要饿死的关押人员要重。再往前，一座醒目的黑色岗楼出现在眼前，其周围是一圈铁丝网栅栏。集中营内的牢房已不见了踪影。战后生活穷苦，人们把牢房拆掉，用作了柴火。但是，牢房的水泥平台却依然清晰可见。我走出集中营时，又回头看了看指挥官的别墅，竟然有了新的发现。漂亮的花园，阳台上的圆盘式卫星天线，客厅中亮着电灯，透过网眼窗帘清晰可见。我感到纳闷，谁能在这儿住呢，又怎么能住得下去呢？

在斯泰戈纳村（Stegna），我下了巴士，步行约 1 公里，穿过村庄，进入了密林之中。空气中弥漫着松树和炊烟的味道。去年干黄的树叶依然挂在小小的橡树上。远处传来链锯的嗡嗡声；近处啄木鸟在啄树，发出咔嗒咔嗒的声音。突然，我走到了一处陡坡，原来是一座海边沙丘。裸露出的松树根，犹如楼梯一样。于是，我就踏着楼梯，攀爬而上。登顶之后，眼前几百米处，波罗的海的海面银光闪闪。

长而宽的白色沙滩，蜿蜒曲折，延伸到远方。

那天风很大，有穿得很暖的 4 个人，沿着沙滩，慢慢地前行，搜寻着潮汐线，在找琥珀。起初，我连个琥珀的影子都看不到。不过，我的眼睛适应了这个任务后，我就找到了小小的一粒金色琥珀。很快，我又找到了一粒，接着，又一粒。整个潮汐线的贝壳、海草和漂流木中，散布着成百上千颗闪闪发光的琥珀粒。不多时间，我就找到了 20 多粒。如若再继续找，就显得有些贪婪了。于是，我就原路返回，途中又见到几个稍大点的琥珀，呈深红色，非常漂亮，我就又把它们收入囊中了。

顺着根梯下沙丘与沿着根梯登沙丘相比，前者会更加危险。我从沙丘下来后，眼前的道路笔直地伸进密林。这片密林犹如格林童话中的远古森林。远古森林就是我们内心深处集体无意识的一种原型。此路自琥珀海岸一直往南延伸，直到罗马。

第七章
斯拉夫人和条顿人

至此，我的旅程都是沿着海岸前行。睁开眼睛便是大海的面容，侧耳倾听即是大海的声音，即使不若如此，那么至少也可以说，我离大海再怎么远，也总能闻到风中的海腥味。现在，我即将沿着内陆地区的琥珀之路行进。此条线路似乎逆着维斯图拉河往南而行，直到河流的首个大弯道，这里的河水自托伦（Torún）顺流而来。J. M. 德纳瓦罗（J. M. de Navarro）曾经走过一条路线，他先从托伦出发，然后横跨波兹南（Poznań）以南地区，最后到达格沃古夫（Głogów）附近的奥得河（the Odra）沿岸。奥得河自格沃古夫逆流而上，就会到达弗罗茨瓦夫。

1980 年，波兰历史学家耶日·维洛维耶斯基（Jerzy Wielowiejski）开辟了另一条更靠东的路线。此路线先经过古时的定居点比斯库平（Biskupin）、科宁（Konin）和卡利什（Kalisz），最后与 J. M. 德纳瓦罗的路线相汇于弗罗茨瓦夫。两条路线都有考古证据来支持，并且它们可能同时或在不同时期为人们所用。结果，我选了后一条路线；一是维洛维耶斯基利用了更多最新考古学证据，二是他的路线会途经我的祖辈生活过的地方。

自格但斯克，我乘火车南下，抵达了马尔堡（Malbork）。于此，一片住宅街区中间，有个破旧公园，其内有座条顿骑士团的堡垒。高高的红砖墙上方，赫然耸立着一个防卫高塔和圣玛丽大教堂的后殿。

几个世纪以来，教堂东端高高的柳叶刀拱壁龛处，竖立着一座大型圣母玛利亚的雕像，自方圆数英里便能清晰可见。然而，二战末期于此爆发的炮战，持续了两个月之久。结果，教堂壁龛就空空如也了，正如容纳巴米扬大佛（the Buddhas of Bamiyan）的壁龛一样。

耶路撒冷德国圣玛丽家族兄弟会（The Order of the House of St Mary of the Germans in Jerusalem），此为正式的称谓，是十字军僧侣成立的宗教组织，诸如圣殿骑士团（Templars）和医院骑士团（Hospitallers）一样。该兄弟会成立于1190年，其目的是在圣地（Holy Land）与萨拉森人（Saracens）战斗。除了基本的僧侣誓言，如保持清贫、遵奉戒律和恪守贞洁，他们还发誓要与"耶稣的敌人"战斗，这样就为发起圣战找到了神学上的理由。"我读到过，耶利米（Jeremiah）把剑给了犹大（Judas），"骑士团的牧师尼古拉斯·冯·耶罗斯钦（Nicolaus von Jeroschin）在他的《普鲁士历史》（History of Prussia）中写道，"接着跟他说：'看，这把剑乃是上帝所赐，你现在拿起这把圣剑，以后必能战胜以色列人民的敌人。'"

可是在1291年，埃及马穆鲁克（Mamluks）军队攻占了阿卡城（Acre），此城是十字军在黎凡特大陆（Levantine mainland）上最后的防线。这就给欧洲的教皇和君主带来一个问题：怎么对付这些军事修会（Military Orders）呢？这些组织，钱财充足，拥有欧洲大片土地，成员大多为贵族的年轻后代，影响力巨大。它们全副武装，成员都是身经百战的勇士，并且组织还拥有自治权。若让这样的群体游荡于欧洲大地，岂不危险重重？圣殿骑士团遭受指控，定为异端，于1307年被残酷镇压。这引起后世无数的阴谋论之说。医院骑士团受到派遣，去守卫罗德岛（the Island of Rhodes），以防土耳其人的攻击。1309年，条顿骑士团于威尼斯无所事事几年后，终于又转战普鲁士地区。其实，骑士团自1225年以来，就在该地区进行教皇批准的针对异教徒普鲁士人和立陶宛人的战争。他们选择马尔堡作为新的司令部。那时，马尔堡被称为马林堡（Marienburg）或者玛丽的城堡（the Castle of Mary）。它在诺加河（River Nogat）上的战略位置使骑士们能够控制从波罗的海到波兰内陆的主要贸易干线——包括琥珀之路。

我穿过时髦现代的游客中心，就进入了城堡的外围（Outer Bailey），这里曾是城堡的作坊、军械库和仓库的所在地。然后，走过吊桥，跨进吊门，就到了城堡的中堡（Middle Castle）部分。此地是条顿骑士团世俗权力的中心，于此他们统治着条顿的疆域。右侧乃是大斋房（Great Refectory）；其后则是大团长的宫殿（Grand Master's palace），红砖的屋顶又高又陡，底下的柱子、柱顶和隅石都是花岗岩。这儿不是简朴苦行的静修之处，而是威严气派的宫廷所在。作为大国的统治者，

106

骑士团在此置办宴会和比武，以此招待其他来访君主。

　　内院的远端竖立着四位骑士团大团长的铜像，他们分别是：赫尔曼·冯·萨尔扎（Hermann von Salza，1209—1239）、齐格弗里德·冯·福赫特万根（Siegfried von Feuchtwangen，1303—1311）、温里希·冯·尼普罗德（Winrich von Kniprode，1352—1382）和阿尔布雷希特·冯·霍亨索伦（Albrecht von Hohenzollern，1511—1525）。铜像其实是1877年面世的腓特烈大帝雕像的一部分，原先被置于这位普鲁士君主雕像底座的四角之处。如今，腓特烈大帝的雕像已不复存在。骑士团大团长的铜像如此放置，乃是为了说明骑士团是德国的先驱。铜像中的最后一位大团长阿尔布雷希特·冯·霍亨索伦，与马林堡实际上是没有任何关联的，因为在他上任的半个世纪之前，骑士团就早已弃马林堡而去。那么，之所以把他列入铜像之中，原因在于他乃是腓特烈大帝的先祖，那么自然也是当时皇帝威廉一世的先祖。

　　自中堡部分，我又过了护城河上另一座吊桥，到了城堡的高堡（High Castle）部分。所谓的护城河，已无水可言，但却够深。高堡位于城堡的最深处，也是最古老的圣殿。有60位情同手足的骑士——守卫所罗门国王（King Solomon）的勇士也是60位——于此就寝、用斋和祷告。从院子里，我自台阶登上二层的回廊，拱道到处都是哥特式的漂亮花饰，异常精巧。

　　离开回廊，便是教堂壮观的哥特式大门，又叫作金门（Golden Gate）。此门原有的多彩陶饰大部分保存完好，描绘了骑士团的天使大军与魔鬼撒旦的军队战斗的场景。教堂没有开放，因为修缮还未完成。但是，满是雕刻的木门竟然嘎吱一响就打开了，接着，我闻到了会议厅一股熏香和蜡油的味道。三个主柱搭成的典雅肋拱之下，靠墙放置着几把长椅，中间的长椅便是大团长的王座。骑士团成员每周于此会议厅见面一次，忏悔罪过，接受惩罚。该厅顶部的壁画，依然清晰可见，画有圣母玛利亚、耶稣基督和大天使米迦勒（Archangel Michael）。釉砖地面上，嵌有老鹰、龙、野猪、花朵和几何图案，装饰异常丰富。

　　中堡的东边部分乃是城堡博物馆。我在盔甲和武器展区碰上一大群固执的游客，导游也是非常自负。因此，我观看这部分展出并不是十分顺利。后来，我在圆顶地室发现了琥珀展区。此前，在帕兰加、加里宁格勒和格但斯克，我见到了壮观华丽的琥珀展览，但是马尔堡的琥珀展品却是无与伦比的。1961年博物馆成立之初，负责人决定要收集具有历史代表性的琥珀藏品，然而，这又谈何容易。

由于琥珀易碎，17、18 世纪巴洛克风格的琥珀手工艺品就很罕见，极少能够进入交易市场。不过，他们通过拍卖会购买、私人捐献、考古发掘和从其他博物馆调入的方式，逐渐也收集了超过 2000 件展品，其中许多都是贵重的精品。

史前时期的展品之中给人印象最深刻的是一些圆形和圆柱形的琥珀珠，产自新石器时代鲁切沃（Neolithic Rzucewo）文化。大约公元前 2000 年，此文化在维斯图拉三角洲（Vistula Delta）地区存在，该地区有许多大型的琥珀作坊。此外，还有一件琥珀项链，出土于维尔巴克（Weilbark）的一座坟墓，项链年代为古罗马时期。

然而，展品最精彩的部分当属文艺复兴风格和巴洛克风格的收藏。17 世纪初，财大气粗、地位显赫的人们十分偏爱琥珀饰品。有两件藏品，可以证明此点。其一是一条圆柱形的琥珀珠项链，呈半透明状，上面刻有环状花饰，是为格但斯克的一位权贵人士制作；其二是一串截面琥珀大珠，共有十个，晶莹剔透，这些珠子原在一条项链之上。项链的主人是布里格（Brzeg）公爵夫人多萝西娅 - 西比勒·霍亨索伦（Dorothea-Sybilla Hohenzollern），她也是约翰·乔治（Johan Georg）的女儿。约翰·乔治既是勃兰登堡选帝侯（Elector of Brandenburg），又是普鲁士公爵（Duke of Prussia）。

17 世纪，格但斯克的匠人发明了很多方法来制作更大、更精美的琥珀工艺品，其中许多产品的去向乃是君主和贵族的古玩陈列室。展品中有个精致的首饰盒，产自格但斯克迈克尔·雷德林（Michael Redlin）的作坊，时间大约是在 1680 年。此盒由透明琥珀板和浊珀板构成，对比强烈，盒盖上有一个克瑞斯（Ceres）的坐像。另有一个精美的琥珀圣坛，于 1687 年在格但斯克制造。该圣坛层层升高，坛下由蛇形柱支撑，每层上面有勋章图饰。中央的象牙浮雕，刻画的是《最后的晚餐》（*Last Supper*）。最高一层的象牙耶稣受难像的上方，漂浮着复活耶稣的琥珀像。一个 17 世纪晚期的精致小盒，据说原为国王斯坦尼斯瓦夫·莱什琴斯基（King Stanisław Leszczynski）所有，使用了镜画（eglomisé）的技艺，这种技艺的使用，也见于圣彼得堡的琥珀屋之中。琥珀屋中，在一个透明琥珀薄板的背面刻有一幅凹雕图像，图像后面再辅以金叶背衬来反光。

最出色的作品当属 17 世纪晚期的一个柜子，由克里斯托夫·毛奥赫（Christoph Maucher）制造。此柜尽显巴洛克式的浮夸，绚烂而多彩。柜中间是一个维纳斯的全身浮雕，其周围布置有漩涡形装饰、小爱神、贝壳和叶形装饰，分别以不同色度的琥珀呈现。1670 年左右，毛奥赫自德国南部来到格但斯克时就已经是个经验丰富的象牙雕刻工匠了。然而，他并非同业工会的会员，市政厅打算给他份工作，却遭到同业工会的强烈反对。最终，他于 1705 年离开了格但斯克。

这些物品中距今最近且最有特色的展品，是一个便携式的储藏柜，它于 18 世纪 70 年代在格但斯克制造，属于波兰最后一位国王斯坦尼斯瓦夫·奥古斯特·波尼亚托夫斯基（Stanislaw August Poniatowski）。柜子中间下凹之处，有刻于 17 世纪的圣母玛利亚的琥珀雕像，两侧还各有两层小抽屉。1771 年，国王勉强从波兰贵族的绑架中逃脱。于是，他便下令制作此柜，以表达对上帝的感谢。数块琥珀板上都刻有文字，如"起死回生"和"我终将回归"。这种贵族之间的内斗让波兰的命运掌握在了邻国的手中。至 1795 年，波兰已被瓜分完毕，斯坦尼斯瓦夫也被迫退位。此柜命运波折，最后竟然到了苏格兰。1798 年，前国王在圣彼得堡去世，身无分文。后来，现今卡蒙特勋爵（Lord Carmont）的先人购得此柜。1979 年，卡蒙特勋爵夫人芭芭拉（Lady Barbara Carmont）捐献该柜给此博物馆，这个柜子也就终于回到了波兰。

我走过诺加特河上的人行桥，到了河的对岸，再从一个更好的视角来看一看城堡。自此，可以看到城堡的全景。一对角楼，谓之河门（River Gate），格外醒目。此外，大团长宫殿华丽的正面也清晰可见。长长的城墙蹲在河上的冰碛石之上。高堡的异常陡峭的三角屋顶展露无疑，它的右侧是丹斯克（Dansker），这个塔独自立在那里，有桥与主城堡相连，其功用乃是厕所和防卫前哨。铅色的天空下，两旁尽是芦苇的宽阔河面上，开始起雾了。天气冷得难受，赶紧返回城堡，找个舒服的饭店坐坐不失为一条良策。这饭店深居城堡之内，其壁炉里的木头正烧得噼啪作响。

关于马尔堡的历史还有一段悲伤的后记。2008 年 10 月，建筑工人在下挖一个新酒店的地基时，发现了一处巨大的坟地，挖掘出了大约 70 具骨架。经过数月的挖掘，最终共找到了 2116 具尸体。所有尸体，男人、女人和小孩，埋葬时都是赤身裸体，没有穿鞋，没有穿衣服，也没有个人物品。

他们被认定是马尔堡曾经的德国公民——二战结束后，马尔堡的 1840 名德国公民被认定为失踪。这些尸体中数十人是头部中枪死亡，所以有推测说，这些人是受苏联大屠杀所害。当地检察官对此进行了调查，最后结果表明，大多数人并没有受到暴力迫害，而很可能是死于寒冷、饥饿和斑疹伤寒。有枪伤的尸体均在坟地的最上层，据此推断，他们应该是德国战俘，受俄方命令来埋葬他们同胞的尸体，以防传播疾病。任务完成后，他们遭到枪杀，继而被扔进了坟墓。2009 年 8 月 14 日，所有尸骨在一处德国军队公墓进行了重新安葬，并且举行了和解仪式，波兰人和德国人均有参加。该军队公墓位于斯塔尔 - 恰诺沃（Stare Czarnowo），距离波兰和德国边境不远。

自马尔堡出发，豪华现代列车带我一路南下，山丘微微起伏，湖水银光闪闪。途中经过普拉布蒂（Prabuty），该镇居于小山之顶，有一座中世纪的红砖教堂高高耸立，这里又是条顿骑士团的一处要塞。我必须在伊拉瓦（Iława）中转换车，此镇位于马祖尔湖区（Masurian Lakes），以前叫作德国伊劳（Deutsch Eylau）。于此，我登上一列年代久远的隔间车厢火车，全是硬座。列车带我向西南方向驶去，穿过平原地带，其上有维斯图拉河的大弯道，由彼得哥什（Bydgoszcz）逆水蜿蜒而上，直到托伦。托伦，是琥珀之路上我的下一站点。

火车到达托伦站时，天已经黑了。火车站正在修缮，老旧的售票厅只剩空壳，困于平台之间，没有出口能直接通到站外的道路。我拖着行李，越过轨道，到了后门出口，从那儿打了辆出租车进城。出租车载我过了维斯图拉河上的一座大桥，接着又沿着此中世纪小镇的城墙前行，城墙有泛光灯来照明，时不时有城门和棱堡出现，它们的上方，夜空中耸立着教堂的高塔和尖顶。

毛毛细雨中，我从新城广场（New Town Square）下了出租车，广场是石铺地面，就在圣詹姆斯教堂（St James's Church）的双塔之下。说是新城，其实也比老城新不了哪儿去。教堂门口，出来一位牧师。他戴着眼镜，身披法衣，头上一顶罗马帽，从我身边走过，情景犹如 G. K. 切斯特顿（G. K. Chesterton）笔下的布朗神父（Father Brown）。我的下榻酒店叫作传奇酒店（Hotel Legenda），位于广场的东边，建筑呈水洗蓝色，非常帅气。酒店内部，屋顶是梁式天花板。酒店员工热情好客。酒店餐厅舒适惬意，菜品是波兰的家常菜，菜量还挺大，只是酒品不怎么样，都是街角小店就可买到的那种。现在，毛毛细雨已变成滂沱大雨，我决定晚上就待在酒店研读一下此城的历史。

托伦——德语为"索恩"（Thorn）——是条顿骑士团在普鲁士早期的定居点。1231 年左右，受马佐夫舍公爵康拉德之邀，条顿骑士团进入波兰，来帮助公爵打击普鲁士人。骑士团在维斯图拉河沿岸建立了边界，于河边山上修建了一座小城堡。"他们把城堡叫作鸟鸣（Vogelsang），"14 世纪的编年史家尼古拉斯·冯·耶罗斯钦写道，"就在此地，骑士团的兄弟虽然武器装备很差，但是义无反顾地建立了军队，与数量庞大的异教部落展开了斗争。在众多忧患苦难中，他们唱出的不是夜莺的歌，而是像天鹅死去时唱的挽歌……"

"历史对待失败者，"W. H. 奥登（W. H. Auden）写道，"可能会叹息，但是绝不会帮忙或宽恕。"异教徒普鲁士人遭骑士团屠杀或在刀剑威逼之下皈依基督教时唱出的悲怆之歌，历史也绝不会记录下来，而是被日耳曼征服者换用了一种说法来记录。康拉德公爵邀请骑士团进入自己领土，此乃不明智之举，简直就是引狼入室，骑士团很快就征服了波罗的海的整个东南海岸，把波兰和大海隔开了。

为了巩固在该地区的统治，骑士团带来了大量的日耳曼定居者，结果导致了种族冲突，持续时间长达七个世纪，时不时还会危及到波兰的存亡。

1233 年，赫尔曼·巴尔克（Hermann Balk）——普鲁士的骑士团大团长，特许建立平民城托伦。1236 年，连续遭遇洪水之后，城里居民将定居点搬到了如今的位置。后来，骑士团弃置了"鸟鸣城堡"，于托伦城边又修建了一座新的城堡。托伦蓬勃发展，1280 年，该城加入了汉萨同盟，并与弗兰德商业城市布鲁日（Bruges）、根特（Ghent）和伊珀尔（Ypres）建立了贸易关系。至 15 世纪，托伦已经成为波兰的主要粮食出口地。"漂亮的建筑，火红的屋顶，"波兰编年史家扬·德乌戈什（Jan Dlugosz）在 1546 年写道，"论地理位置、漂亮程度和无上荣耀，任何地方都比不上托伦。"

次日上午，天清气朗。我沿着步行街——宽街（Ulica Szeroka）——溜达了一下。新城广场与旧城广场通过宽街相连。二战中，托伦受损并不严重，这样的情况，在波兰的历史名城中为数不多。托伦保留了它壮丽的北欧城市风景。高高的商房，有着阶梯式的山墙。教堂哥特式的尖顶，直伸向天空。粮仓是红砖砌成，拱门都是浮夸绚丽的文艺复兴风格。托伦的建筑，尽管大放光彩，但是论其都市氛围，却不如格但斯克。托伦不过就是一个大学城，人口不足 25 万，以计算机产业为主，总部位于城外的新科技园区。托伦街道的两侧，不是咖啡店和纪念品店，而是蔬菜水果店、药店、两家书店、一个五金店和一家迷人的老式缝纫用品店，该店的窗户是闪闪发光的彩虹带。

沿着宽街蜿蜒而行，不料却遇到了一段家族往事。有一块匾牌，纪念的人是兹维·赫希·卡利斯赫（Zvi Hirsch Kalischer, 1795—1874）。虽然他生于莱什诺（Leszno），但是这位犹太复国主义（Zionism）的早期倡导者，其一生的大部分时间却是在托伦度过。他是托伦城中的一位临时拉比老师（rabbi），其严格的苦行本性，令他不能接受一个受薪职位。他是海因里希·格雷茨（Heinrich Graetz）的朋友和导师，格雷茨写了第一本犹太民族综合史，并且自1845年就任布雷斯劳正统犹太教学校的校长。正是在布雷斯劳，格雷茨和我的高祖父大卫·霍尼曼（David Honigmann）卷入了冲突之中。卡利斯赫和格雷茨是深信神秘主义的正统犹太教徒，他们把19世纪的工业世界看作是堕落的污水池，同时把犹太人的大流散看作是巴比伦囚禁的衍生。霍尼曼是犹太教改革派（Reform Judaism）的创始人之一，也是上西里西亚铁路（Upper Silesian Railway）的秘书长。他是一位同化主义者和现代主义者。激烈的文字战争接连在公共演讲和印刷物中爆发。

老城的突出建筑是圣约翰教堂（Church of St John）。该教堂建于14世纪上半叶，起初的建筑风格是德国北部哥特式风格。1994年，它被升格为大教堂。教堂宽矮的塔楼却从来没有建到预期的高度，它的高度与正厅房顶的高度持平，这让教堂的模样看起来更加方正。市政厅矗立在主广场的中央，它是一座高大的砖砌建筑，其一角立有一座钟楼。市政厅的四边，围起了一个四方的院子。院中长有一棵巨大的蔓生植物，其互相缠结的枝茎粗如人的胳膊，直爬到了屋顶。该市政厅建于14世纪晚期，当时这个中世纪小城正值繁荣的巅峰。17世纪初，于它醒目的直上直下的哥特式风格外，又做了一定程度的美化，融入了荷兰矫饰主义风格，加上了三角墙、角楼以及石头饰面。如今的市政厅已是博物馆。馆里重要的展品，首先是一些精美的14、15世纪的彩色玻璃，它们产自海乌姆诺（Chełmno）；其次还有一些高质量的宗教雕像，其中包括一座《戴着荆棘冠的耶稣》（*Ecce Homo*）雕像，大约雕刻于1100年，该雕像表现力强，但是作者不详，还包括一座《悲伤的玛丽》（*Mary of the Sorrows*）雕像，其线条柔美，人物表情带着深深的忧郁。

楼上的大礼堂厅（Grand Hall）悬挂着此城伟人哥白尼的画像，这幅画像画于哥白尼生前，同一时期的画像，仅此一幅。此外，这里还有一些当地其他大人物的优秀画像，由杜勒（Dürer）和克拉纳赫（Cranach）的追随者所画。

市政厅外，竖立着19世纪的哥白尼大铜像，雕像手中拿着浑天仪。往南过几条街就可到一座商房，据说哥白尼在此出生，这点虽然没有确切证据，但是他的父母当时确实是这所商房的主人。1473年，哥白尼出生，自此他在托伦生活了18年，后来去克拉科夫（Krakow）和波隆那（Bologna）求学。虽然其余生都在弗龙堡度过，但是他总把自己认作"托伦的哥白尼"（Nicolaus Copernicus Torunensis）。

波兰人说哥白尼属于波兰，德国人说哥白尼属于德国。但他是波兰王国的臣民，一生都对天主教会忠诚。他的所有出版物，都是用拉丁文写的，只有一些私人信件用德语书写，他在日常生活中，说的可能是德语。终究来说，哥白尼是文艺复兴人文主义者、欧洲大家庭中的一员。

城中心以南，在俯视着维斯图拉河的一处陡岸上，是骑士团城堡的遗址。虽然此城堡比马尔堡城堡要小，并且仅有一位指挥官和十二位骑士驻扎在此，但是城堡曾经肯定也是威慑力十足，它那高大的砖石城墙内，就是控制维斯图拉河和该城的司令部。城堡的主体，建于13世纪，至此世纪末，一座高大的八边形塔楼在院中修建了起来。

然而，15世纪到来的时候，骑士团的命运就慢慢没落了。1382年，波兰国王路易一世（Polish King Louis）去世后，没有接班人，皇位由其八岁的女儿雅德维加（Jadwiga）继承。四年之后，波兰贵族让她嫁给立陶宛国君约拉盖（Jogalia），前提是约拉盖必须皈依基督教。

他确实这么做了，带着他的子民——欧洲最后的异教徒——加入了基督教大家庭。瞬间，骑士团发动圣战的理由，以及教皇对圣战的支持都化为了泡影。还有，雅德维加和瓦迪斯瓦夫·雅盖沃（Władysław Jagiełło）的联姻，建立了一个强大的王朝，把波兰和立陶宛联合了起来，其统治时间长达两个世纪。骑士团的眼前，出现了一个强大敌手。

1410年7月15日，战争降临，这一天也是使徒斋日（the Feast of the Apostles）。当天，雅盖沃身披亮丽的盔甲，率领波兰、立陶宛、匈牙利、捷克和俄罗斯组成的联军在位于托伦东北约120公里处的格伦瓦德（Grunwald），与条顿骑士团展开大战。那天结束时，曾经战无不胜的骑士团溃不成军，大团长乌尔里希·冯·容宁根（Ulrich von Jungingen）战死沙场，他的2.7万人大军，近半数也一同阵亡。另有大批军队在逃亡时溺死在湖泊和沼泽地中。此次战败在德国历史上被视为国家灾难，直到1914年8月，德国在坦能堡（Tannenberg）附近大胜俄军，这才算报了一箭之仇。

次年2月，《第一次索恩和约》（the First Peace of Thorn）签署，骑士团被迫赔偿巨款以赎回战俘，但还是竭力保存了自己大部分的领土，当然这只是暂时的。1454年，城民把骑士团赶出城外，毁掉城堡，使其变成了一处垃圾场。1464年，《第二次索恩和约》（the Second Peace of Thorn）签署，战争也随之结束。此后，骑士团被迫撤往东普鲁士，放弃了马尔堡，把首府换到了哥尼斯堡。托伦，连同西普鲁士的其他地区，现在都成了波兰的领土。

城堡仅存的是部分城墙和一些低矮楼层，这些楼层通过小溪上的一座廊桥，与主城堡相连。城堡其余部分的地基，在 20 世纪 50 年代被发掘出来，包括八边形的主楼，以及周围的会议厅、小教堂和斋房，它们之间有回廊连接。

地基下面的地室、墓穴和地牢都保存了下来，挖掘中发现的一些石窗花格和瓦片都在这里面展出。城堡的边上，有一个 13 世纪的磨坊，曾经给骑士团提供面粉。19 世纪，该磨坊得到了扩建，如今是一家魅力精品酒店和饭店，我进去喝了杯啤酒，透过长长的窗户，可以欣赏磨坊水槽中那五光十色的水面。

就在我着手计划下一步行程时，发现如若乘坐公共交通去往有关琥珀之路以及与我家族历史有关的地方，会有一定的困难。虽然旅行距离不长，但是公共交通服务却很稀少，即便有，路线也是绕来绕去。于是，为形势所迫，我在托伦租了辆车，计划在弗罗茨瓦夫把它还回。我开车在伊诺罗茨瓦夫（Inowroclaw）郊区疾驰时，本来的一阵雨夹雪变成了一场彻彻底底的暴风雪，风把雪吹得都横飞了起来。车载导航让我在路上转来转去，竟然把我引到了乡间小路，最后好不容易到达了比斯库平，这是北欧地区一个最为重要的古代定居点。

我步行到达考古公园时，一只矮壮的獒犬朝我猛叫起来，强壮的身体要挣脱锁链似的。一位身穿棉夹克、头戴无檐帽的看守人走了过来，他说此地已经关门了。我说天还未到黄昏呢，怎么就关门了呢，还说我开车走了老远的路才到这儿的，并且也没有机会再回来。然而，看守人的态度依然如故，不为所动。最后，我问他栅栏以外是否有地方可以看到里面的情况。于是，他就给我指了指入口的一边。沿着桥下的一段窄轨铁路前行，我就到了一个地点。于此，隔着芦苇地，我能看到岗楼和重建堡垒的围栏。傍晚的阳光透过了飞云，景色的氛围非常不错。我涉水穿过芦苇，弄湿了靴子，照了一张照片。

这个铁器时代（the Iron Age）的定居点，由堡垒和村舍组成。堡垒修建于凸入湖泊的一个半岛上，村舍来给它提供给养。1933 年，波兰考古学家发现了这个定居点，并很快宣布此地乃是"波兰的庞贝古城"（Polish Pompeii）。由于到处是水洼地，所以定居点的木头都保存了下来。虽然有证据显示，此定居点自中石器时代至中世纪早期有人在这里居住，但是树木年代学却表明，这里的橡木是在公元前 747 年至公元前 722 年被砍伐使用的。出土的铜扣针、锡银腰带搭扣、琥珀玻璃珠、纺轮和铁刀，可以证明它的贸易网络范围很广。

此定居点很快就成为了民族主义你争我夺的竞技场。波兰政府称赞它为史前斯拉夫人成就的铁证。然而，1939 年德国占领波兰以后，把比斯库平重新命名为乌斯塔特（Urstädt），并宣称此定居点是古日耳曼民族的成就。德国的考古学家往往会把史前遗址当作条顿人在东方有争议地区长期存在的证据。纳粹一旦掌了权，上述解释就成了唯一的解释。一个专门做史前研究的基金会叫作祖先遗产学会（Ahnenerbe），在纳粹亲卫队的监督下成立。目的很明确，第三帝国考古学的功用，就是为其领土伸张提供历史理由。1940 年，考古发掘由祖先遗产学会继续进行，至 1942 年，考古发掘结束。德军被迫撤离时，为了销毁证据，他们放水淹没了此地。然而，具有讽刺意味的是，洪水实际上有助于保护这些古老的木材。

我鞋里带水，吧唧吧唧走回停车场时，看守人向我示意，让我过去一下。不知怎么回事，他心软了，让我进到了考古公园内。用栅栏围起的城墙内有 13 排平行的房子，紧紧地挨在一起，房子之间是木头铺成的道路。这 105 间房子，估计可以容纳 700 到 1000 位居民。

存留下来的有机物质可以证明此地经济基础广泛，以农业、牧业和渔业为主，辅以金属加工、皮革制造、制陶、编织、角雕和骨雕。中央空地的周围簇拥着一些小木屋，都是木架构的，其中有些木屋，古人还使用编条结构和粗灰泥进行了填补，这些痕迹也保存了下来。这些重建的小木屋之间，拴着一些牛和马匹。

1998 年 11 月，在伦敦的威格莫尔音乐厅（Wigmore Hall），我第一次听说比斯库平这个地方。在纪念水晶之夜（Kristallnacht）60 周年的一次音乐读书晚会上，朱丽叶·史蒂文森（Juliet Stevenson）读了安妮·麦可斯（Anne Michaels）的小说《漂泊手记》（Fugitive Pieces）的开篇："几个世纪以来，只有鱼游荡在比斯库平的木头人行道上……"该小说讲述了此定居点遭到破坏以及七岁男孩雅各布（Jakob）的故事。纳粹杀害了雅各布的父母以后，雅各布被一位希腊考古学家所救。这篇小说是一种悲伤、诗意的沉思，对身份的本质、人类的韧性以及战争给几代人留下的长时间的阴影的沉思。

自北到达科宁，首先映入眼帘的便是该镇郊区电厂的烟囱。这个工业小镇是一个煤矿县城的首府。小镇周围是一座座的矸子山，其道路却很宽阔，道路两边尽是赫鲁晓夫时期的公寓建筑。首个定居点出现于瓦尔塔河（River Warta）上的一处浅滩；托勒密称它为塞地达瓦（Setidava）或者是盖蒂达瓦（Getidava）。科宁似乎是一个大的贸易中心，来往于琥珀之路的商人在这里进行交易。该镇以西的沙丘上面有一块墓地，年代可追溯到 2 至 3 世纪的普热沃斯克（Przeworsk）文化。中世纪时，此镇的位置实际要往南再去几公里，但是在 1331 年，条顿骑士团洗劫了此镇，后来它就搬到了现在所处的位置。接下来的几个世纪，该镇发挥的作用越来越大。

1793 年第二次瓜分波兰以后，科宁由俄国统治；拿破仑战争（the Napoleonic Wars）期间，科宁又变成了法国支持的华沙公国（Duchy of Warsaw）的一部分，但是拿破仑大败之后，维也纳会议（Congress of Vienna）又把科宁交还到俄国手里，这种状况一直持续到 1918 年波兰重新获得独立。

我开车过了一家铝厂，又越过瓦尔塔河上的一座现代大桥，然后找了个停车场把车停好。停车场所处的道路比较脏乱，街道两旁是酒品店和汽车零部件店，这种汽车零部件店在世界各地城镇的边缘地带都可以见到。从这儿到主广场（Plac Wolności），步行一会儿就到了。主广场是石铺路面，其周围是十八九世纪的房子。我的右侧，有一座漂亮的大桥，连接河的北岸。主广场的另一端，有两条窄窄的、两边尽是商店的街道，往南而去。我选了稍大点的街道，沿着它前行，这条街道叫作五三街（Third of May Street）。走了几百米，此街与另一条街相汇，这里有一个巴洛克式的小镇政厅，其上有个八角塔楼。五三街的名字，纪念的是 1791 年波兰宪法，该街名是在 1919 年共和国成立宣言中得到采用的。沙皇统治时期，此街叫作长街（Ulica Długa）；自 1939 年以来，此街用过的名字有赫尔曼·戈林街（Hermann Göring Straße）、红军街（Red Army Street），苏联解体以后，又改回五三街。

以前，科宁可是一个重镇；现在，科宁却似乎有点过时，感觉只是一个小镇。它虽临河而居，却不是商业中心，也不是旅游胜地。又往前走了一会儿，在一个方方正正的公园一角，我与圣巴多罗买教堂（the church of St Bartholomew）相遇。教堂的院中有一个罗马式立柱，它是该镇的荣耀宣言，同时它也表明了该镇与琥珀之路的联系。1151 年，此柱由当地的一位伯爵下令修建，它是罗马帝国之外欧洲地区最古老的里程碑。立柱上的拉丁文可以译为：

> 耶稣复活（Our Lord's Incarnation）后的第 1151 年。自克鲁
> 什维察（Kruszwica）到卡利什，此段路程的中间点，就在这里，

这个正义之柱可以标明这个位置。此柱是由皮奥塔伯爵下令修建，伯爵认真仔细地找到了此段路程的中间点。愿每位旅人都向上帝祈祷，伯爵永在我们心中。

从教堂这儿，我又沿着五三街往回走，去往城堡广场（Plac Zamkowy-Castle Square）。广场虽叫作城堡广场，但是这里却没有一点城堡的影子。这里曾经是陶器市场（Tepper Marik）——犹太小镇的活动中心，但是它也早已没有了丝毫痕迹。广场是现代砖块铺成的地面，异常的乏味，市政还进行了绿化，种植有灌木丛。存留下来的几处老建筑也已用水泥进行了修缮，这样就与它们周围建筑淡雅的风格统一了起来。然而，广场的西北角有一个建筑与众不同。它是一个图书馆，有着东方主义风格的窗子，窗子顶部呈三角形。这个建筑曾经是 *bes-medresh*，即犹太宗教研究所。紧挨图书馆，在密茨凯维奇街（Mickiewicza Street）上有一座漂亮的白色犹太教堂，它有着摩尔风格（Moorish-style）的窗子。该教堂建于 1829 年，后来遭到纳粹破坏，20 世纪 80 年代，教堂又进行了修复。2008 年以前，它一直作为图书馆使用，现在它已重回犹太社区。以前，这里有大量的犹太人口，不过现在却已无迹可寻。

1939 年 9 月 1 日，德军攻击西盘半岛（Westerplatte）几个小时之后，就跨过了波兰西部的边境。德国军队在数量上完全碾压波兰军队，后者向华沙一路撤退。轰炸机在科宁上空盘旋，路上满是从西边跑来的难民。9 月 14 号，德国军队开进了科宁，在镇政厅上方升起了纳粹标识。一周之后，德军获悉，有人要进行恶意破坏活动，于是他们采取了回应措施，抓了一些犹太教徒和基督教徒当作人质。9 月 22 日，赎罪日（the Day of Atonement）这天，人质中的两位，30 岁的天主教徒和餐馆老板亚历山大·库罗夫斯基（Alexander Kurowski），还有 70 岁的犹太商人莫德凯·斯罗德基（Mordechai Słodki），经过抓阄选出，在主广场的东北角被行刑队执行了死刑。不久，纳粹开始把城中犹太人驱逐到犹太人居住区和集中营。最终，1941 年 11 月，纳粹亲卫队把逃到森林中的 3000 名犹太人给揪了出来，押到城北，杀害了他们。

西奥·李希蒙（Theo Richmond）是一位英国纪录片制作人，其父母于 20 世纪初自科宁移民离开。20 世纪 80 年代，他开始调查这里曾经消失的犹太社区的生活，以示怀念。他的足迹遍及英国、美国和以色列，采访了犹太人幸存者和他们的孩子。该镇犹太人生活的场景、声音和内在特点，在他的著作《探索科宁》（Konin: A Quest）中描述得淋漓尽致，而今，它们在科宁的街头已荡然无存了。

我从科宁往南行驶了 55 公里，就到达了卡利什。它被视为波兰最古老的城市，很可能就是托勒密的《地理学指南》（Geographia）中的卡利西亚（Calisia）。《地理学指南》中的内容，可能参考了往来于琥珀之路上的罗马商人的报告记录。中世纪早期，卡利什属于波兰皮雅斯特王朝（Piast kingdom of Poland）。该城犹太社区的历史可以追溯到 12 世纪；1264 年，虔诚者波列斯拉夫公爵（Duke Boleslaw the Pious）起草了卡利什法（Kalisz Statute），承诺保护犹太人，并且确保他们有管理自己内部事务的权利。此城被各方轮流统治过，如科宁一样，1793 年，它被普鲁士吞并，1815 年后，它又被归为了俄属波兰（Russian-ruled Congress Poland）。

我开车穿过工业郊区时，天几乎要黑了。找到酒店后，我吃了夜宵，心怀感激地入睡了。次日上午，我步行进城，先是走过公路拱门，该门有着多立克式的门廊，后又上了一座石桥，此桥最初以沙皇亚历山大一世来命名，过了普罗斯纳河（River Prosna）上的两个支流，普罗斯纳河是瓦尔塔河的支流。主广场（Rynek）上，醒目的建筑就是淡黄色的市政厅了。一战初期，该城大多被德军摧毁。虽然市政厅呈现文艺复兴风格，但是它修建于 20 世纪 20 年代。主广场后面，在那狭窄的、弯弯曲曲的街道上方，是圣尼古拉斯大教堂的红砖陡墙，该教堂的尖顶由飞扶壁托架起来。稍稍前行，在巴比纳街（Babina Street）见到一个纪念石碑，形状如一个讲台，其上有本打开的铜书。

1942 至 1944 年，纳粹从波兰人和犹太人的图书馆劫获了几千本图书，其中有很多都是不可替代的古籍。纳粹把书全部扔到了运河中，该碑就是为纪念这些被毁掉的书籍而修建的。

我的酒店西边隔着几座大楼，就是地区博物馆（The Regional Museum）。该建筑完全属现代主义风格，但是离野兽派风格还甚远，野兽派惯用混凝土厚板。它上部高高的窗户往外突出，与地面形成了 45 度的夹角，带有了一种节奏感，透出了一丝神韵。我在想，究竟是哪位波兰建筑师在苏联专制体制下，以其非凡的建筑才华设计了这个作品呢？馆中展品也令人印象深刻：大批铜器时代的斧头，比斯库平和其他地区出土的铁器时代的陶器、矛头、匕首，古罗马和大迁徙时代的搭扣与剑器，还有一个 5 世纪的哥特腰带银锁扣。该馆还集中展示了琥珀原石和一些古罗马硬币与饰品，这些可以证明此地以前与罗马帝国建立了贸易往来。另有一张地图展示了琥珀之路自波罗的海沿岸，经过卡利什，一直通往亚得里亚海。

我开车行驶在平坦的原野与森林之中，这时又接连下起了雪和冰雹，冬天与即将到来的春天在做最后一搏。我到达了肯普诺（Kepno），把车子停在宽阔凄冷的主广场，这时天已放晴。肯普诺位于大波兰省（Wielopolska），人口约有 1.5 万人，在西利西亚（Silesia）边境附近。第二次瓜分波兰时，该镇于 1793 年被普鲁士吞并，其名字改为了肯朋（Kempen），它的波兰名字 Kepno 的发音为 Kempno（肯普诺）。1821 年，我的高祖父就出生在这里。

肯普诺位于瓦尔塔河流域的盆地之中，该区域有许多与琥珀之路相关的史前遗址。共有六处遗址被发现，其中一处遗址的发现地就在肯普诺。这些遗址中，发现有大量的琥珀，它们是作为祭品献给上帝以示感恩的。

1865 年的夏天，在亨纳斯多夫（Hennersdorf）附近的田野中，一位工人在挖掘道路时，在沙土之下发现了一些史前时期的墓葬。亨纳斯多夫是如今的沃斯克维斯 - 戈恩村（Woskowice Górne），位于肯普诺以南 20 公里处。这些墓葬的一层巨砾之下，有一些瓷瓮，瓮里面有骨灰、尸骨和铁铜戒指。有一个墓葬里发现了大约 8 Metzen（一种过时的计量单位，8 Metzen 约相当于 20 升）的未加工的琥珀。这些未加工的琥珀大多数很小，且已褪了颜色。

主广场近来刚刚修复过。居于广场中央的 19 世纪新古典风格的镇政厅（Ratusz），还有圣马丁天主教堂，看起来是崭新的。广场角落和小街里的一些建筑，其漆面和墙面则有许多脱落。主广场的东边，在莱津科瓦街（Ulica Łazienkowa），我找到了犹太教堂。该教堂由两位石匠大师设计，用来取代早先被大火所毁的那座。这两位石匠都来自下西里西亚省（Lower Silesia）的布热格（Brzeg），他们是弗里德里希·威廉·谢弗勒（Friedrich Wilhelm Scheffler）和卡尔·弗里德里希·谢弗勒（Karl Friedrich Scheffler）。此犹太教堂是一座 19 世纪早期的庄严庙宇，它有着新古典主义风格的高门廊和壁柱，外表的粗面粉饰灰泥从墙体脱落。

曾经，在科普诺 6000 位居民中，约有 60% 是犹太人，其余则是波兰天主教徒和一小部分德国新教徒。这所犹太教堂是当时镇上最有气势的建筑。由于犹太人在俄占波兰地区遭受迫害，大量的难民持续涌入此地，地方的人口也越来越多，这里的社区严格保留了正统犹太教的传统。这里讲的是意第绪语（Yiddish）；男人留着胡须，穿着长袍，戴着毛皮镶边的帽子；女人用长巾裹头；而已被同化的德国犹太人的世俗生活方式则会遭受到人们异样的眼光。每周仅有两辆汽车从西里西亚省首府布雷斯劳（今日的弗罗茨瓦夫）发往肯朋，因此这里消息非常闭塞。

根据伊西多尔·卡斯坦（Isidor Kastan）的该镇生活回忆录，当时有许多人移居去了纽约、圣路易斯和芝加哥，还有英国。大量肯朋的犹太人在伦敦的商业路（Commercial Road）和衬裙巷（Petticoat Lane）定居下来。回忆录的名字是《老城肯朋：上世纪中叶的文化素描》（"Alt-Kempen：eine Kulturskizze aus der Mitte des vorigen Jahrhunderts"），发表于 1923 年的《犹太历史与文学年鉴》（*Jahrbuch für jüdische Geschichte und Literatur*）。人生的后半段，英国作家克里斯托弗·希钦斯（Christopher Hitchens）和彼得·希钦斯（Peter Hitchens）发现，他们母亲的曾祖父——纳森·布卢门塔尔（Nathan Blumenthal）——于 19 世纪自肯朋移民到了莱斯特（Leicester）。

当地一个更具吸引力的城市便是布雷斯劳，它位于肯朋以西 75 公里处。许多年轻人去那里寻求现代的世俗教育，他们脱下传统的服饰，竭力以最快的速度融入具体的社会环境。这些年轻人中就有大卫·霍尼曼。他的父亲叫作洛贝尔·沙杰·霍尼曼（Loebel Schaje Honigmann），是一位粮商，其母亲叫作汉娜·阿斯特里奇（Hannah，出生于 Astrich 家族）。他们家中共有五个孩子，大卫是其中一个。大卫在犹太儿童宗教学校（Cheder）接受教育，此学校是该镇唯一的犹太人学校。后来，大卫写了回忆录《一位男孩 50 年前的生活》（"Aus einem Knabenleben von vor 50 Jahren"），于 1884 年在《利伯曼年鉴》（*Liebermanns Jahrbuch*）发表。他在回忆录中说，这所犹太人学校环境非常幽暗，并且也很脏乱，因为学校每年只在逾越节（Passover）前夕进行一次大扫除。冬天晚上，学生手提灯笼，拿着牧杖回家了。学校的上课内容，主要是背诵希伯来语和意第绪语的圣经金句、评论（the Commentaries）和《塔木德》（*The Talmud*，犹太法典），除此之外，再也没有其他课程了。

大卫的父母给他雇了一位老师，他在回忆录中称这位老师为 H 先生。这位年轻老师教授大卫语法和逻辑学，使用的《圣经》是摩西·孟德尔颂（Moses Mendelssohn）1783 年的译本。肯朋更加传统的犹太人认为，此《圣经》译本有亵渎神明之嫌。然而，这个译本却让大卫学会了高地德语（High German）。H先生离开肯朋之后，大卫上了一所非教派的基督教学校，一位拿破仑军队的残疾老兵教他法语，这位老兵被称为皮尔先生（Monsieur Pierre）。大卫13岁时进行了犹太教成人礼。此后，大卫去了布雷斯劳求学。高级中学毕业后，他考上了大学，攻读法律专业，就此认识了城中虔诚的拉比教师亚伯拉罕·盖格尔（Abraham Geiger），两人还成了好朋友。盖格尔是一位热情的犹太教改革派支持者。

1841年10月，大卫回访肯朋，那时他刚刚高中毕业。正是这次回访期间，大卫遇见了他的对手海因里希·格雷茨。格雷茨在他的日记中写道，去参加婚礼的途中，"那条通往施莱辛格饭店（Hotel Schlesinger）的路上，全是呆头呆脑、瞪着眼睛瞎看的犹太人"。婚礼上，有位叫作韦特海默（Wertheimer）的律师出现了，人们称他为"肯朋的魔神"（the Mephisto of Kempen）。"跟这位律师一块到场的，是一个戴着眼镜的年轻小伙，20岁左右，表情粗鲁无礼、目中无人。他叫霍尼曼，是个高中毕业生，其精神意气风发，人却骄傲自大，像是格雷茨的乳臭未干的孩子一样。他谈论起犹太人和犹太教，语气中既带有一种轻蔑，也带有一种格雷茨式的讽刺……"

1855年，肯朋犹太人口的数量是3000多人，由于向外移民的关系，人口数量慢慢减少，至1910年，降到了不足750人，尽管由于美国和英国的资金支持，他们的生活水平有所改善。一战结束后，肯朋和该地区的其他领土都归属了波兰，于是，这里的大多数犹太人都去往了德国。

我发现犹太教堂已成了空壳，其门窗都用木板封了起来。纳粹占领时期，该教堂被用作马厩，后来又被用作仓库，战后该教堂依然当作仓库来使用。1973年，一场大火把教堂内部几乎烧毁。1988年，修缮工作开始，但是一两年后，工程又遭搁浅，停了下来。自1999年开始，教堂归属弗罗茨瓦夫的犹太社区，社区修缮了房顶，安装了新的雨水槽和雨水管，以防教堂被彻底毁坏。

2007年，翻新集市广场的工人发掘出了一个小型水库，其周围有些厚平石板。靠近仔细观察，发现石板上有图案和希伯来文字。当地报纸《凯宾斯基周刊》（Tygodnik Kepinski）报道说，总共大约有200块石板，当年很可能是被纳粹从附近的布拉林（Bralin）村的犹太墓地劫走。战后，苏联人用墓地里的石碑、砾石和尸骨铺了路。其他的墓石用来给苏联烈士修建了两座纪念碑，但如今都已拆除。

就在2007年，有一则报道说，一户私宅的车道就是用墓碑铺成的。这些石板被重新发现后，就全部存放在了犹太教堂的院子里。透过连环栅栏，我能看到这些石板，它们成堆放在地上，或是叠放在墙边。

游览这些波兰小镇，让人觉得甚是沮丧。这些小镇的历史中心干净整洁，但却生气全无。他们的犹太教堂空空如也，已变成一片废墟。它们的集市广场，人流在减少，但面积却越来越大，三三两两的波兰顾客，最终迷失在广场之中。这些地方，正如比斯库平，好似淹没在了水中。

第八章
岛城

座堂岛（Tumski Island）是弗罗茨瓦夫古时的心脏。岛上薄雾之中，橙色的路灯闪烁，教堂的哥特式高顶若隐若现。1810 年，奥得河的北部支流已被埋填。因此，实际来说，该岛已经算不上一个岛屿了。尽管如此，这个地方依然是一个幽僻之地，教会氛围浓厚。有两个牧师，头戴方帽，身披法衣，走过巴洛克式的大门，动作飘然无声。除此之外，石铺小巷，再无一人。这个波兰最古老的城市，就是在这个小岛上一步步发展起来的。此岛周围还有许多沙岛，它们都是经奥得河与斯莱扎河（Ślęza）、维达瓦河（Widawa）和奥瓦瓦河（Oława）的分分合合后所形成的。这个地方河水不深，人们可以涉水而过。正是于此地，琥珀之路与东西走向的盐路（Salt Route）碰面交叉，该盐路起自俄罗斯大草原，终于普罗旺斯（Provence）。尽管不断开垦发展，弗罗茨瓦夫仍然拥有 10 多个岛屿，由 100多座桥梁相连。

公元前 4 世纪，卢萨蒂亚人（people of the Lusatian culture）围绕一座岛屿修建了木栅栏，筑起防御工事，建立了一个定居点，此定居点类似比斯库平的那个定居点。卢萨蒂亚人之后，紧接而来的是普热沃斯克文化（Przeworsk culture），该文化可能属于西斯拉夫人（west Slavonic people），也可能属于汪达尔人的东日耳曼先祖（east Germanic ancestors of the Vandals），还可能属于凯尔特人（Celts）。这种不确定性，皆来自民族主义史前历史学家针锋相对的论断。不管普热沃斯克人属于哪个种族，他们反正是从波罗的海沿岸购得琥珀，再用琥珀与罗马进行交易，以换回其他的奢侈品。此定居点发展成为琥珀原石的大型交易市场，于此，发现了三个古代仓库，里面共有三英担的琥珀原石。

11 世纪时，弗罗茨瓦夫成为了主教辖区，是西里西亚省的大城，属于波兰皮雅斯特王朝。当时，弗罗茨瓦夫的名字是 Wrotizla。不同的历史阶段，弗罗茨瓦夫有不同的名字，Wrotizla，Vretslav，Presslaw，Breslau 和 Wrocław，依次出现。它几乎见证了欧洲历史上的每次大战，也熬过了历史降临于它的每次灾难。瘟疫、大屠杀、蒙古人的攻击、胡斯战争（Hussite wars）、宗教改革（the struggles of the Reformation）、三十年战争、普鲁士扩张、拿破仑战争、纳粹主义等，所有这些，弗罗茨瓦夫都一一经历。

弗罗茨瓦夫处于欧洲的十字路口，其地理位置让它成为了琥珀之路上一个最为重要的站点，同时也让它在我的家族历史中占有特殊的地位。1981 年人口普查的时候，团结工会运动和船厂罢工运动在全国引起了一系列的社会活动，面对来访的人口调查员，父亲自报其出生地为波兰后并表达出了对这些社会活动的漠不关心，这让人口调查员有点摸不着头脑。按人口调查要求，你需报出你的出生地现在所在国家，而不是你出生时它所属国家。1919 年，父亲出生于布雷斯劳（Breslau），这是弗罗茨瓦夫那时的名字。当时，布雷斯劳是德国东部重要的文化和工业中心。

几年前的一次家族聚会上，一位年纪稍大的远亲回忆起 20 世纪 20 年代的一个不眠之夜。那晚，其公寓下面的奥得河传来咔嚓咔嚓的冰裂声。整个 19 世纪至 20 世纪的前 30 年左右，我的家族有五代人在弗罗茨瓦夫居住生活。他们有医生、律师、记者、家具经销商，是该城典型的被同化了的犹太中产阶级。阿尔伯特·鲍尔（Albert Bauer）是家族之长，其画像挂于我们伦敦家的书房。他出生于柏林，还有一个兄弟威廉，兄弟俩共有一个家具厂，该厂在柏林和布雷斯劳都有分店。

鲍尔是布雷斯劳商会的创始人，他与妻子范尼·阿德勒（Fanny Adler）在该城慈善事业中属于有头有脸的人物。他的妻子是克拉科夫市参议员的女儿。夫妻俩活下来的一个儿子威廉，子承父业，做起了家具生意。

他们共有四个女儿。珍妮嫁给了西格斯蒙德·阿什（Sigismund Asch）。阿什是位年轻的医生，在 1848 年革命动乱中，其名字成为了极端激进者的代名词。那年 11 月，国民卫队采取行动镇压在该城新市场（New Market）举行的游行示威时，阿什要求民众保持秩序，但要为争取自由与权利而坚定不移。鲍尔的这几个女儿从自家的屋顶上，目睹了这一切。珍妮为阿什的言辞所打动，决定此生必嫁此人。阿什被判入狱一年，但是后来成为市议员，至 1901 年去世时，他已是布雷斯劳最有威望的市民。

另一位女儿莉娜，嫁给了商人西奥多·摩根斯特恩（Theodor Morgenstern），并随他一起搬到了柏林。在柏林，莉娜专心投身于社会改革和慈善事业。莉娜出生于 1830 年，在年仅 18 岁时，她就成立了便士联合会（Pfennig-Verein），专给布雷斯劳的贫苦学生提供书籍和衣服。后来，她又成立了德国家庭主妇联盟（League of German Housewives），并且成为德国第一家妇女报的编辑。1866 年普奥战争（Austro-Prussian War）造成食物短缺时，她还在德国首次建起了赈济施粥处。鲍尔姊妹中年纪最小的安娜，嫁给了大卫·霍尼曼（David Honigmann）。霍尼曼和朋友亚伯拉罕·盖格尔（Abraham Geiger），后者是位拉比教师，在犹太教改革派（Reform Judaism）中发挥着重要作用。霍尼曼夫妇就是我的高祖父母。

祖父母去世以后，我得到了他们的两本画册，一本是《布雷斯劳——原来的样子》（*Breslau-so wie es war*），另一本是《西里西亚图画圣经》（*Die Schlesischer Bilderbibel*）。战后，德国人对失去故土抒发怀旧之情，一种方式就是翻看画册。这些老画面简直棒极了：巴洛克式教堂和石铺街道，极易让人想起布拉格或克拉科夫；表情淡漠的市民和采邑大主教（Prince-Archbishops）；犹太裔艺术赞助人，处在自家浮夸客厅的画像或是与古斯塔夫·马勒（Gustav Mahler）、理查德·施特劳斯（Richard Strauss）真诚交谈的相片；新艺术风格（Jugendstil）的时髦百货商店和包豪斯建筑风格（Bauhaus-style）的公寓大楼。

这是泛日耳曼主义下的中欧帝国（Mitteleuropa），一个已经永远消失了的世界。纳粹的抬头，扼杀了公民自治与此城的文化活力。有幸逃离此城的犹太人，流散于世界各地。二战结束前的几周时间里，德意志国防军（Wehrmacht）面对苏联红军，垂死抵抗，布雷斯劳尽毁于战火之中。1945 年 5 月，德国投降的时候，该城经历了一次完全的人口交换。仍留在城中的德国人被赶了出去，取而代之的是波兰人，这些波兰人本身也是在苏占东部地区遭到了驱逐。此后，布雷斯劳就有了它的波兰名字弗罗茨瓦夫。酒店的窗下，货运驳船驶过浑浊的奥得河水。脑中伴着此城的这部苦难史，我慢慢进入了梦乡。

次日上午，我手拿布雷斯劳战前地图和现代街道规划图，出门去寻找我的先祖曾经生活和工作的地方。沙岛（Sand Island）之上，老式蓝白相间的有轨电车当啷当啷地行驶，经过沙地圣母堂（the Church of St Mary on the Sands）冷峻的外墙，驶过皮亚斯科夫斯基大桥（Piaskowsky Bridge）进入老城。老城街道狭窄密集，我穿梭于其中，自北向南，基本顺着琥珀之路的线路。对比老照片就可看出，此城乃是它自己以前的缩影。以前，新市场（Neumarkt）曾是一个宽阔的广场，周围是风景如画的商房；现在，它变成了一个停车场，两旁是野兽派风格的水泥建筑。

过后，我走到了主广场，这里曾是老城的中心。德国统治时期，广场的名字叫作 Ring，即"圆环"。现在无人知道广场为何叫这个名字，因为广场是方形的。广场四周，尽是弗兰德风格的三角墙面建筑，真是美丽如画，其上装潢精美，室内墙顶的檐壁饰带是文艺复兴风格的，而门廊则是华美的巴洛克式风格。

古老商房的外墙颜色明亮淡雅，现在已成了饭店、酒吧、精品店和珠宝店，另有一个琥珀饰品大型商贸中心。就在 70 年前，这里曾是一片废墟，我现在眼前的一切几乎都是修缮所得，这些真是甚难想象。

主广场曾是欧洲一个大型民众活动空间，它修建于十四五世纪，当时该城属于波希米亚王国（the Kingdom of Bohemia）。弗罗茨瓦夫那时叫作 Vretslav，这是它波希米亚语的名字。当时，该城繁荣昌盛，到处是教堂、会馆和修道院，还拥有一些贸易特权。1526 年，波希米亚王权更迭至哈布斯堡家族（the Habsburgs）的手中。此后，西里西亚和其首府就归属了奥地利帝国（Austrian empire）。至 1561 年，弗罗茨瓦夫（Presslaw）比维也纳都大，其主广场大体上已有了现在的样子。广场中最主要的建筑当属 Ratusz，又叫作 Rathaus，即"市政厅"之意。它是一个有着壮观三角墙面的市政厅。陡峭的屋顶、精致的尖塔和尖顶、灯笼式的天窗、钟楼和天文钟，这些让它看似是晚期哥特式风格的姜饼屋。幸好，战争期间市政厅基本没有受损。

我从市政厅西面的门口进入，穿过市民大厅（Burghers' Hall）的拱顶。市民大厅几乎占据了整个一楼，几个世纪以来，它既是室内市场的办公室，也是公共集会场所的办公室。爬上一个大理石楼梯，就到了市政厅的礼堂，礼堂处于高位，通风甚好，有一个大大的凸肚窗，室内明亮。但是，我真正感兴趣的却在远端的石门里面。此处，在壮观的王子大厅（Sala Ksiazeca）拱顶之下，放着一个八边形的长桌，Stadtrat，即市议会，曾经就在这里举行会议。作为当选市议员的首批犹太人，大卫·霍尼曼任此职位长达近25年，并且当选为省政府的布雷斯劳代表。西格斯蒙德·阿什也在市议会任职多年，经过他的不懈努力和多方呼吁，终于让该城的露天下水道得以埋填，露天下水道是斑疹伤寒病菌和霍乱病菌的滋生地。

阿尔伯特·鲍尔就住在市政厅后面的纺织会馆街（Sukiennice），以前叫作伊丽莎白街（Elisabethstraße）。这是一条窄窄的街道，它沿着市政厅的背面，还穿过了市政厅大楼的一道拱门。有一张家传的图画帮忙，我很容易就找到了他原来的住房。画中，房子很大，横向有七扇窗子，纵向有三层楼高，屋顶还有一排天窗。不过，房子一楼的拱形窗户位置，现在已经改建成了长方形的店面，是一家冰激凌店铺和一家饭店，饭店的名字叫作朋友小酒馆（Friends Bistro）。楼上，现在已是律师事务所。我在这家饭店吃了午饭，告诉年轻服务员我高祖母就在这所房子出生，这让他大吃一惊。勿说19世纪，就是20世纪的历史，于他来说，也是够遥远的了。

我继续沿着斯维德尼卡街（Ulica Swidnicka）前行，想寻找鲍尔百货商店的位置。此街以前叫作施韦德尼茨街（Schweidnitzerstraße），是南北向的主轴。对照地图可以发现，该城的布局与以前相比，几乎未变，改变的只是街名。然而，20世纪70年代，一条宽大的马路却从老城一穿而过。我加快脚步走过阴暗的混凝土地下通道，出来后继续顺着斯维德尼卡街行进，这时，此街又渐渐恢复了它往日尊贵的容颜。

普鲁士统治时期，布雷斯劳发展迅速，至1871年德国统一的时候，它已成为继柏林和汉堡之后帝国的第三大城市。布雷斯劳当时人来人往，信心满满，其繁荣的根基在于工程制造业、化学工业和火车车厢制造业。施韦德尼茨街是它的摄政街（Regent Street），华而不实的19世纪建筑显示出布雷斯劳的世俗、招摇和浮夸。这样一个矫饰之城，怎么能够没有一座歌剧院呢？！斯维德尼卡街上的歌剧院是一座新古典风格建筑，修建于1837至1841年期间，由卡尔·费迪南德·朗汉斯（Carl Ferdinand Langhans）设计，其父亲是卡尔·戈特哈德·朗汉斯（Carl Gotthard Langhans），他是布兰登堡门（Brandenburg Gate）的设计者。

然而，该城的歌剧公司那时已有一个世纪的历史了，它把一些表演也早早地搬上了舞台，如莫扎特的《唐·乔瓦尼》（*Don Giovanni*）、《费加罗的婚礼》（*The*

Marriage of Figaro）、《女人皆如此》（Così fan Tutte）和《魔笛》（The Magic Flute）。1804 到 1806 年，歌剧院的指挥由年轻的卡尔·马利亚·冯·韦伯（Carl Maria von Weber）担任，他是德国浪漫主义歌剧的创始人。歌剧院对面的莫诺普尔酒店（Hotel Monopol），属新艺术风格，它依然散发出淡淡的"世纪末"（fin de siècle）典雅的味道。酒店最火之时，接待过各种各样的人物，其中有玛琳娜·迪特利希（Marlene Dietrich）、保罗·罗伯逊（Paul Robeson）、巴勃罗·毕加索（Pablo Picasso），还有阿道夫·希特勒（Adolf Hitler）。

斯维德尼卡街的南端是围绕老城的护城河。此护城河原是奥得河的一处支流，16 世纪时，这一天然防线被开掘成运河，并且筑起了防御工事。该护城河的大部分现在成为了观光运河，两旁是树林公园，其内还保留了防御工事的星状外形。正如其他城市一样，布雷斯劳的防御城墙已不存在，烈性炸药和远程火炮的发展，让城墙变得已经不合时宜，并且它们成了城区发展的绊脚石。

施韦德尼茨街以西的区域，曾经是犹太生活区。1453 年，卡皮斯特拉诺的约翰（John of Capistrano）教长来到布雷斯劳，消灭了胡斯派教徒，此教长以专门猎杀异教徒而闻名。此前，该城犹太社区人口数量不少。然而，教长发现城中已经没有胡斯派教徒，于是就把矛头指向了犹太人，所有犹太人或遭杀害或遭驱逐。自那时起，犹太人被禁止在城内居住，直到 1713 年帝国宽容法令（Imperial Edict of Toleration）颁布。其实，1741 年布雷斯劳归于普鲁士统治之后，犹太人才真正开始陆续返回此城。

19 世纪，布雷斯劳的犹太居民占据了市民文化生活的重要位置。大多数犹太居民能够高度适应新的文化，思想观念也比较开明。充满活力的犹太拉比教师亚伯拉罕·盖格尔（Abraham Geiger）是犹太教改革派的创始人之一。盖格尔脸上胡子光光，头发披到肩上，一个激进分子的样子，一点也不像是传统的拉比教师。

当时，许多受过良好教育和有事业心的德国犹太人都放弃了犹太教信仰。海因里希·海涅（Heinrich Heine）就曾无所顾忌地说，他皈依基督教使他拥有了一张进入欧洲文化的入门券。受此困扰，盖格尔和他的门生立志要把犹太教发展成为一种更加开明、外向型的宗教，这样它就不会阻碍犹太教徒参与现代社会的方方面面。在法兰克福（1845）和布雷斯劳（1846）召开的两次教会会议上，改革者的主要工作就是将犹太教永恒的伦理原则与过时的拉比实践加以区别。他们的提议充满了争议。除了鼓励印刷《妥拉》（Torah，又译作《托拉》）和其他圣文的德语版本，他们都甚至考虑废除饮食戒律和割礼。后面的建议，会上没有通过，即使如此，也有很多正统犹太教徒与改革者分道扬镳，这种教会分裂，一直延续到今天。

从一个重要方面来说，盖格尔是成功的。到19世纪末，布雷斯劳的犹太人不仅经济生活优越，而且很多在行政管理、法律行业和高校担任了重要的职位。然而，他在一个信念上犯了一个悲剧性的错误，那就是他坚信犹太人若遵守非犹太人的外部规则，便不会再受到迫害。

我刚过护城河，就到了一个繁忙的十字路口。电车轨道和头顶的电线，交错如织。对面角落有一个建筑，地址为斯维德尼卡街37号，可以看出，这就是百货商店，因为它呈现出19世纪的建筑风格，但是这座建筑肯定是由鲍尔的后代修建，来代替了最初的老店。1868年的一则广告是这样描述该百货商店的："该店的名字为'鲍尔兄弟'（Bauer Bros），由普鲁士王储陛下赐名；承接家具、拼花地板、镜子和装饰品制造。另外，还承接豪宅和其他楼宇的建造及整修工程，做工精细，经济实惠，并且建筑风格紧随潮流。"

就在鲍尔百货商店后面的安格街（Anger Straße）上，曾坐落着重要的摩尔拜占庭风格的新犹太教堂（Moorish-Byzantine New Synagogue），安格街现在叫作拉科瓦街（Ulica Łąkowa）。霍尼曼家族在这个教堂做礼拜，大卫·霍尼曼曾为该教堂落成典礼的庆祝宴会创作并出版了一首"餐歌"（Table Song）。教堂的落成典礼于1872年9月29日举行。如今，只有一个小小的匾牌记录着此教堂的存在。1938年11月9日的水晶之夜（Reichskristallnacht），德国人"自发"去打击犹太人。当晚，德意志国防军的工兵师部把教堂炸毁，最后只剩了一堆瓦砾。

不过，有一个老犹太教堂幸存了下来。回到护城河的北边，在沃德科维卡街（Ulica Włodkowica）上有一片公寓大楼，其后的一处偏僻院子里矗立着白鹳犹太教堂（Zum weißem Storch）。这座典雅的新古典风格建筑，装饰有科林斯式的壁柱和白鹳的浮雕，修建于1829年，由小朗汉斯设计。新犹太教堂建起之前，白鹳教堂是布雷斯劳犹太人做礼拜的主要地点。1854年，就是在这个教堂，盖格尔主持了莉娜·鲍尔和西奥多·摩根斯特恩的婚礼。纳粹曾把此教堂用作押运犹太人到集中营的中转站，也用此教堂存放过他们的战利品。战后，此教堂归为国有，后来处于年久失修的状态。1966年，该城犹太社区就要求政府归还此教堂，但是直到 1995 年，经过漫长的谈判和法律诉讼，波兰政府最终才让了步。

2005 年，白鹳犹太教堂开始由一个基金会负责管理，该基金会的设立者是挪威裔犹太人本特·卡韩（Bente Kahan），她是一位音乐人和表演艺术家。那年我来弗罗茨瓦夫的时候，教堂修缮工作才刚刚开始，它当时就是一个破旧的空壳，周围全是脚手架。如今，教堂是一座新古典风格的庙宇，墙面呈淡黄色，建筑壮观而典雅。教堂内部有大面积的拱顶展馆。这些展馆既可用来做礼拜，也可以用来举行一些文化教育活动。这个教堂的内部设计简直就是毕德麦雅时期的精品（Biedermeier gem）。该城现在的犹太人口主要是波兰犹太人，他们是在战后被驱离出了乌克兰，来到波兰定居，人口数量不超过 3000 人。

很多犹太人现在才刚刚重拾信仰，因为他们从小到大成长过程中，父母出于害怕苏联迫害，从不提起他们的宗教传统。

以前的犹太生活区没有什么可看的，所以我就围着护城河绕到西北方向，直到河边。河的对岸，傍晚的太阳无力地钻出多云的天空，照亮了大教堂岛（Cathedral Island）上高耸的尖塔。我的右侧是一长排优雅的建筑，它是弗罗茨瓦夫大学的主楼（Collegium Maximum），其巴洛克式的穹顶倒映在河面之上。弗罗茨瓦夫大学是欧洲著名的学府，它于 1702 年由奥地利皇帝利奥波德一世（Austrian Emperor Leopold I）建立，当时是一所耶稣会士神学院（Jesuit theological seminary）。利奥波德纳（Leopoldina），这是大学当时的名字，它在 1811 年得到全面发展，校区逐渐把周围附属的宫殿和教会建筑也容纳了进来。

登上一段壮观的石梯就到了学校的大礼堂，其名字为奥拉·利奥波德纳（Aula Leopoldina）。头顶是巴洛克式的天花板，两旁是大学创立者的画像，就在这个大礼堂，我的祖父阿尔弗雷德·舒勒、曾祖父巴鲁克·施皮茨、高祖父大卫·霍尼曼都被授予了学位。当时的大学生活由学生联谊会所主导，他们整日沉迷于喝酒、搞恶作剧和决斗，决斗的主要目的就是负伤留下疤痕（Schmiß）。那时，这疤痕被看作是荣誉徽章和教育精英的标志。1881 年，布拉姆斯为大学作了《学院庆典序曲》（*Academic Festival overture*）。在序曲的结尾部分，他加入了学生饮酒歌《让我们欢乐吧》（*Gaudeamus Igitur*），这让更为古板的学术界大为震惊。

巴鲁克·施皮茨由他父亲送来布雷斯劳学习，他于 1879 年在此获得医学学位。学生联谊会中的贵族和反动团体，犹太人巴鲁克是不能参加的，那是犹太人的禁区。他其实可以参加更加开明的中产阶级联谊会团体，但是他是一个勤奋好学的年轻人，于是就选择加入了学术医学协会（Academic Medical Association）。

通过此协会，他与霍尼曼一家有了接触，这家的小儿子弗朗茨（Franz）也是个医生。1885年，巴鲁克娶了大卫·霍尼曼与安娜·霍尼曼的女儿伊莉斯（Elise）。

至19世纪末，布雷斯劳大学在科学和医学领域的名气首屈一指。在此任教和从事研究的学者包括诺贝尔奖得主物理学家马克斯·玻恩（Max Born）、免疫学家保罗·埃尔利希（Paul Ehrlich），还有阿洛伊斯·阿尔茨海默（Alois Alzheimer），他首次认定了一种以他名字命名的痴呆症，另有罗伯特·本生（Robert Bunsen），他发明了煤气灶。克拉拉·伊梅瓦尔（Clara Immerwahr，1870—1915）正是在这所大学被授予了科学博士学位，她是获得德国大学博士学位的首位女性。她的故事充满了离奇，而又富有悲剧感。1901年，她嫁给了化学家同行弗里茨·哈伯（Fritz Haber），他是一位布雷斯劳犹太商人受过洗礼的儿子。他们年轻气盛，满怀理想，立志要用自己掌握的科学知识来造福人类。而"哈伯法"——一种从氢气和氮气中合成氨气的方法，为氮肥的生产奠定了基础，使全球数百万人免于饥饿。

然而，哈伯的工作也有其阴暗的一面。一战爆发之际，他的实验室开始为战争服务，拿氯气和氨气在动物身上进行了实验。受此变动的影响，克拉拉与丈夫变得疏远起来。1915年4月，哈伯亲自指挥了针对兰格马克（Langemarck）伊玻尔（Ypres）阵地的氯气攻击。新式武器夺去了同盟国几千军人的生命——大多是法国、阿尔及利亚和加拿大的军队——这一武器被誉为一大成功。哈伯因此被提拔为上尉，还举行了宴会以示庆祝。但夫妻俩大吵了一顿，克拉拉拿起哈伯的左轮手枪，跑到花园里开枪击穿了自己的心脏。而第二天，哈伯就动身前往战争东线（Eastern Front），都没有参加克拉拉的葬礼。

1918年，由于研究出了硝酸盐类化肥，哈伯获得了诺贝尔化学奖。然而，这个奖项引起了强烈争议，因为同盟国视哈伯为战争犯，把他叫作死亡博士（Dr Death）。战后几年，他试图从海水里提取黄金，试图为德国偿还战争赔款。但是，这种尝试必定是徒劳无功的，他最终被纳粹流放驱逐。他于剑桥大学获得了一个职位，但是很快就突发心脏病去世了。"全面崩溃，一塌糊涂……成了精神和道德的一具空壳"，哈伯的朋友，犹太复国主义的领导人哈伊姆·魏茨曼（Chaim Weizmann）如是说。他的去世，确实也让他自己免于再承受一个无法忍受的讽刺：哈伯的另一个发现——齐克隆B（Zyklon B）——本来是作为杀虫剂研发出来的，后来被用作毒药，处决了他自己的家人。

纳粹掌权以后，大学开始有组织地清除犹太人、波兰人和异己的学者。考古系曾经对琥珀之路的研究做出过突出贡献，但是后来它变为了第三帝国的喉舌。1941 年 11 月，德国科学院院长（The President of the German Academy）就在一次演讲中说道："波兹南（Posen）的帝国大学（The Reich University），以及哥尼斯堡和布雷斯劳的东部古老大学，应当筑起德国精神的一道坚固东方城墙，永远监视和防止任何斯拉夫人的进攻。"

我准备此行程时，在牛津大学赛克勒图书馆花了几天时间来研究琥珀之路的一些考古发现报告。1906 年春，在南部郊区哈特利布（Hartlieb）发现了一个宽1 米、深 2 米的坑洞，其内细沙之中埋有大约 10 英担的琥珀原石。哈特利布，就是现今的帕蒂尼斯（Partynice），无论过去和现在，这里的赛马场都很出名。30年后，道路建设工人在附近发现了更多的琥珀。考古学家进场后，又发现两个坑洞，约 1 米宽、2 米深，它们之间，又挖掘出 17.5 英担的琥珀。大多数琥珀，小如榛子，大如核桃，但是有些也如拳头般大小，这些琥珀当初按大小进行了筛选，最大的放在了最底层。

坑洞周围有一系列的桩孔，这说明坑洞上面，原来有木棚之类遮挡。这些坑洞及其琥珀，年代可以追溯到公元前 1 世纪。由于该地区出土了大量古罗马手工艺品，这处遗址被认为是古代的一个贸易中心，南来北往的商人在此见面，交换货物。

上述发现在克里斯汀·佩舍克（Christian Pescheck）的书中记录过，该书在汉斯·塞格尔（Hans Seger）和马丁·亚恩（Martin Jahn）的支持下，由布雷斯劳大学史前研究所于 1939 年出版。书名是 *Die Frühwandalishe Kultur in Mittelschlesien*，也译为《中西里西亚早期汪达尔人的文化》（*Early Vandal Culture in Middle Silesia*），这个书名充满了政治味道。自 1907 年以来，塞格尔一直在布雷斯劳教书，还给 J. M. 德纳瓦罗的研究提供过帮助，但是亚恩却是史前研究所的八个新主席之一。史前研究所由祖先遗产学会成立，该学会是纳粹党卫队的附属机构。书中按语对"科学、教育和公共教育部长"（Reichsminister für Wissenschaft, Erziehung and Volksbildung）的帮助表示了感谢。这位便是伯恩哈德·鲁斯特（Bernhard Rust），希特勒的教育部长，他负责德国教育体制的纳粹化以及清洗犹太裔学者，如爱因斯坦（Einstein）和哈伯。战后，利沃夫国立奥索林斯基研究所（the

Ossolineum at Lvov）的学者来到大学任教和从事研究，弗罗茨瓦夫大学再次成为了琥珀之路研究的主要中心，由耶日·维洛维耶斯基和其他研究人员发表了许多重要的相关文章。

次日上午，我长途跋涉，步行到弗罗茨瓦夫的南部郊区，去看看我祖父母生活过的地方，我的父亲也在这里生活到四岁。过了护城河，就是科修斯科广场（Plac Kosciusko），原来的名字是陶恩奇恩广场（Tauentzien Platz），我曾祖父巴鲁克·施皮茨的诊室曾经就在这里。如今，广场已经完全重建，风格是战后苏联时期的正式古典现代主义。巴鲁克和伊莉斯就住在广场附近的花园街（Gartenstraße），这儿离火车站不远。我的祖母清楚地回忆了20世纪之初的生活情景。

"自家房子还不错，但是谈不上豪华"，那时，没有煤气，更别说电了；每天晚上，她都要点着蜡烛，领着她祖母到其走廊尽头的房间。巴鲁克在父亲去世后，就把母亲从肯朋接到了他家。同住一个屋檐下，生活并不容易。汉娜·施皮茨信奉极端正统犹太教，这正是亲家大卫·霍尼曼想摆脱的那种。汉娜生活死板守旧，而亲家这边却是已被世俗同化，更易与现代世界相容。家人只在重要节日才去教堂，孩子们周六也去学校，甚至还偷偷地和另外一个祖母安娜·霍尼曼交换圣诞礼物。

虽然巴鲁克家还算是合乎犹太教礼仪，但是对汉娜来说，那还是不够严格，她坚持烹饪自己的饭食。家里虽没有发生过争吵，但是这位老太太对这家还是深深的不满。无论白天黑夜，她都待在自己屋里，带着哭腔大声朗读《圣经》和其他圣典。"也许她是为全体犹太人的命运而悲伤，或是为她自己丧夫的命运而悲伤，或是因为她觉得我们走上了邪恶之路，上帝会不高兴——谁能说得清呢？"我的祖母纳闷地说。

沿着花园街走一会儿，就到了36号住址，这里曾经住着我的布雷斯劳另一对曾祖父母阿道夫·舒勒和塞西莉·舒勒，他们于1898年从贝伦特搬迁到此。搬家是塞西莉的主意，她出生在布雷斯劳，其父亲是犹太协会的秘书，她并不喜欢贝伦特的小城生活。然而，对于她的丈夫，搬家却是灾难性的。我的祖父回忆道，"在贝伦特，阿道夫是个大人物，而在布雷斯劳，他却是无名小卒"。德语原话是这么说的：*"In Berent war er 'wer', in Breslau war er nichts."* 在贝伦特，他是一家当地报纸的出版商，同时也是犹太社区有头有脸的人物。到了布雷斯劳，他却如众人一样做起了散工，在竞争激烈的市场中，印刷信头、名片和发票表格。

可想而知，他们的婚姻并不幸福。阿道夫在屋里踱来踱去，怒斥自己的命运急转直下，他的妻子却静静坐在那里，怨愤自己的生活竟然会到这种地步。

过了科修斯科广场，是一片郊区，其建筑为 19 世纪时所修建，夹杂有战后修建的住宅区。最终，我到了扎波罗斯卡街（Ulica Zaporoska），它原来叫作霍亨索伦街（Hohenzollernstraße）。这条街道位于苏联时期的大片住宅区内，街道很长，又很宽阔。但由于二战末期这个地方发生过激烈的战争，这里如今已没有祖父母公寓的任何踪迹。

从这里稍微步行一会儿，就到了斯莱兹纳街（Ślęzna Street）上的犹太墓地，此街原来叫作洛赫街（Lohestraße）。鲍尔家族与霍尼曼家族就葬于这个墓地。墓地的高墙之内，桦树和西卡莫槭树下面长着常春藤、蕨类植物和五叶地棉，墓地的保存状态相当完好。也许，纳粹当时就没有想到把这儿毁掉。仅有的破坏来自战争末期的激战和其后的年久失修。直到 1975 年，该市政府才把墓地当作墓地艺术博物馆（Museum of Cemetery Arts）接手管理。如今，墓地的管理非常完善，这主要多亏马切伊·拉吉夫斯基（Maciej Łagiewski）的努力，他是市博物馆的馆长，对许多坟墓都花了大气力进行相关修缮工作。

大量墓碑上面有亚伦（Aaron）部落后裔摊开的手掌、利未（Levites）后裔的水罐，或是拿弗他利（Naphthali）后裔的鹿。传统的犹太三角顶方柱（Masebhas）边上是一些大陵墓，风格为新古典式、罗马式或摩尔式。更新潮一些的人选择的坟墓是新艺术风格或是分离派风格。甚至在一位犹太裔士兵坟墓的花环里，放着一个铁十字架。这位战士于一战中为他的祖国——德国——牺牲。

1856 年，盖格尔在此主持了这里进行的第一次葬礼。该墓地简直就是布雷斯劳犹太社会的万神庙。

西格斯蒙德·阿什和珍妮·阿什夫妇葬于一个红色花岗岩方尖碑下面。此外，葬于此地的还有大卫·霍尼曼的对手海因里希·格雷茨（Heinrich Graetz，1817—1891）、植物学家费迪南德·科恩（Ferdinand Cohn，1828—1898）、弗里茨·哈伯的父母、克拉拉·伊梅瓦尔的父母、伊迪丝·斯坦（Edith Stein）的父母。伊迪丝是一位天主教修女，后来在奥斯维辛（Auschwitz）集中营被害。1987 年，教皇约翰·保罗二世（Pope John Paul II）册封伊迪丝为圣徒。

受祭拜最多的是费迪南·拉萨尔（Ferdinand Lassalle）的坟墓，他是德国社会民主党的创始人。拉萨尔的父亲海曼·拉萨尔（Heymann Lassalle）是布雷斯劳的一位丝绸商人。费迪南·拉萨尔放弃了自己的家族生意，投身于工人权利运动，另给自己起了个法国化的名字，成为了一个政治新闻记者。海涅曾这样写到他："一个智力天赋超群的年轻人……他集意志力和行动力于一身，这令我大吃一惊。"拉萨尔成了马克思和恩格斯的朋友，但是拉萨尔认为，社会主义应当通过民主方式而不是革命方式来实现，这让他们之间产生分歧。在马克思流亡伦敦时，恩格斯是这样形容拉萨尔的："一个圆滑的布雷斯劳犹太人（*den schmierigen Breslauer Jud*），使用各种发油和胭脂把自己打扮起来，硬让自己进入一个上层世界。"大卫·霍尼曼是拉萨尔的大学老友，也持有类似的观点，尽管他的说法没有恩格斯说得那么直白。"大自然没有用真正的大理石造出这位现代奥林匹克人，"霍尼曼后来回忆道，"而是用我们客厅中的仿大理石合成材料把他造了出来。"

拉萨尔死时仅 39 岁，他的死和他在世时的事业一样引人关注。他一手建立的政党拒绝了他独断专行的领导之后，他于 1864 年前往日内瓦，在那儿与他的旧情人海伦·冯·邓尼吉斯（Helene von Donniges）订了婚。海伦的父亲是一位巴伐利亚外交官，他对女儿要嫁给一个犹太人兼社会主义者感到大为震惊，于是劝说海伦解除婚约并与另一位求婚者结婚，这位求婚者是罗马尼亚伯爵扬科·冯·拉科维察（Janko von Racowitza）。拉萨尔向伯爵提出挑战，要进行决斗。然而，两人似乎都没有要杀死对方之意。

伯爵是一个没有经验的枪手，枪法极其不准。但是，拉萨尔在决斗中却受了重伤，三天后就去世了，他的遗体被带回布雷斯劳，安葬在其父母的旁边。

但是，笑到最后的却是拉萨尔。1863 年，他曾建立全德工人联合会（*Allgemeiner Deutscher Arbeiterverein*），后来它发展成为社会民主党（the Social Democratic Party，简称 SPD）。苏联解体之后，德国这一工人运动依然存在。社会民主党是德国历史最为悠久的政党，它的姐妹组织在许多欧洲国家的政坛上仍然是一股强大的力量。

对于被修缮过的历史文物，我一度怀疑过其真实性。但是，在我看到阿尔伯特·鲍尔和范尼·鲍尔夫妇的坟墓时，我的观点发生了改变。鲍尔夫妇的坟墓就在大卫·霍尼曼和安娜·霍尼曼夫妇坟墓的对面，后者的墓碑是由发光的黑色大理石制成。上次来这里时，我发现鲍尔的坟墓已经破烂不堪。在墓地无人看管的几十年里，其坟墓上刻有铭文的白色大理石板已经被人偷走，坟墓的砖结构都赤裸裸地暴露了出来。如今，墓碑都已替换成锃亮的新石板，其上刻有金色的名字。后来我才知道，修缮工作是由我的远亲达格玛尔·尼克（Dagmar Nick）安排进行的，他是马切伊·拉吉夫斯基的同事。

我往后站了站，试图让此地那天的情景重现于我的脑海之中。那是 140 多年前 11 月的一天。1874 年 11 月 3 日，范尼·鲍尔去世，次周周五下葬。无论远近，整个家族都来参加了她的葬礼。塞西莉和丈夫雅各布·阿德勒（Jakob Adler）从维也纳赶来；威廉和妻子海伦、莉娜和丈夫西奥多·摩根斯特恩从柏林赶来。远道而来的他们与阿尔伯特·鲍尔、阿什家和霍尼曼家，还有众多孙辈，一同聚在新施韦德尼茨街的家中。下午 2 点半，送葬队伍从家中出发，前往墓地。

阿尔伯特伤心欲绝，尽管女儿们对他悉心照顾，但他也仅仅比妻子多活了七个月，最终于 1875 年 6 月 5 日去世，享年 74 岁。安娜继续其母亲在布雷斯劳的慈善事业，支持一些机构的发展，如女子联盟（Girl's Union）、犹太女子职业学校（the Vocational School for Jewish Girls）和养老院（the Nurses' Home）。她的丈夫大卫·霍尼曼死于 1885 年，大约是在他们女儿伊莉斯与巴鲁克·施皮茨结婚的时间。

1905 年，仍然健在的鲍尔三姐妹（塞西莉已于 1903 年在维也纳去世）相聚布雷斯劳，庆祝安娜的 70 岁生日，这很可能是她们最后一次团聚。莉娜从柏林坐火车过来，在珍妮家住了一晚。第二天上午，她们一起去了安娜家里。安娜待在满是鲜花的客厅里，儿女和孙辈儿陪伴左右，孩子们在给安娜唱歌诵诗。安娜支持的一些慈善机构的代表，排起长队一一向她表示慰问，一位地区法官也对她表示敬意，感谢她对慈善事业的付出。

之后，这代老人接连去世。珍妮死于 1907 年；安娜死于 1909 年 11 月；1909 年 12 月，莉娜去世。她们所处的时代也一去不返了。第一次世界大战、经济危机和紧随其后的政治动乱让威廉明时期的公民乐观主义化为了泡影。一战期间，弗朗茨·霍尼曼成为布雷斯劳军队医院的主要外科医生，一头扎进了救治战争伤员的工作，这些伤员都是在东线战场负伤而被送回的。他以坚定的工作态度持续不懈地工作了四年，而他的所有收入，都用来买了战争债券。随着德意志帝国的失败，他也就变得一无所有了。

《凡尔赛条约》把德国东部大片领土划拨给波兰，因此大量难民聚集在布雷斯劳。我的祖父刚刚拿到律师资格，却很难找到工作，因为从失去的地区涌来更多有经验的律师。

作为一个东部城市以及第六军团（the VI Army Corps）的总部，布雷斯劳尤其容易受到"背后一刀"传说的影响——虽然德国军队在战场上取得节节胜利，但在背后却遭政治家、社会党党员和犹太人背叛了。德国自由军团（Freikorps）由一帮右翼老兵组成，开始在街上巡逻。一群暴民捣毁了波兰和法国领事馆。1920年3月，一个名为沃尔夫冈·卡普（Wolfgang Kapp）的反动分子，由高级军官支持，发动了政变，推翻了魏玛共和国（Weimar Republic）。布雷斯劳陷入了叛军之手，在工人总罢工让政变失败之前，德国自由军团杀害了年仅25岁的伯恩哈德·肖特兰德（Bernhard Schottlander）。肖特兰德从小家庭环境优越，但他成为了一名左翼活跃分子，出版发行了社会主义报纸《西里西亚工人报》（*Schlesische Arbeiter-Zeitung*）。

我的祖父母似乎目睹了该城的动乱。在他们的一本相册中，有一张深褐色的相片，此相片是用满是裂纹的玻璃底片洗印出来的。相片附有标签，上面写着"1920年3月18日带来的结果"（*die Folgen des 18.3.1920*）。相片从施韦德尼茨街的家中楼上拍摄，其中显示了一座圆顶的角楼，它位于剧院与圣多萝西教堂（church of St Dorothy）之间。现在这座角楼是莫诺普尔酒店，以前这角楼里有两家由犹太人经营的公司。一个是柏林鲁道夫·莫斯（Rudolf Mosse）出版公司，另一个是伞具经销商巴鲁克和洛伊（Baruch & Loewy）公司。相片中，角楼的墙面布满弹孔，窗子也全都破碎了。

1933年1月，纳粹上台。此后，该市当局采取了强硬的德国化政策。市议会议员遭集体解雇，纳粹任命新人就职。犹太商店受到抵制，波兰学生遭到毒打。4月7日法令规定，犹太人不得在市政、大学、司法和医疗行业工作。

同月，冲锋队突袭了市里一些书店，没收了托马斯·曼（Thomas Mann）、斯蒂芬·茨威格（Stefan Zweig）和埃米尔·左拉（Emile Zola）的著作——这些作家的著作都可以在我祖父母的书架上见到。

1935年9月15日，《纽伦堡法案》（Nuremberg Laws）通过，犹太人被剥夺了德国公民身份，并且禁止他们结婚或与非犹太人发生性关系。至1938年底，布雷斯劳的波兰人口都消失不见了，城中三分之二的犹太人也都出走了。犹太人的生活逐渐地被无情限制，威利·科恩把这种情况都按时记录在了他的日记中。他一天比一天地注意到犹太人的公民权遭到有计划的废除，他们曾经广阔的世界缩小到白鹳犹太教堂附近的几条街道上，并且受到了许多羞辱。城市公园宣布不对犹太人开放时，科恩会带孩子来到洛赫街的犹太墓地，孩子在草坪上玩耍，他则与逝去的先辈们交流。

1936年，我的祖父母离开德国前往巴塞罗那，伊莉斯也随他们一块。不过，两年之后，西班牙内战迫使他们要搬往意大利。可是，伊莉斯自己却坚持回到了布雷斯劳。1938年11月12日法令颁布以后，要求犹太裔企业必须划归德国国有，阿道夫·舒勒被迫售卖了自己的印刷厂，尽管他还依旧在那儿工作。至1940年，伊莉斯·施皮茨住在一家犹太养老院里，该养老院位于基尔沙利街（Kirschallee）36a号。威利·科恩于那年的11月2日去看望过她。伊莉斯给了科恩一些有关她父亲大卫·霍尼曼的资料，还给了他许多亚伯拉罕·盖格尔的来信。接着，伊莉斯又告诉科恩，她的家人是如何从巴塞罗那艰苦跋涉到意大利，又如何再返回巴塞罗那从废墟之中收拾个人物品，然后又去了美国。"我们时代犹太人的命运，"科恩在他的日记中写道，"至少，有一个家庭是安全的了。"

一年后，科恩和他的妻子以及两个最小的女儿被流放到立陶宛的考纳斯，刚到达那里，他们就遭枪杀遇害了。整个战争期间，他的日记不为人所知。直到2012年，这些日记最终得以出版。

1942年8月30日，伊莉斯·施皮茨和阿道夫·舒勒在布雷斯劳遭到驱逐，押送运输号为IX/2，第二天到达了特莱西恩施塔特（Theresienstadt）集中营。同批押送的其余1000人中，还有伊莉斯的兄弟弗朗茨·霍尼曼和他的妻子克特(Kaethe)。年底，他们四人全部遇害。

我在每处坟墓上放了一块小石头，然后就步行回城，途中到建筑博物馆（Museum of Architecture）避了会儿雨。该馆的主楼是一个被炸毁的16世纪的修道院，这个设计又是出自拉吉夫斯基之手。虽然该馆是琥珀之路上这一古城具有启发性的设计，但是我觉得此博物馆是一个令人沮丧的地方。这里就如一处墓地，满是从城中被毁建筑收集来的隅石、托臂和滴水兽。如果历史正如吉本（Gibbon）所说，"仅仅是人类之罪行、愚蠢和不幸的记录"，那么，弗罗茨瓦夫的历史，就承载了过多这样的记录。

布雷斯劳已经成为历史，一去不返。仅有几栋建筑和墓地可以勾起人们想看看布雷斯劳原来样子的欲望。我的祖母海德薇格对待这件事情却很看得开："布雷斯劳以及其他西里西亚地区的伟大祖国故土，都已不复存在，虽然对此我非常

138

伤心，但是我不会义愤填膺、强烈抗议，也不会要求伸张'正义'、夺回国土。每次战争，战败国必须要付出代价，尤其是付出割让国土的代价。"

第九章
摩拉维亚门

弗罗茨瓦夫火车总站（Wrocław Głowny station）里人山人海，都是回家过复活节的人。开往克沃兹科（Kłodzko）的黄色小火车很快就挤满了学生和年纪大些的工人，但我还是在最后一节车厢找到了个座位，就在车长室的边上。火车响了一声长笛，驶出了车站。铁路的两侧有许多运货卡车、灰色水泥房和轻工装备。火车过了希伦扎河（river Ślęza），一路向南，经过帕蒂尼斯的赛马场后，便行驶在宽阔平坦、土壤微红的田野之中。铁器时代的琥珀坑洞就于帕蒂尼斯这个地方发现。

路面开始缓缓上升，我们驶入了一片森林中，其中主要是松树和银桦树，零零星星也会见到橡树，树上还有去年干褐的叶子。这条铁路沿着琥珀之路，穿过苏台德山脉（Sudety Mountains），进入格拉茨古城（ancient County of Glatz），即现今的克沃兹科。波兰人把克沃兹科拼写为 Kłodzko，捷克人把它拼写为 Kladsko。克沃兹科地区看似一个菱形的半岛，属于波兰领土，但却伸入了捷克境内，这也算是欧洲地缘政治的一件怪事。1526 年，作为波希米亚的一个半自治区域，克沃兹科与波西米亚王国的其他领土都被纳入了奥地利帝国（Austrian Empire）。1740 年腓特烈大帝征服此地之后，该地区由普鲁士吞并。1871 年德国统一的时候，克沃兹科地区成为德意志帝国（the Reich）的领土。

我的祖父阿尔弗雷德·舒勒在布雷斯劳通过法学考试后，当了一年的见习法官，这是成为普鲁士正式法官的学徒阶段。他当见习法官的地点位于克沃兹科以西的纽罗德镇（Neurode）当地法院，纽罗德镇如今叫作新鲁达镇（Nowa Ruda）。法官实习结束后，祖父回到家乡，参加助理法官考试，这会让他取得正式法官资格。一战后，刚刚独立的捷克斯洛伐克（Czechoslovakia）想把克沃兹科地区据为己有，但是遭到了《凡尔赛条约》的否决。二战结束，波茨坦会议（Potsdam Conference）把该地区划给了波兰。

火车鼓足了劲往斜坡上爬，它发出一声长啸，犹如一条悲狗的叫声。夕阳西下，大路两侧的杨树在田野上投下长长的斜影。天上的凸月挂于一片灰云之上，云下的霞光呈现出粉珍珠的颜色。山坡上立有一排风力涡轮机，它们的叶片在随风转动。火车驶出了一片松树林，便见克沃兹科城现身于尼亚萨河（River Nyasa）之上，此河也叫作尼斯河（River Neisse）。

我拖着行李，沿着石铺坡路上行至老城；泛光灯把教堂照亮，街景漂亮如画，但街上没有行人，气氛有点森严可畏。主广场上，那大大的黑影，便是建于19世纪的市政厅，几个年轻人在这里闲逛，还显得有些无聊。酒店并不很远，行李箱拖行在石铺路上，发出咔哒咔哒的响声，为避免发出声响，我就把行李箱提了起来，那位年轻人见状，主动要帮我提一下箱子。我有礼貌地回绝了他，我们随即也就聊起了天。我说这里非常漂亮。"是的，"他回应说，"但是年轻人在这儿没什么可做的。"这里黄昏刚至，但所有地方却都已歇业。市政厅旁边的一家咖啡馆走出两位打扮甚好的年老女士，随后店家就把卷帘门拉了下来。市政厅上面的钟表，时间慢了一个小时。一周以前就开始夏令时了。

向提供帮忙的年轻人致了谢，我就在酒店办理了入住。此后，我又回到广场，发现市政厅二楼有家孤零零的酒吧，依然在营业中。这家酒吧的布置像是典型的英国酒吧，墙上挂着狩猎图画和苏格兰威士忌地图。

吧台上铺着蒂莫西·泰勒（Timothy Taylor）酒垫，上方挂有一些老旧黑胶唱片，其中还有一张艾尔顿·约翰（Элтóн джóн）在俄罗斯发行的唱片。我是这里唯一的顾客，喝了几杯啤酒后，我就顺山而下回酒店了。

早上，我给游客咨询中心打了电话，询问开往捷克共和国奥洛穆茨（Olomouc）的列车信息。那天只有一趟列车发往奥洛穆茨，始发时间是下午2点49分，途中还需要几次换乘，路线迂回曲折，行程总共需要五个小时。时间紧迫，我就沿着陡坡，直爬到巨大的星状要塞，该要塞高高在上，俯瞰全城。奥地利人起初修建了该要塞，后来由腓特烈大帝扩建，他用炸药开山，修建了炮台和隧道，以让3000名占领军驻扎在此。我上几辈的远亲西格斯蒙德·阿什（Sigismund Asch）就曾因为煽动暴乱被关押在这儿。我走过要塞的地下室，石灰墙壁已斑驳脱落。此时，我脑中出现一个画面，他站在囚室的窗前，远望那雪山迷人的风景。

从城堡岩下来后，我迅速前往该城博物馆，它在一座 17 世纪的耶稣会士神学院里。一位表情严肃的老太太领我走过迷宫般的地道，就到了一个八边的拱形房间，其中的展品是羊皮纸手稿，屋里还伴着轻柔的背景音乐，内容是文艺复兴时期的复调乐曲。过后，她示意我去看一下楼上的展览。楼上陈列着一些白镴器皿和银器，另有一个漂亮的音乐厅，其内放着一架大钢琴，此外还有一间 18 世纪优雅的沙龙会所。若不是越来越担心赶不上火车，我定会更加仔细地欣赏一番。

老太太接着把我领到一个房间，此屋专展当地玻璃工业产品，时间跨越数个世纪。然后，她把另一个房间的灯打开，原来这个房间里全是钟表，这也是当地的特产。钟表各式各样，有提钟、挂钟、落地摆钟、瓷面厨房钟和布谷鸟钟。

她把一个布谷鸟钟的悬垂拉了上去，轻拂钟摆让它动了起来。布谷鸟钟和其他时钟一起嘀嗒不停、强而有力，犹如知了的合唱。她再次领我进了一个房间，这里有更多的时钟，全部好像在诉说时间的飞逝。还有一个房间，她示意我进去，但这次她没有开灯。屋内地面是镜面瓷砖，这让我简直迷失了方向，直到我眼睛适应了昏暗，发现地面反照出木天花板，天花板上竟然挂满了钟表。我似是走进了萨尔瓦多·达利（Salvador Dalí）的一幅画作之中。就在那时，我突然意识到，要赶上 2 点 49 分开往奥洛穆茨的火车已无可能。

实话实说，没赶上火车，也算是一种解脱。我需要缓缓气，更新一下笔记，误车也让我有时间再探寻下这个不平凡的城市。据布拉格的编年史家科斯马斯（Cosmas）所说，早在 981 年，这里就已经建立了筑防的定居点。克沃兹科河（River Kłodzko）上的中世纪古桥犹如布拉格的查理大桥（Charles Bridge），桥的两侧都立有多个雕像。桥的那边矗立着巴洛克式方济会教堂（Franciscan church）；敦实的中世纪圣玛丽堂区教堂俯瞰着克沃兹科河。附近，走进一个不显眼的铁门，就到了一处地下墓穴，此地道网络修缮于 2007 年的一次洪水之后。我走过迷宫般的地道，其两侧砖墙已破烂不堪，里面还布置着一些蜡像，主题尽是关乎瘟疫与酷刑，看来异常恐怖。出了墓穴后，我恍然一惊，竟然到了老城的另一侧，就在城堡之下。那晚，我在一家酒吧吃的晚餐，酒吧是在一个年代久远的水磨坊里，就在酒店的对面。我打开酒店房间的窗户时，能听到潺潺的流水声，声音原来是这个磨坊水槽传来的。

次日上午醒来，我发现夜里下了雪，就打了个出租车前往火车站。站里的火车票只能让我到达边境；过境时，我还要再向售票员买捷克境内行程的车票。火车沿着斯诺卡河（River Scinawka）到了贝斯奇察 - 克沃兹科（Bystrzyca Kłodzka），这里山路更加崎岖，高高的松林中，开始出现一些高山木屋。

中午，火车到达捷克境内的利希科夫（Lichkov），过境无需办理任何手续，但是我需要买张新火车票，一位好心的乌克兰女士给我提供了语言上的帮助。捷克这边雪层更厚一些。火车顺着涨水的湍急河流行驶在陡峭的山谷之间，一路下坡到苏台德山脉脚下，进入了摩拉维亚门（Moravian Gate）。此地是个山口，位置极具战略和经济意义，它起自西里西亚，进入摩拉维亚（Moravia），终至维也纳。于此，我也正从原来的普鲁士王国跨越到哈布斯堡帝国（Habsburg Empire），两者曾经争夺过德语地区的霸主地位。哈布斯堡帝国位于中欧地带，疆域北起荷兰，南至托斯卡纳（Tuscany），西至勃艮第（Burgundy），东至乌克兰。该帝国王朝的统治者甚是怪异，其中有独裁君主、神秘主义者、武士和忧郁症患者，哈布斯堡帝国由这些人统治了六个世纪之久。

在奥尔利采河畔的乌斯季镇（Ustí nad Orlicí），我必须换乘到捷克特热博瓦（Česká Třebová）的火车。换乘的火车是到布尔诺（Brno）的城际铁路，我的那位乌克兰朋友正是要前往布尔诺，所以她领着我坐上了这趟火车，简直给了我如母亲般的照顾。她说她的名字叫娜丁（Nadine），家住在捷尔诺波尔（Tarnopol）。她这次旅行乃是公差，是为宗教派别"耶和华见证人"（Jehovah's Witnesses）工作，手提袋里装着满满的《守望台》（*The Watchtower*）杂志。她似乎擅长所有斯拉夫语言，但是我说斯拉夫语却是磕磕绊绊，正如她说德语一样，因此我们谈起话来并不是那么容易理解对方。我想了解她更多的经历，但是由于语言障碍，交流并不是那么有效，对此我感到非常遗憾。在英国，我们往往拿"耶和华见证人"开玩笑，但是在苏联时期，其成员却遭到残忍迫害。她坚持自己的信仰，这一定需要巨大的勇气。

我们在捷克特热博瓦互相道别，之后我登上从布拉格开来的特快列车，不到一个小时，火车就抵达了奥洛穆茨。摩拉瓦河（River Morava）从该城穿过，最终流入多瑙河。此前，我的行程处于奥得河与维斯图拉河流域，这两条河往北而流，汇入波罗的海；现在，我所处的地方，河水往东南而流，汇入黑海（Black

Sea）。从水文地理的角度来说，这里就是我整个行程的中间点。

该城地图上标有一条路线，名为"琥珀路线"，它实为一条大道，叫作宇航员大道（Cosmonauts' Avenue），宽阔笔直大路的两旁矗立着铮亮的办公大楼。我沿着此路走了 1 公里，就到了城区。摩拉瓦河的水面宽阔，河水是绿幽幽的。我过了一座现代大桥，走到一个石铺路面街道，然后一路上山，来到了此城的历史中心。这里有两个相连的广场，广场周围簇拥着密集的教堂、宫殿、雕像和喷泉。市政厅坐落于上广场（Horní Náměstí）的中心位置，该厅上的天文钟以社会主义现实主义风格（Socialist Realist style）进行了重新设计，钟上的拼图是一位工人和一个化学家。过了市政厅，一个宏伟的柱子高高地立在广场中，其上有一对镀金天使，要把圣母玛利亚高举到光辉的圣三一（Holy Trinity）位置。这个柱子实在太大了，它的底部是一个小教堂。下广场（Dolní Náměstí）要小一些，也更加安静。该广场的主要建筑看似一个开瓶器，为巴洛克风格，呈螺旋形，显得并不是那么壮观，这个建筑是为圣母玛利亚所建。

奥洛穆茨的文化生活庄重而文雅，它以摩拉维亚剧院（Moravian Theatre）和爱乐协会（Philharmonic Society）为中心，爱乐协会就位于上广场。广场一角的马勒咖啡馆（Café Mahler）散发出典雅的欧洲风情；1883 年，作曲家马勒在摩拉维亚剧院担任了一个演出季的指挥。两个广场的四周围着一圈商业街，建筑是古代的商房，门面尽是些时尚酒吧和精品店。在下广场边上的一条小巷中，我找到了一个僻静的小旅店，它的装修风格似乎与周边环境不相协调。旅店呈现出摩洛哥风情，白色的拱门，蓝色的瓦片，内有许多用柳条编织的椅子，旅店客房之间有个背阴的院子。我打算在这个宜人的城市逗留几天，因此在旅馆办理了入住。

次日便是复活节周日（Easter Sunday），许多教堂都响起了铃声。天气清冷，空中的片片雪花摇摇晃晃地落到地面上。市政厅前面，有个乐队在演奏摩拉维亚民乐，周围有一大群观众。乐队歌手那浑厚有力的男嗓音，高过了钦巴龙的演奏声，就连小提琴那尖厉的高音也不是对手。听众大多数是捷克人。

上广场的另一个角落矗立着尤利乌斯·恺撒（Julius Caesar）的骑士像，它于 1725 年由约翰·格奥尔格·绍贝格（Johann Georg Schauberger）雕刻而成。传说恺撒建立了此城，城名源自 Iuliomontium，意思是"尤利乌斯山"（Mount Julius）。此说可能是道听途说之言，是站不住脚的。然而，有考古证据显示，在圣迈克尔小山丘上，确有一个古罗马人修建的堡垒，圣迈克尔教堂如今也在这座山丘之上。这个堡垒是多瑙河以北古罗马人少有的前哨。恺撒坐骑下面的寓言人物，代表摩拉瓦河与多瑙河，象征着捷克和奥地利对神圣罗马帝国皇帝的忠诚。被世人认为是恺撒的继承者，即神圣罗马帝国皇帝，就住在维也纳。

奥洛穆茨于 1055 年由科斯马斯首次提及。瑞典人在三十年战争中占领此城之前，它一直是摩拉维亚的首府。后来，首府地位由布尔诺取代。奥地利人称奥洛穆茨（Olomouc）为奥尔穆茨（Olmütz），1848 年，18 岁的弗朗茨·约瑟夫（Franz Joseph）正是在这里称帝，之前他的伯父斐迪南（Ferdinand）由于那年的暴乱而被劝退位。在弗朗茨·约瑟夫的长久统治期间，为了缓和民族主义情绪，二元君主制得以产生，他既是奥地利的皇帝，又是匈牙利的国王。登基 66 年后，弗朗茨·约瑟夫的继承人弗朗茨·斐迪南（Franz Ferdinand）遇刺身亡，这位年迈的君王以发动战争来对此事件作出回应。这次战争，毁掉了他的帝国，也造成了 20 世纪一连串的灾难。

自城中心往南走几栋楼，就是帕拉乔沃广场（Palachovo Square）。在广场上，我发现了一个匾牌，标明了犹太教堂的旧址。该教堂起用于 1897 年，由维也纳建筑师雅各布·加特纳（Jacob Gartner）设计，当时属捷克斯洛伐克最大和最漂亮的犹太教堂。自 1939 年 3 月 15 日夜晚至 16 日夜晚，当地的法西斯分子把教堂烧毁，在此期间，他们阻止消防队来救火。1941 年，教堂废墟彻底夷为平地，此前，教堂残留的饰物和家具已被洗劫一空。21 世纪初，教堂的八扇玻璃彩窗被人发现，它们藏于一户私宅之中。

大约同一时间，在普罗斯捷约夫（Prostejov）附近的一个村庄教堂，发现了犹太教堂的 10 个木雕长椅，这椅子原来共有 100 个。其中一扇窗上写着伯特霍尔德·奥本海姆博士（Dr Berthold Oppenheim）的名字，这是奥洛穆茨的首位拉比教师，他为社区工作了 47 年之久，直到教堂被毁。1942 年，他在特雷布林卡灭绝营（Treblinka）惨遭杀害。所有窗子，还有 3 个长椅，现今展览于洛斯季采（Lostice）的犹太教堂。

第二天早餐时，我遇到一个非裔美国人，他问我早餐是否有炒蛋吃，随后我们便聊起了天。我说我是个作家，他告诉我他是个音乐人，确切说是贝斯手。他刚刚结束了一场在俄斯特拉发（Ostrava）举办的音乐节表演，该城位于捷克东部，是个工业大城，此城让他想起了底特律。他告诉我他名字为费尔南多时，我恍然大悟，原来他就是费尔南多·桑德斯（Fernando Saunders），在卢·瑞德（Lou

Reed）的几个唱片中，贝斯手就是他，最早的一张唱片是 1980 年发行的《蓝色面具》（*The Blue Mask*）。在《蓝色面具》中，他弹奏的贝斯曲调悠长，旋律美好，这大大增加了此张黑胶的质感。玛丽安·费斯福（Marianne Faithfull）的唱片《奇怪天气》（*Strange Weather*）情感忧郁，带有爵士乐的风格，对于这张唱片的质感，费尔南多的贝斯弹奏也起到了关键作用。费尔南多告诉我，他在独自巡回演出，主题是"卢去世后的日子"（since Lou passed）。他其实没有必要担心吃不上炒蛋，因为自从他上次来到旅店后，工作人员就记住了他喜欢吃炒蛋，我们聊天的时候，一位年轻小伙就把炒蛋给他带了过来。他给了我一张他最新的 CD，其中瑞德和他一块合唱了地下丝绒乐队（Velvet Underground）的《基督》（*Jesus*）这首歌，苏珊娜·薇佳（Suzanne Vega）也唱了费尔南多的歌曲《想哭》（*Feel Like Crying*），捷克音乐家卡雷尔·霍拉斯（Karel Holas）和彼得·克拉伊尼亚克（Peter Krajniak）的加入，也让这张专辑更加精致巧妙与扣人心弦。

我沿坡而上，登上一处陡岸，有着高高双塔的哥特式圣瓦茨拉夫教堂（St Wenceslas）于此俯瞰摩拉瓦河，19 世纪晚期的一次修缮显得有些粗糙机械，破坏了教堂的古香古色。

顺着共和国广场（Republic Square）稍走一会儿，在大学的对面，是建于 18 世纪的穷人克莱尔修道院（Convent of the Poor Clares），地区博物馆（Regional Museum）就在这里面。在该地区地质环境的展览旁边，馆里按照时间顺序，展示了捷克的历史，始自 6 世纪时斯拉夫人的到来。展品包括戒指、珠子和耳环，金、银、铜的都有，多数是 9 世纪的，但是展品中，没有琥珀。大概令人印象最深的展品是一把古剑，它可以追溯到 10 世纪末到 11 世纪初。该剑于 1889 年在修道院与大学之间的一处庭院出土，它由大马士革钢锻造而成，其上还刻有剑匠的印记"+V…FBEH"，剑匠的真名是乌尔伯斯（Ulberth）。该剑宽宽的织状刀锋让人联想到《贝奥武夫》（*Beowulf*）和《尼伯龙根之歌》（*Nibelungenlied*）的世界。我脑中浮现出一个情景，剑匠乌尔伯斯从火红的熔炉中抽出宝剑，把它放到水中冷却，顿时升起一团白气，之后把剑交给一位穿着盔甲的勇士，他马上测试了一下剑的平衡，并细细审视剑刃，来判断它是否锋利。

我回程的时候，经过圣玛丽教堂（Church of the Virgin Mary），此教堂有着巴洛克式麻花形的柱子。在大学附近，我穿过有拱廊的通道，里面的涂鸦令我印象颇深，这些涂鸦似乎反映了捷克文化的无秩序特征。在模板印的图画中，萨尔瓦多·达利与史波克先生（Mr Spock）肩并肩站着，哈罗德·劳埃德（Harold Lloyd）则摇摇欲坠地挂在一座大钟之上，这个画面是电影《安全至下》（*Safety Last!*）中的著名镜头。一位理想主义者说道，"爱是一种通用语言"（*Liebe is eine universelle Sprache*），"你不能返回一个你从没有离开的地方"（You can't return to where you've never left），这是 U2 乐队一首歌中的歌词。歌词似乎给我传达了一个讯息：在这个讨人喜欢的城市中闲逛，固然美好，但很快我就必须离开此地，继续前行。

在回旅馆的路上，我顺便到了一家罗斯曼药品连锁店（Rossman），买点牙膏和漱口水。我竟然发现漱口水是由 Odol 公司生产的，20 世纪 30 年代，我的祖父曾在此公司工作过。纳粹上台之后，公司把他调到了巴塞罗那办事处，这恰好让他及家人逃过一劫。我小时候，只要祖父母来我家看望我们，洗手间里就会出现一个 Odol 的瓶子。

从摩拉维亚地区到奥地利，琥珀之路有几条不同的线路，我需要自奥洛穆茨出发，进行几个支线游。第一站是前往摩拉维亚的赫拉尼采（Hranice na Moravě），它位于奥洛穆茨以东约 35 公里处。湛蓝的天空，飘着大片的云朵蓬松如棉花。火车载我穿过安静的田野，稀疏的树林透出榛树嫩芽的一抹绿色。赫拉尼采位于贝奇瓦河（river Bečva）谷地的一处小高坡上，其周围有小山环绕，山上树林密密麻麻。我步行了 1 公里，经过几间住宅公寓和数家轻工业工厂，就到了镇里。该镇在 1169 年的一份文件中首次提及，因此我们可以相信，这小镇的的确确可以算是欧洲地理的中心。于地图之上的赫拉尼采，放置一个圆规，以 1500 公里为半径，画一个圆圈，圆圈轨迹或穿过或擦过巴塞罗那、巴黎、伦敦、爱丁堡、圣彼得堡、莫斯科和伊斯坦布尔。

淡黄色的城堡之下，有一处宽阔的空间，这就是 Pernštejn 广场 [Pernštejn Náměstí，Pernštejn 是德语词 Bernstein 的捷克语写法，这个广场意为"琥珀广场"（Amber Square）]。以前，该镇封建领主的名字叫作 Pernštejn，所以广场可能以此命名，也可能广场的名字 Pernštejn 就是指曾经于此交易过的琥珀这种商品。过了城堡，就是宽阔的主广场，广场是石铺的地面，其上的主要建筑是圣约翰洗者教堂（the church of St John the Baptist），此教堂是 18 世纪时期的建筑，它又高又窄，呈灰粉色和淡黄色。

通向广场的一条窄街上，有一个矮矮的拱廊建筑，这是镇中为数不多的犹太区所剩的建筑。紧靠广场的拱门连着一个窄窄的阶梯，阶梯下面就是河岸。拱门旁边矗立着一座犹太教堂，俯瞰着贝奇瓦河的一条小支流，贝奇瓦河则从老城穿过。教堂高高山墙的顶端有拱形的窗子，山墙上也刻有希伯来语的十诫（Ten Commandments）。

教堂自 17 世纪以来就已在这里存在，尽管它如今摩尔拜占庭风格的外观始自 19 世纪。在不远之处的兹博罗夫斯卡街（Zborovska Street）上，有一处犹太墓地。部分墓地已在苏联执政时期被毁，关键时刻，剩余部分在 1989 年天鹅绒革命时被挽救了下来。西格蒙德·弗洛伊德的兄弟朱利叶斯（Julius）和弗朗茨·卡夫卡（Franz Kafka）的远亲奥斯卡（Oscar）就葬在这个墓地，他们坟墓就在利迪纳河（river Lydina）边的白蜡树下，树上爬满了常春藤。奥斯卡在考取赫拉尼采的著名军事学院失败后，用枪自杀而死。

我一路走到这个军事学院，该军事学院是一片营房，风格朴素简约，呈新古典主义风格。它在贝奇瓦河的对岸，于通往奥洛穆茨的路上，延伸有半公里的范围。该学院建于 19 世纪，当时此镇还叫作摩拉维亚魏斯基兴（Mährisch Weisskirchen），它是一所精英学院，目标在于为奥匈帝国培养军官这一阶层。学院校友包括诗人莱纳·玛利亚·里尔克（Rainer Maria Rilke），电影导演埃里克·冯·施特罗海姆（Erich von Stroheim），还有罗伯特·穆齐尔（Robert Musil）。穆齐尔写过一本小说《学生特尔莱斯的困惑》（*The Confusions of Young Törless*），他在小说中无情地唤起了暴力文化，压制了同性恋。在他的日记中，穆齐尔把这所军事学院称为"令人讨厌至极的地方"。然而，在小说中，他把此学院描述为 W 城中的"著名寄宿学校"，该城是"通往俄罗斯的漫长铁路线上的小军事基地"。

镇中另一处名地赫拉尼采坑洞（Hranice Chasm），我在镇南边缘处的郊区街道，要想找到这个坑洞，事实证明并不容易。最后，一位男士给我指了指方向，让我沿着高高树篱之间的坡路向上走。这位男士穿着另类，脸上留着整齐的胡须，还戴着一个金耳环。我走过一个野营车停车场，就到了自然保护区的门口。这时，暴风雪忽至。山上长着山毛榉、松树、无梗花栎，还有刚刚发芽的鹅耳枥。落叶堆里，头茬银莲冒了出来。我顺着山路，蜿蜒上行，走到一个隆起的巨石，上面有圣约翰·内波穆克（St John Nepomuk）的雕像，雕像人物跪在一小片云彩上，云彩本身有人脸的模样，此雕像看起来稍显怪异荒唐。我的下方，石面直接跌落 70 米，底部是一个深潭。

原来此处的地下洞室顶部，坍塌了下去，坑洞便由此形成。据说，底部潭水的深度几乎可达 300 米，为捷克之最。出于安全考虑，自然保护区已禁止下爬到坑洞底部，但是居于保护区的最高处，也可以看到此镇与河谷的美景。古时的琥珀商人就是在这山间的河谷，来来往往，穿行而过。

雨果·申克（Hugo Schenk）是一个专杀女佣的连环杀手。1883 年，他把一个受害者的尸体扔到了坑洞下面。此后，坑洞便尽人皆知了。次年，他在维也纳被处以绞刑。出版《学生特尔莱斯的困惑》20 年后，穆齐尔开始创作其另一部小说《没有个性的人》（*The Man Without Qualities*）。1942 年，穆齐尔去世时，这部小说还没有完成。一战爆发之际，受人争议的角色莫斯布鲁格尔（Moosbrugger）是维也纳社会关注的一个焦点。这个角色是在维也纳等待审判的一个性谋杀犯。穆齐尔的小说人物莫斯布鲁格尔，以真人克里斯汀·沃伊特（Christian Voight）为原型。1910 年，克里斯汀·沃伊特在维也纳杀害了一个名叫约瑟芬·皮尔的妓女，被判处死刑，后来他被鉴定为精神错乱，因此改判为无期徒刑。1894 年，穆齐尔进入该镇军事学院学习。那时，申克案件的发生还未超过十年，此案件依然臭名昭著，广为人知。因此，有观点认为，创作莫斯布鲁格尔这个人物的想法，首先可能植根于申克案件。这一观点的出现，似乎很难避免。

奥洛穆茨西南约 40 公里处，有琥珀之路其中一个最为重要的据点，即凯尔特奥皮杜姆（Celtic oppidum），奥皮杜姆的意思是"设防定居点"。该定居点位于斯塔雷－赫拉迪斯科（Staré Hradisko），此地发现过大量的琥珀。我乘坐一辆巴士前往那里，行程一小时左右，路旁是低矮起伏的山丘、耕地和牧场，还可见一些神龛和洋葱顶教堂。巴士沿着山路蜿蜒上行，抵达了马勒－赫拉迪斯科（Male Hradisko）。这是一个整洁的村落，共有几千名居民。山坡上有座圣玛丽教堂，教堂不大，呈米黄色，村中房屋就簇拥在教堂周围。公交车亭上，贴着一张寻物广告，其中语言悲伤，找的是一只走丢的金色拉布拉多犬，名字叫作科拉（Kora）。

Male Hradisko 这个村名的意思是 Little Hradisko（小赫拉迪斯科）。凯尔特人定居点 Stare Hradisko 的意思是 Old Hradisko（老赫拉迪斯科）。据我所知，这里是没有 Great Hradisko（大赫拉迪斯科）。几辆拖拉机和运木材的卡车轰隆隆地驶过，一人骑着机动自行车嘟嘟嘟地爬山而上，周围再也不见其他人。

奥皮杜姆位于村子以东约 1 公里处，沿着布满车辙的农场小路上行，最后就可到达。它覆盖有 40 多公顷的牧场，其东端的壁垒还能清晰可见。以前，壁垒上面有高高的木墙；现在，橡树和黑刺李长在了壁垒之上。拥挤的围场里曾聚集着大量房屋，共有 5000 人居住在此。定居点最高处，有一片松林，在这里可以俯瞰周围的小山和谷地。

奥皮杜姆在小山之上，俯视着摩拉瓦盆地（Morava basin），它控制着琥珀之路的一个重要支线。奥皮杜姆属于铁器时代拉坦诺文化（Iron Age La Tène culture），是典型的凯尔特人定居点，自公元前 2 世纪中叶至 1 世纪，此地都有人居住，直到日耳曼民族入侵了摩拉维亚。这个地方盛产琥珀，长久以来为人所知。早在 1519 年，当地土地表就把这个地方称为 Weihrauchberg，这词的意思是"香山"（Incense Hill）。1552 年，奥洛穆茨的主教扬·杜布拉维斯（Ján Dubravius）在他的著作《波西米亚史》（*Historia Bohemica*）中提道，琥珀连同一些古钱币，在这个地方出土过。摩拉维亚神学家和教育家 J. A. 夸美纽斯（J. A. Comenius），在他 1627 年绘制的地图中，把奥皮杜姆称为 *Hradisceo*，*ubi myrrha effoditur*，意为"赫拉迪斯科，盛产琥珀的地方"（Hradisko, where myrrh is dug up）。

20 世纪 60 年代至 80 年代，该定居点被大范围发掘，城墙、哨所和大门，一一浮现。另外，还发现一条石铺道路，此路从定居点中部穿过。定居点中发现一个大大的围场，里面出土了大量家具，还找到了一些手工艺制作活动的痕迹。大量舶来物品，如马赛（Marseille）的双耳细颈酒瓶、千花玻璃、青铜器皿，还有许多罗马硬币，这些可以证明此地的贸易网络范围很广。

整个定居点中发现了大量琥珀，有琥珀原石，也有加工过的琥珀，化学分析表明，这些琥珀来自波罗的海地区。一些琥珀加工半成品可以显示出当时的制作过程。琥珀原材先被切成基本形状，如圆盘、圆柱或截锥体，然后开始钻孔。从一些半成品来看，有许多琥珀在钻孔过程中就破碎了。这可以说明，钻孔工序似乎不好操作。

我的下一站是米库洛夫（Mikulov），该镇是一个山顶要塞，沿着琥珀之路发展起来，保卫摩拉维亚和奥地利边境长达几个世纪，就像克沃兹科控制着起自西里西亚的隘口一样。这地区曾有一条大道，原是南北的主干线，随着"铁幕"的降下，这条大道如今已变成了一个死胡同。自奥洛穆茨到米库洛夫，依然没有直达火车，所以我先乘坐火车到布热茨拉夫（Breclav），这里是去奥地利的主要站点。到达此站后，我只有三分钟的时间，快速跑到售票厅，查看我需要到哪个站台，去乘坐到米库洛夫的火车，这段行程会有 20 公里。

小火车缓慢驶入米库洛夫车站时，已是黄昏。出站以后，我乘坐巴士进入镇里。下车后，我拖着行李，沿着石铺路面，往上而行。米库洛夫，德语称它为尼科尔斯堡（Nikolsburg），又是一个山顶小镇，该镇围绕一个城堡而建。主广场实际是一个窄长的三角形，就在城堡高墙之下，广场名字也很简单，就叫作 Náměstí，该词就是"广场"（square）的意思。在广场上，圣瓦茨拉夫教堂（St Wenceslas）的高塔五颜六色，呈文艺复兴风格，格外引人注意。另外，一座 16 世纪的角楼也比较醒目，它有着纯黑色的墙面。广场两侧有咖啡馆、饭店和卖酒的商店。此地盛产葡萄酒，距离奥地利的韦因威尔特尔（Weinviertel）仅一步之遥。

城堡高高在上，俯视着全镇。此堡呈方形，淡黄颜色，气势宏伟，是巴洛克式的建筑。城堡建有角楼和八边形的塔楼，一个洋葱状的穹顶立于塔楼之上。

我继续沿着胡索瓦街（Husova Street）前行，此街曾是犹太区的中心。20 世纪 60 年代至 70 年代，犹太区的其他街道被毁之后，此街是唯一的幸存者。镇里仍有一个犹太教堂，是座敦实的红砖建筑，其底层建有拱廊，顶部为斜面屋顶，紧挨着城堡岩。教堂的地基，可以追溯到 1550 年，尽管在 1720 年，教堂在经历了一场大火烧毁城堡和居住区之后才呈现出现在的外观。14 世纪，维也纳的犹太人遭到驱逐，他们就来到此地定居，犹太社区自那时起就已存在，当时属摩拉维亚地区人口最多的社区。米库洛夫曾是当地拉比教师的大本营；犹大·罗·本·贝扎勒尔（Judah Loew ben Bezalel）自 1553 年到 1573 年，就在此地履职，据说是这位名人创造了布拉格人偶（Golem in Prague）。至 18 世纪，犹太人口近乎占了该镇人口的一半，但是 1781 年奥地利实行"宽容法令"（Decree of Toleration）后，许多犹太人移居到了维也纳或布尔诺。到 1939 年，米库洛夫的犹太人口不足 500 人，其中有 300 多人后来死于大屠杀。

我走过一个街角，这里有一所房子，它是阿尔丰斯·穆夏（Alfons Mucha）的故居。这时，一个醉汉，一手拿着一瓶酒，踉踉跄跄上坡而行，还边唱边喊，一个正在修车的人用鄙视的目光瞧了瞧他。围着老城转了一圈后，我回到旅店，计划接下来几天的行程，下一步我会前往奥地利。我出来吃饭时，发现广场上已没有了人，几个小时前，这里还是热热闹闹的。现在，大多数饭店和咖啡馆也都已关门。最后，我找到了一个地下餐馆，地方挺大，灯火通明。其他食客，更准确地说是酒客，都是捷克人，在大口大口地吸烟。10 点钟，我离开餐馆，这时此镇彻底入眠，安静无比。而此刻的奥洛穆茨，应当还是人来人往。突然，从圣安妮教堂外墙的暗处传来一阵悲伤的狗嚎声。18 世纪末，此教堂被大火损毁，之后当地贵族把教堂改建成了一处陵墓。

夜里没有睡好，我醒来得很早。在早餐室，有个告示写着："禁止从餐厅带走水果和蔬菜！"该镇耸立着一个奇怪圆锥形的小山，山上草地不足，到处是突出的灰石，山坡上的松树长得也歪歪斜斜的。

山顶可见圆顶、尖顶方塔，还有两个像岗亭的建筑。随后我意识到，这些是一个教堂的组成部分，它的低层部分被山坡给遮住了。这山就是 Svatý Kopeček，其意为"圣山"（Holy Hill），山上教堂叫作圣塞巴斯蒂安教堂（church of St Sebastian），它是瘟疫患者保护神。除了教堂，山上还有一座单独的钟塔。接近山顶的类似哨所的建筑里，可以见到耶稣受难经过的画像（the Stations of the Cross）。

我沿着一条起伏不平的石铺道路上行至犹太墓地。墓地大门的警示牌上写着："墓地布有警局监控"。墓地位于山体斜坡高处，可以俯瞰群山和谷地。山楂树开出了花朵；紫罗兰在草丛中格外亮丽；赤蛱蝶在白蜡树干上晒着太阳。坟墓年代不一，风格多样。十七八世纪的坟墓，其石碑略显简陋，碑上的希伯来语铭文，由于岁月长久，已变得模糊不清，并且石碑倾斜得厉害，几乎要扎进土里了。19 世纪的坟墓就已开始用大大的石碑了。20 世纪的坟墓，其石碑是亮晶晶的大理石板，距今最近的石碑，立于 1942 年。许多坟墓之上，放有一些小石子，这可以看出，有人最近来祭拜过。墓地远端有个战争纪念处，见有一个个匾牌，嵌于一座半圆形的墙面，中间有一个石碑，上面写着：

纪念

于一战中

为祖国奉献而阵亡的勇士

1914—1918

"唉，英雄倒下了！"

以色列宗教团体 Nikolsburg 献

(ZUR ERINNERUNG

AN DIE IM WELTKRIEG

1914—1918

Gefallenen Krieger unserer Heimat

"Ach, wie sind die Helden gefallen!"

Gewidmet von der Israelistischen Kultusgemeinde Nikolsburg）

碑上的希伯来语和德语引文出自《撒母耳记》第二卷"英雄是如何倒下的"
（How are the mighty fallen!）。他们大多牺牲在战场东线，塞尔维亚和意大利境内。
1915 年 3 月 10 日，学院派画家莫里兹·晶（Moritz Jung）牺牲于喀尔巴阡山脉（the
Carpathians）的马利诺瓦峰（Höhe Malinowa）；1916 年 12 月 8 日，埃里克·匹
斯科（Erich Pisk）牺牲于罗马尼亚（Romania）克尔利巴巴（Kirlibaba）的战斗
中，他是一位法学学生和该镇一位医生的儿子；还有一位学生理查德·马里施尔
（Richard Mährischl），在 1914 年 12 月 6 日，死于俄属波兰（Russian Poland）
地区的移动战地医院中；威廉·特尔齐（Wilhelm Teltsch）负伤后，被带离前线，
在 1916 年 8 月 26 日死于 Mährisch Weisskirchen，即赫拉尼采（Hranice）。一个
后加的单独匾牌，纪念的是匈牙利犹太囚徒，共有 21 位。1945 年 4 月，他们被纳
粹杀害于附近的一处泥坑之中。

　　我自墓地继续往山上爬去，到了一处石灰岩，这里风很大，岩面长着青苔和
地衣，零星地有些山楂树，树干上疙疙瘩瘩的。山顶矗立着一个古瞭望塔，人们
称它为山羊塔（Goat Tower）。居于高高的山顶，我眼前的风景真是美妙无比。该
镇土红色的屋顶一览无余，摩拉瓦河的支流迪耶河（the Djye）谷地就在眼下，德
语称迪耶河为萨亚河（the Thaya），目光越过谷地，可以看到远处奥地利的群山。
最前面的是特拉彭山（Trappenhugel），它的后面雾蒙蒙一片，依次是米特贝格山
（the Mitterberg）、施韦恩巴尔特山（the Schweinbarther Berg）和海德贝格山（the
Heidberg）。山下远处传来公鸡的打鸣声。

　　天气转暖，阳光洒照。我沿着陡坡下了山，坐在美好生活咖啡馆（Café Dolce
Vita）的拱廊下，喝着一杯拿铁，看广场人来人往。过后，我继续散步闲逛。犹太
教堂旁边有个古老的阶梯，沿梯而上，就可以到达城堡大院，从这里又能远远地
看到奥地利的景色。听到有猛禽的叫声，我抬头看到两只红隼，自古堡的门洞飞出，
它们的影子划过院中的地面。过后，它们又往下俯冲，飞回到栖息之处。一会儿，
它们又出现了，围着堡顶一圈一圈地飞翔。

　　我又回到了火车站，等了好久的火车。车站附近，鸽子在咕咕地叫，麻雀在
唧唧地鸣。乘客满不在乎地越过铁轨和朋友聊天，除非远处有火车驶来，他们才
停止行动。这一幕给我留下了深深的印象。我到达布热茨拉夫时，已经很晚了。
我入住了一家外观朴素的现代酒店，它位于河岸边。酒店顾客大多数是来该镇参

加比赛的运动员，酒店柜台这里，有一个大大的平板玻璃窗，其内就是一个壁球场。布热茨拉夫位于迪耶河边，距离维也纳约 85 公里，是捷克进入奥地利的主要铁路站点。该镇以前叫作伦登堡（Lundenburg），普普通通的一个镇子，镇里有五金店、超市和中餐外卖，还有一个机车厂和啤酒厂。我喜欢这个地方。该镇地势很低，所以城堡不是建在粗糙的突石上面，而是建在了一处破旧的公园里。城堡的维修状况并不很好，其二层文艺复兴风格拱廊的屋顶是皱皱巴巴的铁皮。附近河边的一些仓库已破烂不堪，彻底荒废。鸭子在河岸蹒跚而行。城堡挡住了夕阳，一只蝙蝠从粉红色的暮光中飞出，很快又飞来了一只，它们在城堡广场绕飞起来，忽上忽下逮虫子吃。一只大黑鹳从头顶飞过，动作悠闲，似乎不费吹灰之力，这与蝙蝠飞快并且似是失控的动作形成了强烈对比。一只乌鸫停在了矮墙之上，唱起歌来。

第二天上午，天气阳光明媚，我登上了开往维也纳的火车。时髦的双层现代列车慢慢跨过迪耶河上的铁桥，超过一些卡车，车上载有圆木和锯木。一小群羊在围场内嬉戏打闹。野外的篝火闷烧着。火车驶入贝恩哈德斯塔尔（Bernhardsthal）小站时，我手机响了一下，收到了一条短信："欢迎来到奥地利。"

不知不觉，我已穿越了以前无法穿越的"铁幕"。我的左侧，有许多湖泊，其岸边可见一些狩猎棚屋，它们都建在柱子之上。湖泊的那边，就是摩拉瓦河与斯洛伐克边境。

火车穿过静静的田野，经过许多运甜菜的卡车和一家大型加工厂，就抵达了马尔希河畔的霍赫瑙（Hohenau-an-der-March），我从这里下了火车。维也纳的东北部是韦因威尔特尔（Weinviertel），它是下奥地利（Lower Austria）的"红酒之乡"。琥珀之路的几条支线，就从这里经过，最东边的一条线路，就是依摩拉瓦河而行。一个叫作奥地利琥珀之路（Österreichische Bernsteinstraße）的机构，在该地区建立了约 30 家博物馆，它们的吉祥物是一个红发的卡通女孩，名字叫作贝蒂·伯恩斯坦（Betty Bernstein）。我发现，大多数的博物馆与琥珀没有任何关系，而是着重介绍本地历史、酒文化、饮食文化和民间风俗。霍赫瑙仅仅是我行程中的一个中转站，我计划乘坐当地巴士，到几个与琥珀之路有关的村庄看一下。然而，在游历了波兰和捷克的一些地方后，相比之下，我发现霍赫瑙有点夜郎自大，这让我感到有些沮丧。

我在多伯曼斯多夫（Dobermannsdorf）换乘巴士，之后抵达了帕尔特恩多夫

（Palterndorf）。乍一看，村子有个漂亮的堂区教堂，巴士站旁边有个15世纪的瘟疫纪念柱，除此之外，没有什么能让人提起精神的。它整洁的村舍全是枯燥乏味的水泥墙面，墙底往上约有两英尺，贴的瓷砖非常丑陋，瓷砖看似洗手间用的那种。偶尔看到有的房屋年久失修，露出了石砖墙，这倒有点古香古色的感觉。此种房屋与奥地利人追求舒适的生活态度有所分离，这实在是很少见。其他房屋的历史和特色，都已被建筑上所谓的"整容"给破坏了。

我沿着凯勒街上行，过了弗洛里亚尼斯广场，这里的建筑，就不那么循规蹈矩了。倾斜的墙面和裸露的木料让村子有了中世纪时的模样。我走到图姆大街，终于找到了它——13世纪条顿骑士团修建的一座瞭望塔。

游客进塔参观，必须要经过与塔相连的一个酒吧，但是我到那里时，酒吧已大门紧锁。就在那时，一个约11岁的男孩骑车停在门口，敲起了门。一位30多岁的女士把门打开了，她好像是男孩的妈妈。这位女士，同意让我进塔看一看。过后，她递给我一把钥匙，给我指了指路，允许我自己进去参观。

由于二战中遭到毁坏，此塔在2005年被修缮过。我沿着厚实的木头阶梯而上，一层一层往上爬，每层都有骑士团的群像画，包括描绘了他们对琥珀贸易的控制。塔的上部，有一层临时展览着现代艺术品。塔的顶层是一个玻璃观景平台，其下的乡村美景，在这里一览无余。两只椋鸟飞进了观景平台，疯狂地往玻璃上撞去。出塔之后，我在酒吧喝了杯啤酒，并告诉老板那两只鸟的事情。我沿着凯勒街上行的时候，回头看了一下瞭望塔，发现一个男孩的身影，他在观景平台的长廊中转来转去。接着，一扇窗子打开了，从里面飞出了一只鸟。

第十章
莫扎特的安魂曲

晚上天气很暖和，有人在宽阔的环城大道散步，有人坐在咖啡桌旁聊天。将近傍晚的时候，火车到达了弗洛里茨多夫（Floridsdorf）。战后，自北而来的铁路都改道至这个郊区火车站，至今就这样一直保持了下来。1934 年 2 月，恩格尔伯特·陶尔斐斯（Engelbert Dollfuss）的右翼政府和社会民主党，就是在这个北部郊区进行了暴力对峙。社会民主党在此区域建立的住宅区，如卡尔·马克思大院，就是他们反抗活动的中心。4 天的斗争，导致 300 人死亡，数千人受伤，工人遭到炮击而最终屈服。社会民主党惨遭取缔，领导人奥托·鲍威尔落荒而逃，其他起义负责人被处以极刑。同年 7 月，陶尔斐斯本人也遭奥地利纳粹分子暗杀而死。参加暴动的人员中，还有丽兹·科尔曼和金·菲尔比，两人于那年 2 月 24 日结婚，此后不久，夫妻二人就出发前往英国了。

我入住了内城区（Innere Stadt）安纳加斯街（Annagaße）的一家酒店后，决定前往多洛西街（Dorotheergaße）的哈维卡咖啡馆（Café Hawelka），去详细整理一下我的笔记。这个咖啡馆是我的最爱。刚要出发时，我掏了掏口袋，发现笔记本不见了。我翻了所有衣服，查了全部行李，搜了整个房间，还是一无所获。难道把它丢在火车上了？突然，我想起在出租车上时，司机问我酒店的名字，我把笔记本拿出来过，因为酒店名字就写在笔记本后面。笔记本肯定是丢在出租车上了。我自从到达格但斯克，记的笔记全在这一本上。看来我很快也会把钱包和护照丢掉了。

自波罗的海沿岸到多瑙河，几周以来，我日程安排紧密，很少在一个地方能停留超过一两晚的时间。太过紧凑的日程安排让我十分疲惫，结果连笔记本都丢了，这实为长途旅行作家经常碰上的灾难。我记起了帕特里克·利·费莫尔（Patrick Leigh Fermor）丢失的笔记本，其中一本是在慕尼黑连同他的背包一块被偷，另外一本是丢在了他的罗马尼亚情人巴拉沙·坎塔库泽内（Balasha Cantacuzene）那里，这个笔记本在25年之后才找了回来。帕特里克即使没有笔记本，也能凭记忆想起多年之前发生的事情。迈克尔·雅各布斯（Michael Jacobs）是我的一位好朋友，我如今对他甚是想念。迈克尔曾经告诉我，他旅行时从不带笔记本，而是回来后，凭记忆写作，这也是他给我的建议。他们两人可以不用笔记本，说不定我也可以，我就这样来安慰自己。但是，我到底能不能最终做到，自己心里也不十分确定。这是我旅程当中最悲伤的时刻。我到酒店前台询问了一下，工作人员告诉我，他们会联系出租车公司，试图找找那位出租车司机。我心中并不抱有多大希望，过后我按照原计划出门，去了哈维卡咖啡馆。在那儿，我把当日旅行的情况写在手头能找到的纸上。

布莱希特（Brecht）曾说："维也纳是一座围绕咖啡馆建造的城市，人们去咖啡馆坐下聊天，读书看报。"维也纳的咖啡馆是一个快乐文明之地。于此，你可以喝杯咖啡或是啤酒、看报或是读书。甚至你下一下午的国际象棋，工作人员也不会催促你，另外，你也不会受到背景音乐的打扰。这种背景音乐几乎在所有英国的公共场所都已泛滥成灾，污染了环境。在咖啡馆里，独处已成为常态；一些人在咖啡馆有固定的座位，有人在那儿写小说，有人在那儿规划自己的生意。讽刺作家阿尔弗雷德·波尔加（Alfred Polgar）曾经说过，咖啡馆里的常客是那些"希望独处，但又需要陪伴的人"。

亚瑟·史尼兹勒（Arthur Schnitzler）、胡戈·冯·霍夫曼史塔（Hugo von Hoffmannstahl）、胡戈·沃尔夫（Hugo Wolf）和阿诺德·勋伯格（Arnold Schoenberg）经常光顾迈克尔广场（Michaelerplatz）的格林斯坦咖啡馆（Café Griensteidl）。古斯塔夫·马勒（Gustav Mahler）最喜欢国家歌剧院附近的帝国咖啡馆（the Imperial），这家咖啡馆也是西格蒙德·弗洛伊德最喜欢的。

咖啡馆不仅是维也纳的特色，也是整个前奥匈帝国的重要特点。前奥匈帝国的故土，自布达佩斯（Budapest）到萨拉热窝（Sarajevo）地区，咖啡馆是随处可见的。约瑟夫·罗特（Joseph Roth）认为，咖啡馆就如黏合剂，把前奥匈帝国黏合到一起。"兹洛托格罗德（Zlotogrod）的一个咖啡屋，"他提到加利西亚（Galicia）的一个偏僻小镇时，这样写道，"看似非常像是约瑟夫城（Josefstadt）的韦默尔咖啡馆（Wimmerl），我经常与朋友下午在那儿相聚……棋盘、多米诺骨牌、烟熏墙、煤气灯、洗手间外面角落里的蛋糕车、围着蓝裙的服务员……这一切都是家的感觉，是祖国最典型的味道。"

维也纳没有一家咖啡馆比哈维卡咖啡馆更令我感到愉悦，我到了那儿后，发现它一点都没有变化，这让我感到有些高兴，当然，如果说丢了笔记本，我还能高兴起来的话。咖啡馆内部光线昏暗，有些破旧，非常有自己的特点。你穿过一处隔挡，这个地方是一间玻璃厅，可以用来挡风。其实，它也是一处联通内外的过渡区域，顾客在这里可以看到里面有没有想遇见的人，或者是不想见的人。馆里紫褐色的天花板下，墙面是黑色的木嵌板和已经脱落的墙纸，其上装饰有旧电影、戏剧和音乐会的海报。一个旧铁炉的烟囱沿着一面墙而上，摇摇欲坠似的，拐了个直角，从另一堵墙穿了出去。大理石面的圆桌周围摆放着一些曲木椅子，墙边还有白紫相间的长沙发。木工刷油漆刷得有点过头，木头表面斑痕累累。一直往里走，见有一个厚重的天鹅绒帘子，掀帘而入，即是破旧的厕所。厕所门上的字，有些字母已经掉落。本来的 HERREN（男士），只剩 ERR（犯错）；本来的 DAMEN，只剩 AMEN（阿门）。

角落里的长椅上，一对中年男同性恋伴侣各忙各的，怡然自得，似乎已在一起多年，一人在玩手机，一人在猜《标准报》（*Der Standart*）上的字谜。

还有一对夫妻坐在桌旁打扑克，其后有一位戴耳机的老太太，听着邦·乔维乐队（Bon Jovi）的歌曲，在摇头晃脑。一个身穿破牛仔裤的男人走进咖啡馆询问有没有工作可做，工作人员礼貌地回绝了他。顾客之中，一位年轻的英国人穿着铮亮的褐色皮鞋，陷入了沉思。

第二天早上醒来，我得到消息，出租车司机找到了。司机上晚班时会把笔记本带到酒店。我高兴极了，我出门前往霍夫堡（Hofburg），这是一处宫殿群，内城区西南的大部分地段都由它占据着。帝国都城的中心是迈克尔广场，它是一个小小的圆形广场，其一边是霍夫堡那弯曲的楼体，另一边是巴洛克风格的圣迈克尔教堂。马车在路上跑来跑去，嗒嗒作响。头戴圆顶礼帽的马夫载着游客参观各处景点。广场中间有一沟渠，发掘出了几个古罗马建筑遗址。一个建筑安装有地暖，其墙面也有壁画，该建筑上面，覆盖有 17 世纪皇家游园的墙壁，还有一个 19 世纪修建的排水道，排水道的每块砖上都印有帝国的徽章。这里曾是古罗马文多博纳（Vindobona）军营的中心。古罗马镇压了潘诺尼亚（Pannonia）地区的起义后，1世纪初，就在维也纳建立了一个城镇作为卫戍部队的营地。琥珀之路就是从潘诺尼亚地区越过多瑙河，进入古罗马境内。哈布斯堡王朝的神经中枢直接建立在了古罗马帝国的建筑废墟之上。

霍夫堡里面静谧得有些可怕。乌尔里希（Ulrich）是穆齐尔小说《没有个性的人》里的主人公。对乌尔里希来说，霍夫堡就像"一座安卧的岛屿，面容威严、与世隔绝、戒备森严，它静看城市生活快步如飞、匆匆而过"。在皇家珍宝馆（Schatzkammer）暗淡的灯光下，我看到了微微闪光的象征王权的物品。年代最久和最抓人眼球的，要算是神圣罗马帝国的王冠。该王冠呈八边形，其金架上镶嵌着蓝宝石、绿宝石、紫水晶和珍珠。

附近挂着杜勒（Durer）的查理大帝（Charlemagne）画像，这幅画是杜勒的想象之作。画中，查理大帝头戴此王冠，这实在是犯了一个时间上的错误，因为王冠实际是在10世纪制成。自1806年，王冠变得名存实亡，因为在这一年，拿破仑瓦解了神圣罗马帝国，弗朗茨二世（Francis II）另称自己为奥地利国王弗朗茨一世（Francis I of Austria），并放弃德国北部城邦的统治权，其实之前该统治权本就只是在理论上存在。后来，王冠就一直陈列于此，似是等待下一个日耳曼民族神圣罗马帝国皇帝的到来。神圣罗马帝国不复存在以后，弗朗茨戴的王冠，本属于性情忧郁的鲁道夫二世（Rudolf II），而弗朗茨使用的权杖，原属鲁道夫二世精明的兄弟马蒂亚斯（Matthias）。鲁道夫执政时期，他在布拉格的宫廷成为了艺术家、天文学家和玄虚术士的研究院。1612年，马蒂亚斯罢免了鲁道夫。墙上挂有弗朗茨的一张画像，画中的他，头戴王冠，手握权杖，表情忧虑。此画由弗里德里希·冯·阿默林（Friedrich von Amerling）所作。

这里也有皇家琥珀收藏，其中最精彩的展品当属一个德国北部的圣坛，约成于1640年。圣坛共有五层经典石柱，顶部有耶稣受难像。整个圣坛外部，使用当时较先进的镶嵌技术，附上了一层琥珀薄板。此镶嵌技术，后来也用在了琥珀屋中。在众多嵌有宝石的耶稣受难像和圣物盒之中，有一个看似恐怖的珍品。它是一件浮雕，名为《生命之短暂》（*Sinnbild der Vergänglichkeit*），于1660年由丹尼尔·纽伯格（Daniel Neuberger）在维也纳雕刻而成，以纪念斐迪南三世的去世。这件小浮雕由石蜡、木头和沙子组成，皇帝躺在棺材架上，旁边有一沙漏，皇帝周围，有九个骨架在欢快地跳着死亡之舞。

最异乎寻常的展品当属一些称为"不可剥夺的珍宝"，其中，有一个独角鲸的长牙，它还曾被误认为是独角兽的角；另外还有一个漂亮的玛瑙碗，为4世纪的物品，在第四次十字军东征（the Fourth Crusade）时，从君士坦丁堡劫掠而来，被视作圣杯（Holy Grail）。其余古物包括一个矛，据说是刺穿耶稣肋骨的那个，另有一个"真十字架"（True Cross）的残片。

这些宗教展品透露出乏味的空虚，令我感到一些压抑。过度展示的宗教力量，造成了阴郁的气氛，好在有一张拿破仑的画像，给这种忧郁沉闷带来了些许生气和力量。画像中的拿破仑时为意大利国王，体态趾高气扬，该画的作者是安德里亚·阿皮亚尼（Andrea Appiani）。

维也纳的官方名称是"皇家帝国首都居住之城维也纳"（Royal and Imperial Capital and Residence City of Vienna）。至1900年，维也纳不仅有哈布斯堡王朝的豪华陵墓，而且也是现代主义的漩涡，霓虹灯广告闪闪发光，拥挤的汽车造成交通堵塞，危险的新观念正孕育而生。那时的维也纳拥有弗洛伊德、马勒、勋伯格（Schoenberg）、克里姆特（Klimt）、席勒（Schiele）、史尼兹勒（Schnitzler）、薛丁格（Schrödinger）和熊彼得（Schumpeter）。该城就是一个大熔炉，多数的现代艺术理论、建筑理论、科学理论、心理学理论和经济理论，都在此炉中熔炼生成。1908年到1913年，就是在这里，一位不成功的艺术家积攒了怨恨，吸取了市长卡尔·鲁格的反犹太言论，开始创立一种不符合逻辑的意识形态。这种意识形态后来造成数百万人死亡。

那天晚上，出租车司机把我的笔记本带到了酒店。我心情大好，于是就到街上不远处的安娜教堂（Annakirche）听一场弦乐四重奏表演。教堂华丽万分，是典型的奥地利巴洛克风格。一眼望去，全是粉色和蓝色的大理石，镀金的柱顶，还有每处窗台、檐口和楣饰上，都有金色的天使雕像。年轻的音乐家，演奏了两首四重奏，其中一首是莫扎特后期作品，另一首来自贝多芬第一部四重奏。莫扎特的春天四重奏（Spring），作品号为K387，其终曲部分为赋格式，表现有力，它于1782年12月31日在维也纳创作。贝多芬作品18中的第4号四重奏，创作于1799年，其乐调威严雄壮，清楚展现了作曲家那成熟的心声。过后，我又去了哈维卡咖啡馆，拿出我失而复得的笔记本，高兴地记下当天的旅程。

次日上午，我去了环城大道上的艺术史博物馆（Kunsthistorisches）。在布劳恩与霍根伯格 1617 年所画的维也纳地图中，内城区有蜿蜒的城墙环绕。

此城墙分别于 1528 年和 1683 年抵挡住了奥斯曼帝国（Ottoman）的两次围攻，但是在 1805 年，它却没能阻挡住拿破仑攻占维也纳，至 19 世纪中叶，城墙已失去了它的军事防御作用，并且成为了郊区发展的障碍。1857 年，弗朗茨·约瑟夫（Franz Joseph）下令拆除城墙。接下来的几十年，在城墙旧址开始修建环城大道，大道两旁尽是些宏伟的历史主义风格建筑：国家歌剧院（the State Opera）、艺术史博物馆、自然历史博物馆（the Museum of Natural History）、城堡剧院（the Burgtheater）和议会大楼。就像奥斯曼（Haussmann）在巴黎的宏伟建筑工程一样，维也纳的这项建筑工程，目的也是在于建设与帝国地位相符的都城。从奥斯曼的所谓"宏伟之至"（*folie de grandeur*）的风格要求来看，这些要给帝国带来荣誉的建筑群，几乎还没有完成，帝国就已灭亡了。

艺术史博物馆的主楼是一座壮观的新文艺复兴风格建筑，隔着一个草地广场，其对面是自然历史博物馆，两个建筑的外观简直一模一样。在艺术史博物馆中，我走进艺术屋（Kunstkammer）展厅，这里有中世纪和文艺复兴艺术的皇家收藏，藏品众多，令人眼花缭乱。最引人注目的一件展品是本韦努托·切利尼（Benvenuto Cellini）制作的一个金盐罐。其上，尼普顿（Neptune）代表大海，特勒斯（Tellus）代表大地，尼普顿手握直挺挺的三叉戟，特勒斯腼腆地摸着自己的乳房。这件作品侧重于文艺复兴那种感官上的满足，与之形成鲜明对比的一件展品，出自格雷戈尔·埃尔哈特（Gregor Erhart），它是一个彩绘椴木雕刻，大约于 1500 年在奥格斯堡（Augsburg）完成，木雕的名称为《虚荣寓言》（*Allegory of Vanities*）。你走近这个作品时，会看到一对裸体男女，身材苗条，体态优雅。但是，你转到另一边，会发现那女像原来是位老妇，枯瘦如柴，牙齿歪斜。作品尖刻的寓意，明目张胆地鄙视女性；作品没有表现出男像的老态，其寓意就非常鲜明了。一些小的黄杨木雕人物更加吸引我的目光。它们都是裸体的人像，有男有女，还有小孩。这些作品出自一位德国木雕师，名字不详，作品大约在 1550 年完成。木雕人物现实感十足，令我深深感动，它们的周围全是大理石与青铜的男神像、女神像和皇帝像，这些人物光辉闪耀，大权在握，而这些木雕却似是在诉说人类的脆弱。

我走到古希腊罗马文物展厅，此厅有一些半身塑像，我与它们直接来了个面对面。每个塑像的置放高度，恰恰与眼睛视线持平，聚光灯自上方照亮塑像。我与众多罗马人直接对视，他们身份不一，自一国之君到无名儿童，应有尽有。这些人都早已死去，与他们对视，让我心神不宁。半身塑像的中间有个唯一的全身塑像，塑像人物是马可·奥勒留（Marcus Aurelius），他泰然立于其臣民之中。我继续前行，进入的展廊中，有两处坟墓出土的文物引起了我的注意。其中一个坟墓，修建年代大约为 4 世纪早期，于 1855 年在斯洛伐克东部的切伊科夫（Cejkov）发现。坟墓中出土了金项链、古罗马棋盘玻璃筹码、安敦宁·毕尤（Antonius Pius）时期的银币（下葬时已是文物）和几个纹状琥珀吊坠。另一个坟墓于 1910 年在下奥地利（Lower Austria）的下西本布伦（Untersiebenbrunn）发现。此坟墓修建于 5 世纪初，其主人是一名地位尊贵的女性，年龄在 20 至 24 岁之间。该墓葬中有漂亮的黄金饰品、石榴石珠宝、戒指、项圈和两个大镀银搭扣。除此之外，还有几个大的圆形琥珀珠，这说明在民族大迁徙时代，琥珀之路依然存在。

我回到卡恩特纳街（Kärntnersraße），朝着斯蒂芬主教座堂（Stephansdom）的方向前行，如往常一样，此街到处挤满了人群，着迷地望着橱窗里的奢侈品。座堂附近，我遇见一家琥珀饰品和烟具商店。虽然现在已无确切的证据，但是维也纳曾经可是一个重要的琥珀加工中心。这里加工的产品，包括雪茄架、香烟架、海泡石烟斗的烟嘴、香烟盒、箱柜、东方水烟的鼻烟嘴、穆斯林念珠以及出口远达中国的一些饰品。自 1860 年，Stantien & Becker 公司生产的大多数琥珀，都在维也纳进行加工。后来，该公司成为普鲁士的国家琥珀工厂。

我走到斯蒂芬广场（Stephansplatz），围着座堂转了一圈。自广场东北角起，有一条窄长的街道，名为"舒勒街"（Schülerstraße）。这自然引起了我的兴趣，就过去看了一看。原来此街的名字出自这里曾经的一座教堂学校。一个匾牌上说，莫扎特以前在此街的一处公寓住过一段时间。沿街走了一会儿，见有一个地方，叫作古雷舒博物馆（Gulaschmuseum）。其实，它并非一个博物馆，而是一家老式饭店。饭店厚厚的菜单中，简明扼要地列出各种菜肴，你若想吃什么，必定能在菜单中找到。菜品包括特色牛肉、鹿肉、鹅肉、鸡肉、鱼肉、野生蘑菇，甚至还有红烩马肉，全部都配有大大的土豆团子。

在辛格街（Singerstraße），座堂背风面有一个小教堂，它里面陈列着"条顿骑士团的珍宝"（*Schatzkammer des deutschen Ordens*）。普鲁士转为世俗公国之后，许多骑士团的成员拒绝服从新的调配，他们继续在神圣罗马帝国之内活动。拿破仑取缔神圣罗马帝国后，这些骑士团的成员就来到了维也纳，随身还带着大量的珍宝。这些珍宝就在小教堂的楼上。楼上一角有个突出壁外的房间，上有高耸的哥特式拱顶。其内就有条顿骑士团积攒了几个世纪的宝贝：15 世纪的骑士团徽章、剑链、盔甲、华丽的圣盒、圣餐杯、十字架、高脚杯和玻璃物品。有个极其精美的镀银桌钟，镶嵌着绿松石、石榴石和琥珀，钟的指针是死神（Reaper）的镰刀。墙上高高挂有骑士团大团长的画像，包括赫尔曼·冯·萨尔扎（Hermann von Salza，1209—1239）、马西米连诺大公（Archduke Maximilian，1594—1618），还有最后一位奥地利欧根大公（Archduke Eugen of Austria，1863—1954）。而欧根大公作为条顿骑士团最后一任大团长，他见证了骑士团的不平凡的后世变迁。

科尔市场街（Kohlmarkt），自迈克尔广场，沿着以前琥珀商人走过的一条罗马古道的线路，往北延伸至赫尔市场（Hoher Markt），此地是一个长长的广场，曾经是军团要塞的集会场所。一个小型现代博物馆容纳了两座军官房屋的遗址，这两座房屋，都有完善的地热系统。

97 年，军队驻防区扩建，形成了一处固定的军团总部，并且按照常理，在多瑙河岸居民点以北修建了要塞堡垒。来自帝国各个地区的军队，都驻扎于此，包括西班牙的军队、北非的军队、近东（the near East）的军队，甚至还有来自林肯（Lincoln）和科尔切斯特（Colchester）的军队。

博物馆的楼上部分，陈列着此城出土的石雕。有一个极好的大理石躯干雕像，它出土于 1849 年；另有一个还愿圣坛，于 2 世纪或 3 世纪由"百人队队长"P. 埃利乌斯·卢修斯（P. Aelius Lucius）献给阿波罗，它出土于 1951 年；还有一个米特拉神（the god Mithras）的浮雕，它出土于植物园（Botanic Garden）中。一些小的手工艺品，如陶器、烹饪器皿、珠宝饰品和玻璃制品等，可以展现该城的家庭生活情况。395 年，日耳曼民族马科曼尼人和夸迪人侵略该地区，此后，这里的定居点也就遭到离弃了。考古证明，430 年后，这里再也没有人员活动的迹象。

出了博物馆，我沿犹太街（Judengaße）往北前行，此街上有两个石柱，这里就是维也纳中世纪犹太区的入口。石柱之间挂着一条铁链，晚上的犹太区已经封闭了。在施特恩斯泰滕街（Seitenstettengasse）的拐角处，就是优雅的比德迈尔时期的城市寺庙（Biedermeier City Temple）。该寺庙于 1825 年修建，它是维也纳从水晶之夜破坏活动中唯一幸存下来的犹太教堂。1885 年 3 月，莉娜·摩根斯恩(Lina Morgenstern）的姐姐塞西莉（Cäcilie）就是在这个教堂，为纪念她去世的丈夫发起了一个慈善基金会，以帮助贫困的犹太人。

1847 年，塞西莉和其舅舅雅各布·阿德勒在克拉科夫（Krakow）结婚。那时，舅父与甥女结婚是合法的，且这种现象普遍存在；时至今日，这种情况在奥地利依然合规合法。后来，夫妻两个移居维也纳，于此，塞西莉创办了城中第一个赈济施粥处（Volksküche）。1883 年，她加入了犹太盲人研究所（the Jewish Institute for the Blind）理事会，该研究所位于上瓦特山（Hohe Warte），就在市中心北边。

为了筹集资金，她想出一个主意，那就是把募捐箱置于各个家庭或是公司之中。这获得了巨大成功，而且此方法很快被城中其他慈善组织效仿。

1903 年，塞西莉去世。我的祖母海德薇格记得在她去世的前一年，去看望过她，那年我的祖母 12 岁。祖母印象中，塞西莉老太太个子很高，身材苗条，长得也很好看。凭个人的能力，塞西莉帮助了很多有需要的人。1883 年，她的丈夫去世。此后，贫穷的亲戚开始倚仗她的慷慨之心，占其便宜。做的最过火的，要属她的一个侄女的丈夫，一位失业的眼科医生，名字叫作克莱因（Klein）。塞西莉向其姊妹珍妮（Jenny）寻求建议时，珍妮的丈夫西格斯蒙德·阿什（Sigismund Asch）以其一贯坚定的态度介入了这件事情。他给塞西莉写信说，克莱因已经让一个家庭破产，绝对不能让这个不负责任的家伙再使另一个家庭破产。首都以外的地区，对于眼科医生，有很多就业机会。如果克莱因过于高傲，不想住在乡下地区，这事就不好办了。能给他的唯一帮助，就是送他一张去美国的单程票，或者是给他一把手枪，让他自己把脑袋打烂吧。

我往西走了几个住宅区，就到了犹太广场（Judenplatz），它是一个典型的维也纳老式广场，两旁都是巴洛克风格的房屋，莫扎特曾在一座房屋之中创作了《女人皆如此》。然而，有个不速之客影响了此广场的魅力。它是一个令人费解的白色混凝土立方体。瑞秋·怀特里德（Rachel Whiteread）的"无名图书馆"（*Nameless Library*）纪念碑，风格沉稳素雅，是为纪念大屠杀中奥地利受害者而修建。4 米高的单块巨石代表了一个"外翻"的图书馆，它的书架正面都已朝外。图书馆的双扇板门采用负压铸造成型，大门紧闭，上面也没有把手。此纪念碑的底座四周刻有一长串的地名，奥地利的犹太人在这些地方遭到杀害。这些地方包括：奥斯维辛、贝乌热茨（Belzec）、贝尔根 - 贝尔森（Bergen-Belsen）、布尔奇科（Brcko）、步亨瓦德（Buchenwald）、海乌姆诺（Chelmno）、罗兹（Lodz）、卢布林（Lublin）、马伊达内克（Majdanek）、玛丽·特罗斯特内兹（Mary Trostinec）、茂特豪森

（Mauthausen）、明斯克（Minsk）……这个纪念碑，令人感到困扰，原因在于它表意过于含蓄，不能给人以情感安慰或心灵净化，它只是表达了空无。

为被纳粹杀害的6.5万名奥地利犹太人修建纪念碑的想法，于1994年由经验丰富的纳粹猎人西蒙·维森塔尔（Simon Wiesenthal）首次提出。1996年1月，时年30多岁的英国雕刻家怀特里德（Whiteread）中标，来负责设计这个纪念碑。她以前的大多数作品，包括获得透纳奖（Turner prize）的作品《房子》（House），主要是房屋内景作品，这些作品先以石膏和水泥浇筑，之后进行外翻处理，其作品表达了记忆与遗忘，具有很强的说服力。纪念碑打算于1996年11月9日揭幕，这一天是"水晶之夜"50周年纪念，但是由于政府官员的敷衍态度，该工程陷入困境之中，同时，也出现了针对这一工程的反对声音。甚至有人抱怨说，它减少了停车空间，对当地商业会造成严重不良影响。维也纳市当局想把纪念碑转移至其他地方时，怀特里德以起诉相威胁。

反对声音来自几个出乎意料的势力，总的来说可以分为三种群体。其一，极右势力，这一部分人依然否认奥地利曾与纳粹串通一气；其二，文化保守主义者，这一类人不想让维也纳的耻辱史损害其作为历史古城的魅力；其三，该城小犹太社区中的一部分人，这部分犹太人之所以反对，是因为纪念碑的首选地址选在了这个广场，广场之下，是一座中世纪犹太教堂的遗迹。

多年争论以后，各方达成了妥协。纪念碑于2000年10月最终揭幕，立于地面之上。地面之下，是犹太教堂的地基，它可以通过地下游客中心来参观。广场一角有个装饰素雅的门道，沿此处进入，我又顺着当啷作响的铁梯下行，走到历史大屠杀的纪念馆。残存的石头地基高约5英尺，中间立有六边形讲坛（bima）的基脚。突出于东墙的部分是妥拉柜（the Ark of the Law）的地基。该犹太教堂修建于1240年，1294年之前，它进行过一次扩建。扩建后，教堂拥有了双殿哥特式大厅。

其拱顶由两根大柱支撑，柱子的基座部分如今依然可见。男人活动区域占据了教堂大部分面积；女人活动区域由一面墙隔了开来，墙上有些窄孔，透过这些孔洞，她们可以看到讲坛和妥拉柜。

该地下博物馆的展品主要涉及中世纪维也纳犹太人的宗教、文化和社会生活。中世纪时，维也纳是犹太学术研究的宗教中心。至1360年，此城犹太人口约为800人，当属欧洲之最。然而，1420年，神圣罗马帝国皇帝阿尔布雷希特二世（Albrecht

II) 下令将犹太人从维也纳驱逐而出；次年，仍然留在维也纳的约 200 名犹太人在火刑柱上被烧死。后来，教堂也被夷为平地。

"维也纳？"怀特里德在纪念碑落成后接受采访时说，"我恨透它了……维也纳奢侈无度，歧视黑人，在维也纳，你若掀开任何地毯的一角，就会发现下面藏污纳垢，肮脏至极。"维也纳毕竟是这样一个国家的首都，这个国家选择前联合国秘书长寇特·华德翰（Kurt Waldheim）担任过总统，当时他已被指控在南斯拉夫犯有战争罪，并且在 2000 年，这个国家还加入过约尔格·海德尔（Jörg Haider）的极右自由党（FPÖ）的联合政府，这也导致了欧盟对奥地利施加制裁。环城大道其中一段依然以法西斯分子卡尔·勒格（Karl Lueger）的名字命名；市中心的一个广场，纪念的是前奥地利法西斯政治家尤利乌斯·拉布（Julius Raab）。

长久以来，德国人就一直被促使面对其在纳粹罪行中的合谋行为，这也成为了许多德国文学的主题，从君特·格拉斯的《铁皮鼓》和克里斯塔·沃尔夫（Christa Wolf）的《童年典范》（*A Model Childhood*）到本哈德·施林克（Bernhard Schlink）的《朗读者》（*The Reader*）。相形之下，在 1943 年 10 月的莫斯科会议上，美国、苏联和英国却宣称奥地利是"受希特勒侵略受害的第一个自由国家"；1945 年后，西方国家更加强化了这种错觉，因为它们害怕奥地利会加入苏联阵营。"奥地利，"正如作家艾尔弗雷德·耶利内克（Elfriede Jelinek）2004 年在诺贝尔文学奖获奖感言中所说，"建于一个谎言之上，这个谎言就是，它是受希特勒所害的第一个国家。"

我发现图书馆已经把维也纳 19 世纪的街道目录数字化，于是就花了一个上午的时间在网上查看信息，想找一找塞西莉·阿德勒以前的住址。1885 年后的资料里，在第 9 区瓦萨街 8 号，我看到了塞西莉的名字，但直到我在 1900 年的资料里看到她的更详细信息，我才确信那的确是她，此信息是"阿德勒，塞西莉，所长。盲人研究所。上瓦特山。第 9 区瓦萨街 8 号"。（*Adler, Cäcilie, Curatorind. Blinden-Inst. auf der hohen Warte. IX Wasag. 8.*）

第 9 区又叫作阿尔瑟格伦德（Alsergrund），就位于环城大道以北。它于 1862 年并入城区，该区的公寓建筑风格稳重体面，高度为五层或六层，居民为此城新兴的中产阶级。弗洛伊德的公寓和诊室就在这里，位于伯格街（Berggaße）19 号。赫尔（Herzl）、史尼兹勒（Schnitzler）和勋伯格（Schoenberg）全都住在附近。

166

我乘坐有轨电车，到达了伯格街。这条街是一个坡道，沿街自上而下，可从解剖学研究院（Anatomical Institute）至多瑙运河（Danube Canal）。1891 年，精神分析学之父弗洛伊德搬到此处居住，那时该公寓还相对较新。1938 年之前，他一直在这里坐诊看病，直到一次从盖世太保（Gestapo）那儿回来之后，他决定移居伦敦。他被告知，如果他能签署一个文件，说明他由于在科学研究上的声望受到了该有的尊重和照顾，这样他就可以获得出境签证。事后，弗洛伊德说了一句颇有讽刺味道的话："我可以发自肺腑地向任何人表扬一下盖世太保。"（*Ich kann die Gestapo jedermann auf das Beste empfehlen.*）

我自楼梯爬上二楼，就如他以前的病人那样，这种感觉有点怪怪的。候诊室里摆放着原来的家具、一些书籍，还有弗洛伊德收藏的埃及和其他地方的文物。

然而，他的诊室展区却气氛全无，因为诊察台和其他物品都已在他最后伦敦的家，位于北伦敦（North London）的汉普斯特德（Hampstead）。

弗洛伊德关于精神分析理论的观点，主要来自与其同事约瑟夫·布罗伊尔（Josef Breuer）的研究讨论，两人共同出版过著作《歇斯底里研究》（*Studies in Hysteria*），其中提到一个病例，此病例对于他的理论形成尤为重要，该病例化名为安娜·欧（Anna O）。在 1880 年照顾其病入膏肓的父亲时，这位受过良好教育的犹太女士，突然右侧身体瘫痪，后来出现幻觉，经常晕倒，得了失语症，并患有耳聋。布罗伊尔几乎每天到其家中看望她，她家就在列支敦士登大街（Liechtensteinstraße）的拐角处。完后，布罗伊尔会向弗洛伊德报告情况。关于安娜的症状，没有发现生理上的原因，因此弗洛伊德认为，病情的原因必定是心理压力造成的。弗洛伊德鼓励她说出自己的心结，她这样做了之后，果然奏效，病情得到了好转。她告诉弗洛伊德，自己本是一个活泼、聪明的年轻女孩，别人对她抱有厚望，想让她成为一个受人尊敬的正统犹太教女孩，她对此感到压抑万分。

安娜自己把这个治疗过程幽默地描述为"清扫烟囱"，或是"谈话疗法"，直至今天，"谈话疗法"一词依然用来描述精神分析方法。后来，弗洛伊德称此次治疗是一项巨大的成功，但是安娜的完全康复却不是一蹴而就的。她的病情曾多次复发，有几次她都住进了疗养院，如位于康斯坦茨湖（Lake Constance）的贝尔维尤（Bellevue）疗养院。约瑟夫·罗斯（Joseph Roth）在其小说《拉德兹基·马尔奇》（*The Radetzky March*）中，以尖刻的口吻说道，这个疗养院里，都是一些被宠坏的富家疯子弟，在接受沉重繁琐、谨小慎微的治疗。

1953 年，欧内斯特·琼斯（Ernest Jones）出版了西格蒙德·弗洛伊德的传记。据此书透露，安娜·欧实际上是贝尔莎·帕本海姆（Bertha Pappenheim），这个爆料让贝尔莎的朋友和家人大发雷霆。他们之所以动怒，部分原因是出于贝尔莎后来的职业发展。她的职业发展非常成功，她是一位充满活力、能力很强、备受尊敬的女权主义者，其国际声誉让《纽约时报》都登过她的讣告。贝尔莎从自身苦难中挺过来后，29 岁的她，黑发已成白发。此后，她开始在赈济施粥处做志愿者工作，服务对象是来自东欧的移民。除此之外，她还在法兰克福一家专门收容犹太女孩的孤儿院做志愿者。

贝尔莎以笔名保罗·贝特霍尔德（Paul Berthold）出版过一本童话，名为《在旧货商店》（*In der Troedelbude*）。布罗伊尔曾经鼓励她创作一些故事，作为其治疗手段的一部分，这些故事就出现在了那本童话中。1898 年，贝尔莎发表了一篇文章，题为《论上层阶级年轻女性之教育》，她在此文中，抨击了造成她精神崩溃的那些对女性的限制。次年，她把玛丽·沃斯通克拉夫特（Mary Wollstonecraft）的《女权辩护》（*A Vindication of the Rights of Woman*）翻译成德文。

1904 年，贝尔莎组建了犹太妇女联盟（*Jüdischer Frauenbund*），它后来成为德国最大的犹太妇女组织，其成员约有五万人。她尤其关注的一点，是波兰东部贫穷地区犹太女子的非法买卖问题。由于受到可得完美婚姻或可当富家女佣的虚假承诺的诱惑，这些犹太女子遭到拐卖，被迫卖淫。1905 年，贝尔莎的母亲去世。此后，她开始前往加利西亚、希腊、君士坦丁堡、耶路撒冷和亚历山大里亚（Alexandria），去营救那些被迫卖淫的女子。1907 年，她在法兰克福附近开设了一个避难所。那些遭遇非法买卖的受害者可以与她们的孩子一起，住在避难所里。在那里，她们能得到悉心的照顾，接受良好的教育，以及学习一门手艺。至 1928 年，避难所共住 158 人。贝尔莎的努力引来正统拉比教师和犹太媒体的强烈敌意。这种敌意的产生，一个原因是他们害怕人们对此问题的关注，会助长反犹太主义的烈焰。另一原因是贝尔莎对正统犹太教观点直言不讳的批评。

贝尔莎母亲的娘家姓是高施密特（Goldschmidt）。贝尔莎在其兄弟威廉（Wilhelm）和远亲斯蒂芬·梅耶尔（Stefan Meyer）的帮助下，发现了家族与哈默尔恩的格鲁克尔（Glückel of Hameln）有亲属关系。格鲁克尔的意第绪语（Yiddish）回忆录，由贝尔莎翻译成现代德语。1910 年，贝尔莎私自把德语译本印刷了出来。她甚至像格鲁克尔一样，身穿 17 世纪的装束，让别人给她画像。贝尔莎·帕本海姆有三重身份：女权主义者、犹太人和德国人。她从没有觉得这三种身份有任何冲突。

1933 年纳粹掌权时，她没有很快认清时局的严峻程度，还强烈反对犹太复国主义移居巴勒斯坦的政策。直到 1935 年 9 月纽伦堡种族法的颁布，她才被迫改变了想法。贝尔莎没有见到最惨的情况，她于 1936 年 5 月死于胃癌，享年 77 岁。她的避难所里的许多妇女，后来在集中营遭到杀害。

一个多云的下午，天灰蒙蒙的，我临时起意，出去散了会儿步，在威严壮丽的霍夫堡以及城堡公园（Burgpark）转了转。不过，我出来逛的真正目的，是要到皇家墓穴（Kapuzinergruft），即哈布斯堡王朝皇帝下葬的地下墓室。我对这个地方的兴趣不是来自旅游手册，而是产自一部小说。此小说是约瑟夫·罗斯（Joseph Roth）创作的 *Die Kapuzigergruft*，它由迈克尔·霍夫曼译成英语 *The Emperor's Tomb*（《皇帝的墓葬》）。罗斯是一个年轻记者，Red 这个词与他的姓 Roth，都以 R 开头，因此他又自称为"Red Joseph"，意思是"激进的约瑟夫"，他在这里使用了一个俏皮话。罗斯曾经是君主政体的强烈批评者。然而，君主政体衰败之后，他却特别怀念那处于风雨飘摇中的帝国。他认为，如果说帝国不够宽容，但至少它够迁就，会给人民自由呼吸的空间，而不是像后来的民族主义者那样，强硬万分，咄咄逼人。他的小说唤起了人们对旧帝国的回忆，疆域辽阔的国土，形形色色的生活，都在小说中有所体现。其中，小说描述了维也纳奢华的宫廷礼仪和令人眼花缭乱的华尔兹舞，以及沼泽地农民的艰苦生活，这些沼泽地人迹罕至，青蛙泛滥成灾。他最长的一部小说《拉德兹基·马尔奇》（*The Radetzky March*）是为二元帝国体制抒写的华丽挽歌，小说通过描写冯·特罗塔（Von Trotta）家族三代的生活，追溯了此帝国体制的衰亡。罗斯生命末期，流亡巴黎，嗜酒无度。那时，他又写了一部简短而阴郁的小说续篇，叫作《皇帝的墓葬》。其中，特罗塔家族的一个年轻后裔，他的名字并不是那么吉利，叫作弗朗茨·斐迪南（Franz Ferdinand），战争结束后，他回到祖国，此时的祖国，往昔帝国风光已不存在，帝国已经沦为一个小小的内陆共和国。他深爱的维也纳的社会环境也是乱象横生。廉价出租屋，黑市交易，爵士乐俱乐部和流行的女同性恋现象，真是举目可见。

他与战后的世界格格不入，于是便到皇帝弗朗茨·约瑟夫（Franz Joseph）的坟墓中寻求安慰。弗朗茨·约瑟夫的统治开始于 1848 年的革命动乱，他在一战中期去世，终年 86 岁，至此，其统治宣告结束，他的帝国也最终毁于一战。

夜幕降临，商店的灯也都亮了起来，上班族走在回家的路上。这时，我到达了新市场广场，地下墓穴就在附近。地下墓穴不是位于宏伟的巴洛克建筑之下，而是建在了圣玛丽天使教堂（Church of St Mary of the Angels）的下面。教堂外观稳重，呈赤褐色，就位于这个长条形广场的一角。我肯定从教堂旁边经过数次，但都没有注意到它。我来的正是时候，教堂地下墓穴很快就会停止参观了。我走过一个小门，来到教堂一侧，顺楼梯而下，阴湿的空气让我的舌头尝到了一种金属的味道。我是最后一位访客，墓穴里只有我一人，走在华丽的铜棺之间，我的脚步咚咚作响。自 1633 年，哈布斯堡王朝的统治者，或者是一部分统治者，就埋葬于此。1878 年之前，他们的尸体在防腐处理过程中被解剖，心脏放置于奥古斯丁教堂（Augustinerkirche）的银瓮中，内脏放置于圣斯德望主教座堂（St Stephen's Cathedral）下面公爵墓地（Ducal Crypt）的铜瓮中，尸体其余部分，就下葬在这里。

一代又一代的国君不断在扩建这个墓穴，他们在此弹丸之地，持续层层下挖。18 世纪时，玛丽亚·特蕾莎（Maria Theresia）在修道院花园之下，修建了一个墓室，墓室上方有个圆顶，光线可从这里照到她与丈夫法兰兹·斯蒂芬（Franz Stefan）的洛可可式华丽的灵柩台。墓穴的气氛令人毛骨悚然。沉重的黑色棺材上面，可见有漩涡花纹、纹章、天使、耶稣受难像和王权标志。在卡尔六世（Karl VI）的巴洛克式骨灰盒上，一个骷髅头歪戴着神圣罗马帝国的王冠，在咧嘴而笑。

这里也可以见到可怜的马西米连诺（Maximilian），他是一个可有可无的大公（Archduke），1864 年，他被拿破仑三世（Napoleon III）的军队任命为墨西哥皇帝，结果三年之后，遭到贝尼托·胡亚雷斯（Benito Juarez）行刑队的处决。弗朗茨·约瑟夫的墓穴独占一室，呈分离派风格（Secession-style），其一侧是他的妻子西西（Sissi），另一侧是他的儿子和继承人鲁道夫（Rudolph）。西西是被一名意大利无政府主义者所刺身亡；鲁道夫因父母反对其与恋人结婚，在他的狩猎小屋中拿枪殉情自杀。墙上有一个匾牌，纪念的是弗朗茨·斐迪南（Franz Ferdinand）夫妇，称他们是"一战中最先牺牲的人"。夫妻俩埋葬于他们的乡间庄园。

哈布斯堡王朝最后一位皇帝卡尔（Karl）没有埋葬在这里，而是埋葬于马德拉（Madeira）。1921 年，卡尔想夺回匈牙利王位，因此英国把他流放到了马德拉。茨威格（Zweig）在他的《昨日的世界》（*The World of Yesterday*）中，回忆到 1918 年 11 月卡尔早先离开奥地利的情景，他说卡尔神情悲伤落寞，孤孤单单立于站台之上。卡尔的妻子齐塔·冯·波旁-帕尔马（Zita von Bourbon-Palma），先后流亡比利时和美国，后来住在瑞士的一个女修道院里。因为哈布斯堡王室成员从来没有宣布放弃王位，奥地利政府几十年来一直禁止王室成员入境。1982年，奥地利政府有所松动，齐塔得以在离开奥地利60多年后，首次重返祖国。齐塔于1989年去世，享年95岁。她被下葬于皇家墓穴（Kapuzinergruft），虽然哈布斯堡王朝早已不在，但是下葬仪式乃是按照皇家排场进行，约瑟夫·罗斯若地下有知，也必然心生安慰。伴着莫扎特的《安魂曲》（Requiem），在圣斯德望主教座堂进行完葬礼后，齐塔的灵柩，其上覆有帝国国旗，被运往地下墓穴。遵循古老的仪式，牧师应当敲三下门。通过门上小孔，一位嘉布遣会僧侣（Capuchin monk）会问门外的是谁。

"齐塔，奥地利皇后和匈牙利女王"，牧师回答。

僧侣回应："我不认识她。"

牧师再次敲门，僧侣又问道："是谁啊？"

牧师答道："齐塔，伦巴底（Lombardy）女王，施蒂里亚女公爵（Duchess of Styria），耶路撒冷女王（Queen of Jerusalem）。"

僧侣又回应道："我不认识她。"

牧师第三次敲门，僧侣询问："是谁啊？"

这一次，牧师轻轻地说："我们的姐妹齐塔，一个有罪的凡人。"

听罢，僧侣让葬礼队伍进入，齐塔终于在她的先辈旁边，得到安息。

［第三部分］
欧洲堡垒
——从卡农图姆到威尼斯

转眼之间，街道和广场已经空空荡荡，人人都在回家的路上，个个面带沉思。这是为什么？

因为天都黑了，野蛮人却还没有来。从边境回来的人说，再也不会有野蛮人了。

那么，现在没有了野蛮人，我们该怎么办呢？那些野蛮人可是一种解决方案啊。

C. P. 卡瓦菲斯《等待野蛮人》

第十一章
边境

自乌拉山脉（Urals）延伸至此的平原上，冷风狂舞肆虐，把白杨从里到外给翻了过来，看似一把把破伞。我的周围铺展着大片的原野，其上遍布球茎甘蓝、白桦林、风力涡轮机和立于柱子上的猎人小屋。前方不远处，一座残缺不全的石拱，蹲在铅色的天空下。石拱旁边有个残存的砖石巨块，其面目全非的砂浆上，露出罗马时期的瓦片。此石拱原本有四面，建于 354 年至 361 年，大概是为君士坦提乌斯二世（Constantius II）修建的凯旋门。虽然此门两个倒塌石柱的基座已经部分重建，但是原本四面的巨大拱门，只有西侧保存了下来。古老的涂鸦让拱门面容沧桑、疤痕累累。这里出土的瓦片上，见有第十军团和第十四军团的印章。

两个露天圆形剧场、街道、房屋、一处浴场建筑和上面所提的凯旋门，这些就是卡农图姆（Carnuntum）散落的废墟遗迹。凯旋门的名字叫作 Heidentor，即希森斯门（Heathens' Tower）。卡农图姆废墟处于佩特罗内尔（Petronell）和巴特多伊奇 - 阿尔滕堡（Bad Deutsch-Altenburg）之间的多个村庄中，范围总共绵延 5 公里，靠近多瑙河的南岸，比维也纳更靠近布拉迪斯拉发（Bratislava）。站在希森斯门之下，我回想所行的 2000 多公里路以及走过的地方，心生感慨。那些面容白皙、颧骨宽阔的人们从波罗的海沿岸出发，行囊中带着琥珀，一路到达弗罗茨瓦夫，再由此继续前进，经过漫漫长路，他们背着行囊穿过希森斯门，终至一个庞大帝国，其疆域自哈德良长城（Hadrian's Wall）直到利比亚沙漠（Libyan desert）。

在这片多风的平原上，琥珀之路变成了一条实实在在的罗马古道，古道在有些地方是可以呈现于眼前的。这条道路穿过匈牙利与斯洛文尼亚，最终到达亚得里亚海（Adriatic）北端的阿奎莱亚（Aquileia）。《波伊廷格地图》（*Peutinger Table*）与《安敦宁旅行指南》（*Antonine Itinerary*）对此路和其站点进行了清楚的标注，前者是一张罗马晚期地图的副本，后者是一张路线图，其上标有地名以及它们之间的距离，此图可能绘于 2 世纪。

马可·奥勒留（Marcus Aurelius）就是在这个军事重镇完成了其著作《沉思录》（*Meditations*）的部分内容，那时已近 2 世纪末，他的帝国已经开始日落西山。这位性格偏静的皇帝居于此地数年，与夸迪人（Quadi）和马科曼尼人（Marcomanni）苦战，以保卫罗马帝国的北疆。战争的残暴可见于《沉思录》中那坚忍的内省："你可曾见过残手，或者断脚，或者割下的头颅，散落于各处，与身体天各一方的场景？"

维莱伊乌斯·帕特尔库鲁斯（Velleius Paterculus）的著作《罗马史》（*History*）中描述了后来皇帝提比略（Tiberius）与马科曼尼人战斗的内容，其中提到了卡农图姆，这是历史中对卡农图姆的首次书面提及。就像在维也纳一样，这里有军事营地，也有居民定居点。罗马帝国疆域扩张至多瑙河畔时，一个凯尔特人部落称为波伊人，最初定居在这一带。驻扎在此的士兵必须由周围的居民来养活，因此这里引入了大批居民，可能是来自潘诺尼亚（Pannonia）和诺里库姆（Noricum）。4 世纪中叶，该城遭到致命损毁，原因或是发生地震，或是有人入侵。375 年，历史学家阿米阿努斯·马尔切利努斯（Ammianus Marcellinus）发现卡农图姆已被遗弃，变成废墟（*desertum nunc et squalens*）。吉本曾说："阿米阿努斯真实可靠，他记录自己时代的历史，不带有任何的偏见与情感，因为这些偏见和情感，会误导同时代的人。"

在巴特多伊奇-阿尔滕堡，我来到卡农图姆博物馆（Carnuntum Museum）。该馆建筑是一座罗马别墅，呈新艺术风格（Jugendstil），处于一个公园的前面。公园两边长着成熟的马栗树，园内草坪刚刚修剪过，空气中弥漫着青草的味道。博物馆入口处，一边一个柱子，柱顶分别有奥古斯都和马可·奥勒留的半身塑像。两柱之间竖有皇帝弗朗茨·约瑟夫一世（Franz Joseph）的铜像，该馆于 1904 年由他开放。入口这样的布置清楚地暗示了此奥地利皇帝就是罗马皇帝的继承人。馆内陈列着大量此地出土的文物，包括一些男神女神塑像，如朱诺（Juno）、朱庇特（Jupiter）、弥涅耳瓦（Minerva）和尼普顿（Neptune）的小铜像；银铜搭扣、油灯，以及许多罗马硬币，年代自 1 世纪到罗马帝国末期。卡农图姆的人口，籍贯众多，藏于博物馆的居民墓碑中，有个墓碑主人是银行家马可·穆尔维乌斯（Marcus Mulvius）；另一个墓碑的主人是普布利乌斯·埃米利乌斯·维莱昆杜斯（Publius Aemilius Verecundus），他在 75 岁时去世，其儿子的墓碑也在馆里陈列着，碑上的名字是普布利乌斯（Publius）。这三人的老家，全在朱迪亚（Judaea），下葬时间在 71 年至 135 年之间。

第二天，在巴特多伊奇 - 阿尔滕堡的一颗榛树下，我登上了一辆巴士，里面拥挤不堪，尽是上学的学生和赶集的老太太。巴士行驶缓慢，途经约瑟夫·海顿（Joseph Haydn）的出生地罗劳（Rohrau）小镇，最终到达莱塔河畔的布鲁克（Bruck an der Leitha）。我从这里的主广场下车，此时，巴洛克式大教堂的塔楼响起了正午的钟声。我过河到了布鲁克诺伊多夫（Bruckneudorf），在维也纳到布达佩斯的高速公路旁的田野中，有一处罗马庄园是考古发掘的现场。墙面已经重建至齐腰的高度，现代彩色铺面标识了原来镶嵌图案的出土位置，这些镶嵌图案现今藏于艾森施塔特（Eisenstadt）的州立博物馆（State Museum）。此发掘现场中，一部分火炕也被重建了起来。

庄园经历了多个修建阶段。该庄园起初是木造结构，于 1 世纪下半叶建成，到了 2 世纪初，编条灰泥结构代替了原来的木造结构。

后来，石砌建筑取代了之前的结构，并且大约于 170 年至 180 年扩建成为了一处庄园，可能是为一位波伊贵族 M. 科齐乌斯·卡乌匹亚努斯（M. Cocceius Caupianus）所修建。他的墓碑就发现于此，在 4 世纪时的一次庄园重建中，其墓碑被用来覆盖供暖管道。同时，这次重建中，庄园的房间地面也被镶嵌上了图案，此地大概是作为行省总督的住处。375 年，在一次战役中，皇室可能甚至下榻过此庄园。5 世纪时，庄园至少部分毁于大火。

田地里的麦子还未成熟，麦子中间夹杂着罂粟花和矢车菊，雨燕在上方来回翻飞。巴士在费劲地爬坡而上，山坡上树木丛生，这里是该地区唯一的大高地——莱特哈山（Leithagebirge）。我可以看到，西边远处就是披着白雪的施内山（Schneeberg），它是阿尔卑斯山奥地利境内最东部的山脉。我乘坐巴士正在驶过的这些山丘，就是布尔根兰州（Burgenland）的大门，该州位于奥地利的最东端，也是最年轻的一个州。一战后，奥匈帝国崩塌，在此之前，这个以讲德语为主的地区属于匈牙利王国（the Kingdom of Hungary）。1921 年，据《圣日耳曼条约》（the Treaty of Saint-Germain-en-Laye）规定，该地区归属了奥地利。直至今日，原来的德属西匈牙利（Deutsch West Ungarn）地区的地名，既有德语名字，又有匈牙利语名字。

巴士行到山顶时，眼前赫然出现一片银湖，湖水一直往南延展。这就是神秘的新锡德尔湖（Neusiedler See），它南北长约 36 公里，东西宽约 12 公里，跨于奥匈两国边境之上，此湖在匈牙利被称为费尔特湖（Lake Ferto）。该湖泊是中欧地区最大的草原湖，此处实际是一个内陆盆地，没有像河流那样的流入或流出，湖水来于天上雨水，流失于自然蒸发。19 世纪中叶，湖水干涸了几年时间。如今，新锡德尔湖让世界各地的观鸟爱好者蜂拥而至，这里是欧洲最大的鹭鸶栖居地，鹭鸶又称为大白鹭，属于濒危物种。

沿着湖泊西侧，顺罗马古道而行，我来到了美丽小村普巴赫（Purbach），该村的匈牙利语名字为 Fekete Varos。

我定了房间的客栈（Herberge）位于一条窄街的路头，街道两边全是古代建筑，其中一房的高高烟囱上蹲着一个鹳巢。墙上的一个匾牌提示，琥珀之路就从此处经过。该村发展旅游业似是不温不火，顺其自然，它主要还是致力于造酒、农业和湖上捕鱼。村子周围有几处塔楼。西有鲁斯特托尔塔（the Ruster Tor）；北有土耳其塔（the Turks' Tower）；东有布鲁克托尔塔（the Bruckertor）。这些城门是于1630 年至 1634 年期间为抵御土耳其人而修建的。村里有一个专注于本地历史的小博物馆，其主要展品包括一个铜器时代的古墓，出土于 1930 年，该墓证明了此处曾经是罗马人的定居点，馆里另有关于琥珀之路的专项展览。在靠近陆地这一侧，有一条长长的、宽阔的街道，道路中间有一小溪淙淙流过，小溪两旁长有树木。此街道名叫凯勒普拉茨（Kellerplatz）街，街道两侧是带有拱门的古老酒窖，拱门上面是石砌的三角墙。这些酒窖大约建于 1850 年，现在很多都成了饭店和酒吧。晚上，繁星满天，小溪从街道下面流过，汩汩的水声传入耳中，伴着水声，还有那湖中的蛙鸣。

次日上午，我乘坐巴士沿湖往南行进，途经多个小镇和村庄。许多地方已经竖起了五朔节花柱，花柱由高高的白桦或是冷杉做成，先把树干剥光，只留下最上面的树枝，然后以彩带装饰整树。路边到处可见党派的竞选海报，这些党派在参加州议会的选举，有奥地利社会民主党（the SPO）、绿党（Greens）和红黑联盟党（the Rot-Schwarz Allianz），后者要求为布尔根兰州居民增加就业机会，同时还要求加强边境控制。一连几公里，视野中都会看到多内尔斯基兴教堂（church of Donnerskirchen），教堂呈黄色，是巴洛克式建筑。教堂壮实的塔楼，高耸于莱特哈山之上，塔楼上部是锈红色的穹顶。人们另称此教堂为山丘教堂（Bergkirche），自教堂望去，这个集镇顺着山坡往下延伸，直到湖边。此地几乎见不着人，只有一位老太坐在一个拖车里，由她丈夫的拖拉机拖着前行。

巴士行至山顶，开始沿着弯弯曲曲的山路下行，最终到达该州首府艾森施塔特，匈牙利语称其为 Kismarton。我在大教堂广场（Domplatz）下了车，广场就位于大教堂的白墙之下。

镇中心的主要建筑是埃施特哈齐（Esterházy）家族的黄颜色宫殿，该家族曾聘用海顿为其宫廷作曲家。我沿着小山而上，到了布尔根兰州立博物馆（Burgenland State Museum）。此馆有精彩的展品，包括墓碑、镶嵌图案和家庭用具，这些文物证明了此边疆地区罗马化的生活方式。众多大块的铁矿石解释了此地名字的来历：艾森施塔特的意思是"铁城"（Iron Town），此地的采矿自 2 世纪就已开始。1990 年在布鲁克诺伊多夫出土了一个浮雕，其上刻有一辆马车，这种马车曾经穿行于罗马古道，途经这个地区，在波伊廷格地图复制版和琥珀之路地图上都特别标注了此地。路边坟墓出土的文物包括一些金银戒指、耳环和一个由玻璃珠和琥珀珠串起的手镯。一条精美的鲶鱼由褐色的浊珀雕刻而成，长约 12 厘米，出土于吉尔姆（Girm）的一位身份显赫之人的坟墓，吉尔姆居于该馆以南 25 公里。

从博物馆里的墓碑可以看出，罗马时期该地区有着多元化的人口：馆里可以见到来自帝国各地后备士兵和老兵的纪念碑。有一处是毕图瑞索（Bituriso），他是科迪赛（Cotisai）的儿子，属于当地凯尔特人。而其他包括福尔尼亚（Folnia）、尤利安乌斯（Iulianus）和普图拉（Putulla）属于外地人。一个小巧精致的金叶片，上面刻有希伯来语经文，是 3 世纪时的物件。它于 2008 年在哈布图恩（Halbturn）的一个儿童墓葬出土，这个金叶片是奥地利有犹太人定居的最早证据。

镇中此区域原先是犹太人居住区，博物馆旁边有一石柱，其上见有一条重重的锁链，应当是用来晚上封锁居住区的。隔壁是一户私宅，宅中有石铺的院子，院子中间有棵无花果树。此处便是犹太教堂，17 世纪末期由萨姆森·魏特海默（Samson Wertheimer）修建，他是埃施特哈齐家族宫中的犹太裔银行家（*Hoffaktor*）。该教堂是奥地利从纳粹时期保存下来为数不多的犹太教堂之一。1938 年 10 月，犹太人离开艾森施塔特，但是 1945 年至 1955 年期间，犹太教堂被苏联红军中的犹太士兵重新使用，那时该镇属于奥地利的俄国占领区。

我顺着房子的二楼阳台走到了犹太教堂，其墙面粉刷着 19 世纪早期东方哥特式（Gothic-Oriental）的装饰。一个旋梯通向教堂二楼的展厅。在魏特海默的画像旁边，展有一些宗教仪式用具，它们是从奥地利已毁的犹太教堂收集而来。其中包括一件 17 世纪晚期带有银刺绣花边的妥拉帷幔、经文匣、公羊角制成的羊角号。展品中有一对银质顶端饰品，它们是用来装饰妥拉卷轴滚筒的，从马特斯堡（Mattersburg）的犹太教堂收集而来。顶端装饰着镀金的哈布斯堡鹰。有一张照片拍摄的是 1946 年兰茨贝格（Landsberg）普珥节（Purim）的情景，让人感觉有点恐怖。照片中，有人在模仿希特勒和集中营里的关押人员。走廊里有一份框起的《冲锋报》（Der Stürmer），年份是 1938 年，报上有个标题，让人倒吸一口冷气，写着"犹太人不受欢迎"（Juden unerwünscht）。

我走进一个空空的房间，墙面是黑色的，窗子也都遮掩了起来。墙上挂着一条横幅，横幅两边是纳粹标识，标识之间，还是写着"犹太人不受欢迎"。另一端墙上，挂着以色列艺术家奥兹·阿尔莫格（Oz Almog）的画作，它由九块画板组成，每块上面都画有一支玫瑰。每幅画作的上方，用希伯来语写有一个集中营的名字：奥斯维辛、特雷布林卡（Treblinka）、布痕瓦尔德（Buchenwald）……在底排中间位置、粉红玫瑰的上方，写着特莱西恩施塔特（Theresienstadt），我有两位曾祖父母就是在这里惨遭杀害的。

自艾森施塔特，我乘坐另一辆巴士前往鲁斯特（Rust），它是新锡德尔湖畔最具魅力的小镇。道路两边是平坦的田野和葡萄园，葡萄园的两侧长着许多杨树。在圣马尔加勒滕村（St Margarethen）与鲁斯特之间，有一处罗马采石场（Römersteinbruch），1 世纪时，罗马人于此采石，石场直接切进了小山。修建卡农图姆军事重镇所用的砂岩就是开采于此地。山坡的一半已被凿平，形成了一个圆形剧场。1926 年，当地人在这里首次进行了耶稣受难表演（Passion Play），每年夏天，这里也会上演歌剧。

采石场上方是一片沙地荒野，它是一个自然保护区。我往山顶去时，一只褐色小动物从路面窜过，钻进了地面的一个洞里。我从来没有见过这样的动物，不知道它是什么——说它是老鼠吧，它却太长；说它是短尾鼬吧，它却太胖；说它是兔子吧，它的耳朵却又太小。我突然灵光一现，想起见过一个告示，上面写着该保护区乃是欧洲地松鼠（European ground squirrel）的重要栖息地。德语称这种松鼠为 ziesel，捷克语称之为 suslik。它们仅在欧洲中南部可以见到，其主要天敌，除了家猫家狗外，还有红隼和鹞鹰。保护区内也栖息着许多蝙蝠，该保护区也是欧洲最大的寒鸦栖息地。站在山顶，风景壮观美丽，山下是鲁斯特，越过新锡德尔湖，便是匈牙利，回头往西看去，目光扫过莱特哈山，就可看到阿尔卑斯山。正当我要下山时，一只鹞鹰盘旋在上空。

鲁斯特的中心位置是镇政厅广场（Rathaus Platz），它呈一个长三角形模样，地面是用石头铺成。广场建于山坡之上，顺山坡而下，就可以到达湖边。广场的上端矗立着年月古老的渔民教堂（Fishers' Church），其颜色为黑色，呈哥特式风格，好像中世纪的木版画。这个教堂的后面可以看到福音派教堂（Evangelical church）新巴洛克式的粉色塔楼。广场两侧是巴洛克式的建筑，其中本身就有角落里的镇政厅，它高高的烟囱上有几个鹳巢。一只成年大鹳栖于巢中，入神地盯着路边摊点，这里卖的是鳗鱼、鲤鱼和鲶鱼都是从湖中捕来的。广场的远端有一条哥特式拱道，一直延伸到湖边。湖边有一个长长的木栈桥，穿过芦苇丛，直达水面之上。浅滩上面，鹳、苍鹭和白鹭在捉鱼；巨大的蜻蜓在空中飞来飞去，犹如史前时期的猛禽。

一条国道从圣马尔加勒滕往南延伸而去，道路两旁是已去顶的酸橙树墩。此路高低不平，打了好多"补丁"，来去两个方向各有一个车道。我往前走了两公里，爬上了一个小坡，这里就是奥匈两国的边境。

此地曾经可是"铁幕"之所在，如今这里没有围栏、没有检查站，也没有一个卫兵。奥地利和匈牙利现在都是申根区成员国。路的一侧有个醒目的地标，它是一个石砌的门道，铁门锈迹斑斑，四敞大开。在匈牙利这侧的一处公园里，有一个白石大雕塑，刻画的是众人从一个破烂的门楼夺门而出。这两处纪念碑，纪念的是近年来欧洲历史上的大事件。

1989 年，受到戈尔巴乔夫改革的鼓励，匈牙利政府与奥地利当局达成一致，双方同意在 8 月 19 日于此开放边境三小时，以让双方代表团在"泛欧野餐"（Pan European Picnic）上互致问候。然而，当天有 600 名在匈牙利度假的东德人到达此地，越过边境，进入了奥地利。次日，匈牙利政府怕受莫斯科方面的强烈批评，重新加强了边境控制。8 月 21 日至 22 日夜间，一名 36 岁的魏玛（Weimar）建筑师库尔特 - 维尔纳·舒尔茨（Kurt-Werner Schulz）试图越过边境而遭到卫兵的枪杀。"我感到非常惭愧。"匈牙利总理米克洛什·内梅特（Miklós Németh）后来说。9 月 11 日，边境再次开放，随后的几周时间里，约有 3 万名东德人越过边境，前往西欧国家。

尽管人口大量流失，但是强硬的埃里希·霍内克（Erich Honecker）政权却死死抓住权力不放，这也让已实行开放政策（glasnost）的苏联政府更加尴尬。1989年9月，我的叔叔和婶婶来到英国给我父亲过70岁生日，他们住在东德的伊尔默瑙镇（Ilmenau）。东德不会对退休老年人实行旅行限制，因为老人的叛逃可以为东德节省养老金的支出。当时，我们在伦敦的家里，围坐在厨房餐桌旁，讨论迅速涌现出的局势。"霍内克死掉前，我觉得不会有什么改变。"我的叔叔说道。10月17日，霍内克的总书记位置，由埃贡·克伦兹（Egon Krenz）接替。三周后，柏林墙被拆除。

1991年，统一后的德国当局以腐败和杀人罪要逮捕霍内克。同年，霍内克逃往智利（Chile）。1994年，他在智利死于癌症。

说起这段历史，有个后话颇具讽刺，令人感到悲伤。我越过此处无人守卫的边境之后，过了有几周的时间，奥地利就调动了2200名士兵来边境巡逻。数月以来，逃离叙利亚内战的男人、女人和孩子自土耳其出发，坐着摇摇欲沉的小船，跨过爱琴海到达希腊，途中有好多难民溺死于大海。他们再从希腊上路，穿过塞尔维亚，到达匈牙利。自匈牙利，他们进入奥地利，终至他们的最后目的地德国。7月，匈牙利开始在它与塞尔维亚的边境地区竖起铁丝网。自从2010年以来，匈牙利的当权派是维克多·奥班（Viktor Orbán）的保守派青民盟政党（Fidesz）。

尽管采取了这些措施，危机却在不断加剧。8月，布尔根兰州警方在新锡德尔到帕恩多夫（Parndorf）的公路路肩处，发现一辆遗弃的卡车，里面竟然有71具叙利亚难民的遗体，令人无不震惊。四名人贩子随后被逮捕。9月1日，匈牙利警方封锁了布达佩斯的火车总站，数百名难民被困站外广场。有一大批难民沿着公路，徒步前往维也纳。然而，只有德国总理安格拉·默克尔（Angela Merkel）还坚持德国不会限制难民入境的人数这一主张。"我们可以应对"，她一直这么说。但是，布鲁塞尔的欧盟部长级会议在成员国如何重新分配难民数量的问题上并没有达成一致意见。此后，德国就"临时"中止了它在申根公约中的义务，开始在德奥边境地区实行紧急管控。在德国实行这一措施的第二天，奥地利就关闭了它与匈牙利的边境。

我站在"泛欧野餐"的原址时，还没有任何迹象表明这里要实行边境管控。边境不远之处，红瓦屋顶、尖塔和穹顶映入我的眼帘，那是小镇肖普朗（Sopron），它在一座小山顶上。

该镇属于匈牙利领土，却似个半岛，伸进了布尔根兰州，几乎把布尔根兰州切成了两半。1921 年 8 月，根据《圣日耳曼条约》（the Treaty of Saint-Germain）规定，奥地利警方和海关官员试图接管德属西匈牙利地区时，遭遇了当地一支民兵队伍的顽强抵抗。这支队伍的名字叫作褴褛部队（Ragged Guards），它受到匈牙利军队的支持，在此地区建立了自己的政府，他们称该地区为莱塔贝纳特（Lajtabansag）。由于外交手段的介入，奥匈双方同意进行全民公决。大多讲德语的乡村民众几乎都选择加入奥地利；而首府肖普朗 [那时，肖普朗叫作奥登博格（Ödenburg）] 的大多数人口是马扎尔人，却选择加入匈牙利。

我到了这个"最忠诚的城市"后，在该城的最南边，找到了我预定的客栈。它就在一条车来车往的大道边上，这条大道正好圈起了该城的历史中心。历史中心周围有罗马城墙和堡垒，保存情况良好，令人印象深刻。19 世纪的镇政厅后面是一处考古现场，发掘的是罗马斯卡班迪亚（Roman Scarbantia）地区的地基，其中还包括一段铺设的琥珀之路。肖普朗在罗马时期叫作斯卡班迪亚。主广场的南边耸立着高高的哥特式圣母玛丽教堂（Gothic Church of the Blessed Virgin）。沿着新街（Újutca）前行，我遇到了中世纪的犹太教堂。该教堂外表朴素大方，有着陡峭的哥特式屋顶，大约建于 1300 年。肖普朗最早的犹太人记录是在 13 世纪。1526 年，该城居民在政府的纵容下，把犹太人赶出城外，劫掠他们的财产，毁坏了犹太教堂。1967 年，犹太教堂才得以重修。18 世纪时，肖普朗重新接纳犹太人。19 世纪期间，在肖普朗的郊区，修建了正统犹太教堂和犹太教改革派教堂。教堂一侧，有个匾牌，纪念的是 1640 名肖普朗犹太人，他们在二战期间被匈牙利的法西斯分子所杀害。

镇博物馆位于法布里修斯商行（Fabricius House），该商房非常漂亮，它是在 14 世纪时，于一处罗马建筑地基上修建而成。商房有着哥特式的窗花格和围绕庭院的拱形楼梯。

馆中的展览聚焦于琥珀之路和该城的历史。年代最早的文物来自青铜时代的瓮棺墓地文化，其中包括几个大瓮是用来存放死者骨灰的。140 个这样的大瓮出土于该城西北区域的杰瑞温住宅区（Jerevan housing estate）。展品中还有矛头、斧头、颈圈和其他饰品。另有一个物件看似皇冠的模样，于 1913 年在哈斯法尔瓦（Hasfalva）出土。哈斯法尔瓦是现今奥地利的哈申多夫（Haschendorf），位于肖普朗以南 10 公里。该物件成于青铜时代晚期或者铁器时代早期（公元前 1000 年至公元前 800 年），宽约两英尺，其上有多个圆孔，底端有十个轮子。它被认为是一个敬神的器具，与太阳崇拜有关。瑞典南部的巴尔卡克拉（Balkåkra）也出土了一个几乎一样的物件，人们认为这个物件是在贸易中用琥珀交换而来。两个器具都是由含锡的合金制成，阿尔卑斯山脚下就有这种锡。因此，它们可能都是在肖普朗地区制作而成。

公元前 500 年左右，一个好战的凯尔特人部落把肖普朗的居民驱逐或是征服，开始统治此地。此部落一般被认为属于拉坦诺文化（La Tène culture）。他们在这儿的统治，结束于罗马人的到来。提比略统治时期开始修建此城，老普林尼（Pliny the Elder）称此城为奥皮杜姆·斯卡班迪亚·尤利亚（Oppidum Scarbantia Iulia）。它位于卡农图姆和萨瓦里亚（Savaria）的中间地带，一条东西向的道路在这里与琥珀之路相交。该城似乎起初是第十五军团的定居点，此军团的总部就在卡农图姆。89 年左右，此城获得了自治镇的地位。肖普朗周边的乡村地区出土了几个大庄园的遗迹。

博物馆的拱形地下室里陈列着许多罗马雕塑。三个 2 世纪初期的大雕像分别是朱庇特、弥涅耳瓦和朱诺，三者合称为"卡比托利欧山三神组"（Capitoline Triad）。另有大量墓碑陈列于此，包括科特尼乌斯·坎普安纳斯（Cotonius Campanus）的墓碑，他是一位竞技场的角斗比赛主管。地下室中，还展有一个米特拉（Mithras）的神龛，它出土于费尔特拉科什（Fertőrákos）。

自地下室往上爬两层就到了楼上的展厅，这里展览的主题是"琥珀之路三千年"（Three Thousand Years on the Amber Road）。展品柜里放满了精美的琥珀雕刻，它们都是出土于斯卡班迪亚出城道路的沿线一带，发掘时间分别是 1895 年、1956 年和 1989 年。在这些琥珀雕刻中，有一只背着小天鹅的大天鹅、一张长着胡子的男子面庞，还有几个戒指、珠子和其他饰品。这些雕刻的工艺和风格表明它们是在阿奎莱亚制造。由此也可以看出，琥珀贸易是朝两个方向进行的，琥珀原材自北往南，琥珀成品由南向北。

晚上，客栈的窗外，闪电在远处一闪一闪，把夜空时不时照亮，教堂尖顶的黑影也时不时显现。附近的一座小山上有一个高高的、无帆的风车磨坊，模样像个上下颠倒的羽毛球。该磨坊建于 1841 年，其周围是粮仓和库房，现在都已改建为公寓。苏联时期，磨坊的顶端有一颗闪亮的红星，自奥地利边境那边，就可以看到。

罗马时期的古道无视 20 世纪的地缘政治，径直穿过肖普朗凸角，回到奥地利境内，又经过布尔根兰州南部酒庄，再次回到了匈牙利。次日上午，我来到科普哈佐（Kophaza）边境，这里位于肖普朗以南，两地相距不到 10 公里。匈牙利这边的检查站已经改建成了一个服务站。奥地利这边的检查站建在一个金属台架上，横跨着道路，台架上写着 ZOLLAMT DEUTSCHKREUTZ，意思是"德意志克罗伊茨海关办公室"。几分钟后，我到达了德意志克罗伊茨（Deutschkreutz），这是一个安静的集镇，我于此稍作停留，在杉树（Spar）超市买了点吃的。

该镇临近边境，这 20 多年来，奥匈两国人民都可以自由出入边境。这个镇里的标牌都是双语标注。就在一个世纪之前，此镇还属于匈牙利。尽管如此，此镇却透着十足的奥地利味道，这让我吃惊不已。当地人一般是不会越境前往邻国的，除非受迫于经济需要或是政治暴乱。1921 年全民公决后，肖普朗依然有不少德意志人，占到了当地总人口的 39%。1946 年，肖普朗的德意志人被强迫驱离。

1968 年，韦纳·赫佐格（Werner Herzog）在该镇拍摄了一部短片，叫作《德意志克罗伊茨城堡史无前例的防御》（*The Unprecedented Defence of the Fortress Deutschkreutz*）。此电影讽刺了战争的荒诞性，影片讲述了四个身穿古代战服的男人一心保卫城堡的故事。但是敌人却是他们假想出来的，实际上并不存在。城堡（Schloss）坐落在镇子东边一处多树的高地之上，建筑呈意大利文艺复兴风格，城堡中间是一个带有拱廊的院子。伊莉莎白·巴托里伯爵夫人（Countess Elizabeth Bathory）曾经住在城堡，此人臭名昭著。据说，她用少女的鲜血沐浴以保持年轻的容颜，人们称之为"吸血鬼"。无数低成本电影便取材于此。遭她所害的具体人数，并不确切清楚。但是，据信人数可达数百人，这也让她成为有记录以来杀人最多的连环女杀手。1610 年其罪行大白于天下，教唆她的仆人被处以死刑。然而，由于怕得罪她强大的家族势力，有人建议把这位"血腥伯爵夫人"送到一处修道院，但后来还是有人认为，这也不是最聪明的办法。结果，她被监禁于自己的另一座城堡中。在那儿，她再也没有她所谓的"回春疗法"护身，四年后，就一命呜呼了。

接下来，我来到了霍里琼（Horitschon）村。村里有一个路牌，上面写着"Römische Bernsteinstraße"，意思是"罗马琥珀之路骑行路线"。我沿着此路前行，周围是整齐的葡萄园，路边还有一些神龛，之后我登顶一座小山。于此，我可以看到南部层层的山峦。自此下山，就到了雷丁（Raiding）村，这里是弗朗茨·李斯特（Franz Liszt）的出生地。村里有一片长长的绿地，一条小溪从绿地中间流过，小溪两旁长着一些树木。绿地之上，蹲着一架硕大的贝森朵夫（Bosendorfer）大钢琴模型。"钢琴之于我，就如护卫舰之于水手、马匹之于阿拉伯人，或者更有过之而无不及，"李斯特1837年这样写道，"因为钢琴就是我的全部、我的语言、我的生命。"近处，在玫瑰藤架下有个红色的塑料方块，占地约1平方米。我按下它上面的按钮，便响起了音乐声，是李斯特的《爱之梦 No.3》（Liebestraum No.3）。

在村外一条小路上，我发现了一个瓷砖信息板，上面标有罗马古道的路线。罗马古道从此处开始，又继续经过几个村庄，每个村庄之间不过隔着几公里远。这几个村庄包括大瓦拉斯多夫（Großwarasdorf）、内伯斯多夫（Nebersdorf）和克罗地亚 - 格雷斯多夫（Kroatisch Geresdorf）。最后一个村名，是指克罗地亚人在此地的定居点。16世纪时，这些克罗地亚人被土耳其人赶出了家园，奥地利君主国在布尔根兰州地区给他们提供了庇护所。据估计，仍有5万名克罗地亚人后裔生活在这里，保留了他们的语言和文化。该村的克罗地亚语名字叫作杰里斯托夫（Geristof），村里的路牌也是双语的。

大穆茨兴（Großmutschen）村外，有一片树林，林中有橡树、白蜡树和槭树。林边，我又发现了一个信息牌，它就紧挨着路旁一处简单的神龛。信息牌旁边，放着一些罗马墓碑和里程碑的复制品。我曾在艾森施塔特的博物馆见过它们的真品。树林中有一条葱绿的小径，我沿着小径而行，之后它与另一条小路相交。此处有一个路牌，上面指出该路段是罗马琥珀之路保存最好的部分，自1931年以来，这里就是国家级的历史遗迹了。我又踏上这条小路，在林中穿行，路旁长着紫罗兰和熊葱。凉风习习，树叶哗哗作响，鸟儿在林中欢唱。其间，有画眉的婉转鸣叫，路一侧的某处，还传来了布谷鸟的叫声。罗马古道的路面在腐叶土层之下，是看不到的。但是，路的凸起部分，以及两边的沟渠，则清晰可见。我沿着此路，走了有半个钟头，直到它消失在油菜田中。我的思绪回到了八周前，那时我远在800公里之外的波罗的海沿岸，走在斯泰戈纳（Stegna）的林中小路上。我如今所在的这个温带树林，与以前所在的那个幽暗北欧松林实不相同，可是，我所踏上的两条林中小路，却是同一条路，这就是罗马古道。

过了肖普朗凸角，这里的乡村，山势更加明显。我在伯恩斯坦（Bernstein）镇的路口下车时，镇里已经变得静悄悄的，路上早就没有了行人。仅有几户人家，楼上还亮着灯光。伯恩斯坦是一个小小的集镇，位于伯恩斯坦山脉下面，海拔619米。匈牙利语称伯恩斯坦镇为 Borostyánkő。

依照路牌所指，我沿着一条长长的道路爬坡而行，路旁的栗树长得亭亭如盖。最终，我到达了城堡，即伯恩斯坦城堡（Burg Bernstein），它高高立于岩石之上，俯瞰着全镇。

一圈城墙呈不规则的椭圆形，有的部分是抹灰的，有的部分是裸露的岩石，辅以砖块补丁。城墙上立有一个方塔，塔的上端，是巴洛克式的红砖穹顶。天空是黑色的，只在东边的浓云之下透出一条淡绿色的光。我由柏油路到了一条有车辙的小路，转过了一个弯后，眼前出现了一个门楼。在一只随风摆动的灯笼下，有一个大理石的匾牌。其上告知，这里是匈牙利飞行员拉兹洛·阿马希（László Almásy）的家。他是迈克尔·翁达杰（Michael Ondaatje）的小说《英国病人》（*The English Patient*）中的主人公，另外，该小说也被拍成了同名电影。我进入院中，闻到了浓浓的炊烟味。城堡的岩石地基顶破了院中地面的石板，暴露在外边。

接待我的是亚历克斯·阿马希（Alex Almasy）和安德里娅·伯格-阿马希（Andrea Berger-Almásy），他们热情地接待了我。"我们正在等你呢，晚饭马上就准备好。"他们见我之后说道。亚历克斯个头很高，穿着黑西装和开领衬衣，非常的优雅。安德里娅的穿着更加随便一些，上身是件褐色的套头衫，下身穿着一条休闲裤。安德里娅领我穿过院子，又过一扇大木门，就进入了一个走廊。走廊两边，挂着军刀、狩猎奖杯和祖先画像。走廊里的照明，用的是摩尔风格的彩色玻璃灯笼。沿着走廊一直走，就到了我的房间。

拱形的房间里挂着一些女士和男士的画像，男士都留着络腮胡，他们都是哈布斯堡王朝时期的人物，其中就包括皇帝弗朗茨·约瑟夫（Franz Joseph）。房中一角，有一个玻璃橱柜，里面放着一些梅森瓷器（Meissen porcelain）。另一角落，有个大大的白瓷炉。厅里有个朴素结实的木桌，桌腿粗壮且有分叉。桌上放有一个花瓶，里面是茄属植物和雏菊。一张书桌靠墙而放，桌上摆放着一些书籍、一台老旧打字机和一盏台灯。房间窗户上，装有厚厚的百叶窗，没有窗帘。其中一扇有四级台阶，此窗实际已改成了一扇门。出了此门，就是一个奇特的观景楼。自楼上望去，近处小山树木繁茂，远处则群山环绕。

房间一侧有扇铁门，出了铁门，就进入了城垛。我走出城垛，到了城墙上，往下一看，100英尺之下全是密密麻麻的树梢。

书桌一侧的门通向房间的卧室。卧室很大，几乎是个正方形，里面有个瓷炉。炉子旁边，摆有一个小圣坛，其上有个耶稣受难铜像。床的上方挂着一幅矫饰主义风格的《基督下葬》（*Mannerist Deposition*），该画呈深暗色。其他墙面上挂着两位年轻妇女的画像，她们可能是一对姐妹，身穿 16 世纪末期的服装。卧室的床是个大双人床，床头板上有雕刻，床脚放着一张躺椅。两个床头柜上分别放有拉兹洛·阿马希的《沙漠中的游泳者》（*Schwimmer in der Wüste*）和吉迪恩的《新约》（*Gideon's New Testament*）。

我洗了个澡，然后回去吃饭，城堡走廊错综复杂，如迷宫一样，我几乎迷失其中。最后，我穿过了城堡的院子，见到了亚历克斯。他随后领我去了城堡大厅（Rittersaal），厅里全部用蜡烛照明，头顶上方是精美的巴洛克式天花板。除我之外，就只有两个就餐者了。他们是一对奥地利夫妻，年纪有些偏大，亚历克斯给他们讲解了城堡的历史。作为主人，亚历克斯性格随和、待人亲切、知识渊博。我们吃的当地美餐是用城堡的灶台做出来的，灶台烧的是木头。享受美餐之时，亚历克斯讲道，大厅的天花板是由亚当·巴迪亚尼（Adam Batthyany）公爵安装而成，他于 1644 年购得自己的贵族身份。天花板描画的情景，来自奥维德的《变形记》。天花板共有八块板组成，其中不少于三块都是画的法厄同。法厄同就是那位驾着马车的兜风者，他的姐妹的眼泪都变成了琥珀。该镇和此堡的名字都取自一条小路，这路是琥珀之路的一条岔道。中世纪时，琥珀之路从这个地区经过。

第二天上午，我围绕城堡转了一转，既逛了地面部分，又逛了城墙。立于城墙之上，极目远望，目光越过郁郁葱葱的小山，可以看到远处的匈牙利、克罗地亚和斯洛文尼亚。亚历克斯身穿一件老旧的绒面革夹克，显得更加的休闲，他领我逛了逛花园。随后，我就下山去镇里了。广场上，有两个饰品商店，里面饰品都是由蛇纹石制成，蛇纹石乃是当地开采的。

较大的商店还有自己的博物馆，下一段楼梯之后，地下部分有许多展廊。在考古展区，陈列的是从附近坟墓中出土的文物。这里面包括搭扣、棒形纽扣、饰品残片、4 世纪时的罗马铜币、陶器、一个石质小圣坛和一些六边形的陶土地砖。搭扣和其他许多罗马物件证明了琥珀贸易的存在。

前面的展廊两边是人造石，很明显是个实体模型。可是，当我穿过一个潮湿的木道时，气温骤降。同时，一股强烈矿物的味道钻进我的鼻孔。这才是真正的东西。墙面和屋顶都嵌进了活生生的石头之中，石头的裂缝处有泉水汩汩冒出。几辆锈迹斑斑的采矿车停在一小段路轨上面。自从 12 世纪以来，这里就已经开始采矿。起初，开采的是铁矿。1860 年，绿色蛇纹石于此被发现。原石几乎呈黑色，但是一旦经过打磨，就会发出绿色光泽。用它们来制作饰品，备受人们青睐。虽然此处矿址已经停用，但是沿外面的路往上走 1 公里，就会看到蛇纹石依然在开采。

赫尔·波奇（Herr Potsch）是这家商店的老板，他亲自制作蛇纹石的珠宝首饰。除此之外，他子承父业，也加工琥珀饰品。商店的楼上有各种各样的琥珀展品。这里有一幅木版画复制品，内容来自乔安·冯·库贝的有关植物的《健康花园》（*Johann von Cube's herbarium Horus Sanitatis*）一书。原书于 1491 年在美因茨（Mainz）出版。画中的内容是，琥珀树（Bernsteinbaum）哭泣流出的树脂滴进了江河或大海。展品中的某些琥珀，其内包含常见的东西，如苍蝇、蜘蛛和植物碎片。此处还有琥珀念珠制作过程的展览。一组很棒的古董收藏也在展品之中，其中有琥珀与海泡石的雪茄架和烟斗、珠子、耳环和凸圆形的饰针，所有古董都带有琥珀老物件那种淡淡的光泽。

回到城堡房间后，我仔细查看了书桌上的书籍，它们靠后整齐地排放着，有多个国家的作品。其中有几本当代小说，包括菲利普·罗斯（Philip Roth）的《退场的鬼魂》（*Exit Ghost*）的德语译本、奥罕·帕慕克（Orhan Pamuk）的《红》（*Red*）的译本和亚利山卓·巴利科（Alessandro Baricco）的《这个故事》（*Questa Storia*）。稍微老点的书有《伊甸园之东》（*Jenseits von Eden*），由约翰·史坦贝克（John Steinbeck）所著；迪伦马特（Durrenmatt）的《老太太来访》（*Besuch der alten Dame*）；玛丽亚·冯·特恩（Maria von Thurn）与塔克西斯（Taxis）写的关于里尔克（Rilke）的回忆录。这本回忆录里还夹着一张圣诞贺卡，卡上印有一个基督娃娃。卡的后面写着圣诞问候语，后注"维也纳，1955 年 12 月 19 日"。

那晚吃饭时，聊天话题是亚历克斯的爷爷，就是翁达杰的小说里那位主角。小说中的故事与现实中真正的故事其实并无多大相似之处。但是，对于这一点，亚历克斯却很看得开。"说出真理，有好多种方式，"他讲道，"它们殊途同归。"

第十二章
远古之神

次日早晨，亚历克斯开着他的老式大奔，把我送到了巴士车站。随后，我坐上了 7 点 57 分的巴士。行至克塞格（Koszeg），有三个边境守卫穿着高可见度夹克，盯着路上来往的车辆。这是我离开俄罗斯后，第一次见到边境守卫。现在，我又回到了匈牙利境内。过了边境大约 20 公里，我到达了松博特海伊（Szombathely）。它的面积要比肖普朗大，是匈牙利最古老的城市，建于皇帝克劳狄乌斯（Emperor Claudius）统治时期，时间大约为 50 年。起初，该城叫作科洛尼亚・克劳迪亚・萨瓦里安（Colonia Claudia Savariensum），简称为"萨瓦里亚"。它的马扎尔语（Magyar）的名字，指的是"周六相聚的地方"（Saturday Place），从中可以看出该城最初是一个集镇。

主广场（Fő tér）是个步行专区，呈三角形，两边是 19 世纪的建筑。在广场窄窄的南端，有两座野兽派风格的混凝土大楼，它们让人想起了苏联时期。广场一边的中间位置，有一个詹姆斯・乔伊斯（James Joyce）的塑像，如真人般大小，从一座房子的墙面里，恣意地迈到了人行道上。这让我着实吃了一惊。小说《尤利西斯》（Ulysses）里，松博特海伊 (Szombathely) 是鲁道夫・维拉格（Rudolf Virag）的出生地，鲁道夫是利奥波德・布鲁姆（Leopold Bloom）的父亲。自 1994 年以来，此城每年都会庆祝布鲁姆日（Bloomsday）。市政当局发现，上述的房子在 19 世纪时属于一个犹太家庭，他们的姓就是布鲁姆（Blum）。这个说法，在别人看来，就如小说中的人物都是虚构的。

我预定的酒店就在主广场的边上。办理入住手续后，趁萨瓦里亚博物馆（Savaria Museum）还没有关门，我便急匆匆地往那儿赶去。好玩的是，博物馆有个专展，主题碰巧是丝绸之路。专展期间，罗马展厅临时关闭了。

馆长个子不高，身体强壮，上身穿着德国联邦军 T 恤，性格有些固执，英语说得还可以。我向他说明我的游历路线是琥珀之路后，他冷峻的面容竟然露出了一丝和善。"既然如此，"他说道，"我就让你自己单独参观一下吧。"

他从桌后拿了钥匙，领我到了地下室，打开石雕馆的大门，同时，也把灯打开。接着，他告诉我可以用手机自由拍照。馆里有许多石雕令人印象深刻，包括雕塑、碑文、还愿圣坛和墓碑。墓碑之中，见有马库斯·奥勒留斯·罗曼努斯（Marcus Aurelius Romanus）的墓碑，他是第十军团的一位老兵。如在肖普朗一样，"卡比托利欧山三神组"（Capitoline Triad）雕刻中的三位诸神的巨大躯干雕像也陈列在此馆中。

我回到酒店后，天上似开了一道口子，下起了倾盆大雨，晚上我只能待在酒店里了。第二天早上，风大阴天，但雨却停了。我去了附近一家银行，在其大厅的有机玻璃地板下面发现了琥珀之路的一段，路面是用玄武岩的大石板铺成。出纳柜台之间立有一个重建的柱子，有着科林斯式（Corinthian）的柱顶。

自广场西北角，我沿着塞切尼街（Szechenyi Street）前行，就走到了一个双塔教堂。它建于 1791 年，那是在该城升级为主教管区地位之后。为了修建教堂，拆除了一个废弃城堡，以给教堂腾出位置。教堂后面的主教宫（Bishop's Palace）花园中，可以见到罗马萨瓦里亚的遗迹。萨瓦里亚是罗马行省上潘诺尼亚（Pannonia Superior）的首府，也是琥珀之路上的重要站点。同时，该城也是图尔的圣马丁（St Martin of Tours）的出生地，他出生于 315 年或 316 年，父亲是宫廷卫队中一位异教徒军官。长大后，他随父参了军。驻扎于高卢时，他在教堂受洗，为人谦逊，行为圣洁，名声大噪，最后成为了图尔的主教。

接待我的一位管理员自称彼得，一个 40 岁左右的帅哥，他也是一个爵士乐队的贝斯手。他解释说此处是城市的最高点，因此总是权力的中心之所在。这个中世纪的城堡，直接建在了罗马帝国末期皇宫的废墟之上。此处另有一段玄武岩石板铺设的道路，该路沿线附近有一个圣所和一处浴场的遗址。圣所是献给墨丘利（Mercury）的，建于维斯帕先（Vespasian）统治时期。浴场建于多米提安（Domitian）统治时期，从克塞格有条水渠一直延伸到此，给浴场提供水源。然而，令人印象最深的当属宫中大殿的遗址，其上方已建有一个现代顶棚。该皇家会见厅的地面，铺设有几何形状的镶嵌图案。

375 年，瓦伦提尼安（Valentinian）到访此地。为此，该罗马皇宫才被修建起来。其实，瓦伦提尼安的这次到访充满了不祥的预兆。阿米亚努斯（Ammianus）曾经记载，这位皇帝要与夸迪人谈判，途中在萨瓦里亚入住。其间，一只猫头鹰落在宫廷浴场的屋顶上，弓箭和飞石都击它不下。那晚，瓦伦提尼安做了一个梦，梦里见到妻子身穿丧服，头发凌乱不堪。他在布里吉迪奥（Brigetio）与夸迪人谈判时，对方诉诸求和，并且可以派出特遣队，为罗马帝国效力。布里吉迪奥是现今的瑟尼（Szöny）。谈判中，尽管夸迪人做出了巨大让步，但是瓦伦提尼安还是大怒不止，他的脾气是出了名的暴躁，最终气得血管破裂而暴亡。

该城的另一侧，有一座 19 世纪的犹太教堂，非常漂亮，呈摩尔式风格。它的对面，就是伊西斯庙（Iseum）。1955 年至 1961 年期间，该庙被发掘出来。最近，它已经进行了重建整修。有着六根柱子的柱廊，色调为白色，光泽洁净明亮，看似是全新的，柱廊的两侧是现代的长廊。对于此种庙宇，我们若见到它们饱经风霜的面容，感觉可能更加自然。可是，它们必定曾经崭新过。也许，伊西斯庙于哈德良统治时期刚完工时，它就是现在我所看到的模样。君士坦丁皈依基督教后，此庙宇似乎就停用了，并且被慢慢拆除，拆下的部分用来修建其他建筑了。

虽然罗马军队各个层级的士兵盛行崇拜米特拉（Mithras），但是高级军官和高级文职官员却更多是埃及女神伊西斯的追随者。我穿过一段重建的琥珀之路，登上气势宏伟的台阶，走进一个双扇木门，就到了庙宇之内。尽管庙宇外表宏伟壮观，其内部却显得非常神秘，里面设有一尊伊西斯的大塑像。内部这种神秘的气氛，恰好可以与神秘的崇拜相调和。庙宇内，并不是那么完完整整，人们可以看到有钢铁结构裸露在外，哪里有钢铁结构，哪里就是重建的地方。同样，庙宇外的饰带雕刻也是不完整的。只有出土过的雕刻才会被重新复制。庙宇有一个附属建筑，是一个博物馆，原雕刻的残存就陈列于此。其中可见一条饰带，上有葡萄串雕刻；一尊维多利亚女神雕像；一块石板，上面刻有伊西斯像，她骑在狗背之上，此狗名叫索提斯（Sothis），是"天狼"的意思。另有还原圣坛，壁画碎片，地板镶嵌图案，一个粉色琥珀戒指，其上刻有一个女人的半身像。展品中，还有一些硬币。年代最早的，是一些破旧的奥古斯都时期的银币；年代最近的，是一些保存完好的 4 世纪时期的铜币。

我又该继续出发了。火车站位于城中心以东，就在河对岸一个长长的广场上。刚进火车站入口，见到一个青铜的小匾牌，上面写有希伯来语和匈牙利语。它纪念的是由此押送到奥斯维辛集中营的松博特海伊的犹太人，共有 4228 人。我穿过地下通道，然后登上了前往克尔门德（Körmend）的火车，它是琥珀之路的下一个站点。火车在田野中行进，田野之中，有青绿色的小麦、玉米、盛开的薰衣草、针叶树林，另外还有长着橡树、槭树和刺槐的小树林。刺槐这种树，长着小小的黄叶，即使风再小，树叶也会在风中摇曳不止。在匈牙利，刺槐随处可见。刺槐除了 robinia 这个名字，还被称作 false acacia。18 世纪时，它由北美引进到此，以代替在与奥斯曼帝国战争中遭到砍伐的树林。如今，刺槐差不多占到匈牙利全国树林的四分之一。

大约下午 2 点，火车到达了克尔门德。我从火车站出来，对面是一家水泥厂，随后我沿着静静的街道前行。城中的主路叫作拉科奇街（Rakóczi utca），其两边是前苏联时期的住宅区，街旁种的是酸橙树。天色暗了下来，一群"冠小嘴"乌鸦从我头顶上方悲伤地飞过。这时，我对自己产生了一些疑问。行走在这个地方，我并无公事可干。我几乎也不会说这个地方的语言，当地语言与俄语或梵语联系变得更为紧密，而不是英语。走在这里的街道上，我是在做什么呢？琥珀之路在这里和拉布河（River Rába）相汇，我能否找到与琥珀之路相关的东西呢？

我订的旅馆（panzió）是一个路边客栈，房费便宜，自带饭店和啤酒花园，还挺热闹，明显很受当地人欢迎。放下行李后，我又走回城里，到了主广场。广场很宽阔，其一侧是 19 世纪的房子，有着复折式屋顶，上面悬挂着匈牙利国旗。其另一侧便是城堡。起初，城堡的形状是一个不规则的多边形，其角落位置有四个敦实的塔座。18 世纪时，巴迪亚尼家族（the Batthyány family）重修了此城堡，让它变得更加优雅了。该家族也拥有伯恩斯坦城堡。当下这个城堡的入口两侧，各有一个破旧的新古典式房子。每个房子都带有多立克式的门廊，柱子底部聚集着几百只瓢虫。20 世纪 60 年代，尽管城堡进行了修缮，但它的主宫还是有些瑕疵，其墙面已经脱落，露出了多次修整的痕迹。一队建筑工人站在挡泥板上，正忙着粉刷面对着广场的墙体。如果资金到位，城堡其他部分也会重新修缮。要想城堡不变为废墟，修缮是必须要做的。然而，我发现城堡的失修程度无论是从其严重性还是破旧面积来说，都是挺严重的。

走在城堡的树林中，我开始返回客栈。林中有槭树、酸橙树和鹅耳枥，偶尔还会见到巨大的橡树。树林中，鸟鸣不止。在长片草坪的空地处，立有一个高高的方尖碑，其顶端有一个天鹅雕像。该碑纪念的是巴迪亚尼家族。路边长有水杨梅，发出亮丽的黄色光芒，还有露珠草，它长着白白的尖刺。路旁流淌着一条小溪，小溪的名字叫作采穆西（Szemcse）。溪流上方盘旋着成团的飞蠓。

小溪旁边、树林以东的位置，有一处罗马古道的路面被发掘出来，时间是在2001年。正如在普巴赫（Purbach）一样，我入住的客栈就在琥珀之路的边上。晚饭后，我回到房间，窗外是果园和花园。远处传来狗叫声，乌鸫在鸣叫，金星在夜空低处，闪闪发光。

次日上午，天气明媚，阳光甚好。警察学院的一些学员在路上列队前行。学员共有三列，身穿深蓝制服，走在军乐团之后。乐团两边有两位摩托车警卫。队伍的后面则有四名摩托车警卫，他们身穿鲁里塔尼亚（Ruritanian）制服，头戴筒状军帽，帽上还插有羽毛。这情景好像有点当年奥匈帝国的排场。此乃警察学院的毕业仪式，活动的末尾会在主广场进行热烈的演讲，以及举行奏唱国歌仪式。我在想他们其中多少人参加了近来于布达佩斯举行的宣誓仪式，该仪式上，匈牙利总理维克多·奥班对警察学员说道："我们匈牙利不需要全球大量移民来改变我们的国家。我们必须要保卫匈牙利、欧洲、国家边境，还要保卫我们的生活方式、文化和主权。"

我走到车站，坐上一辆巴士。巴士沿着我走来的路在城中行驶，途中恰巧碰上要返回学院的学员队伍，于是只能停车等候。最后一拨学员走过后，巴士继续上路，驶到了86号公路上。该公路的大部分不是建在罗马古道上面，就是建在它的旁边。在匈牙利，与在其他地方一样，只有穿过城镇的罗马古道部分，其路面往往才会被铺设。农村地区的罗马古道，先在土层撒上沙砾，之后再涂一层砂浆而已。罗马帝国灭亡以后，道路不再进行修理，砂浆也就慢慢解体了。但是，铺着沙砾的路面在中世纪和现代早期依然为旅行者所用。直到19世纪末期，道路才被弃而不用，为犁耕所毁坏。如今，从当地的鸟瞰图中依然可以看到田地中零星的沙砾路面。

过了纳道什德（Nadasd Nádasd）村，巴士离开了笔直的公路，开始在弯弯曲曲的道路上行驶。道路两边是篱笆墙和田野。田野之中，有果园和草场。草场里，有褐白相间的牛群在吃草。田野中还可以见到多片刺槐林。路边有数只鸡在刨土，一只淡黄色的猫拿爪子在挠篱笆。村子里可以见到几辆老旧的拉达车（Ladas）；

这种受人嘲笑的车子已经停产了 25 年，现在仍然被人使用着。刚过了费尔索亚诺弗斯卡（Felsőjanofska）村，我们就从沃什（Vas）县到了佐洛（Zala）县。这边的地貌，树木更加茂密，地形也更加跌宕起伏。巴士驶过一个名为琥珀湖（Boryzstan）的水库后，我就在佐洛勒弗（Zalalövő）镇中心下了车。

这个小集镇坐落于佐洛河（River Zala）的北岸。镇中心有两三家酒吧，一个比萨饼店，一个文具店，一家汽车零部件店，还有两家小型超市。86 号公路从镇中心穿过，继续往南延伸，经过一个平坦的交叉口，就过了佐洛河。此处，佐洛河已变成一条小溪，仅有 5 米宽，水面呈褐色，流水非常缓慢。这里也是琥珀之路与佐洛河相汇的地方。在巴士车站旁的绿地上，有一个纪念碑，纪念的是死于二战的镇居民，以及该镇死于纳粹分子及纳粹支持者之手的犹太人。另有一个较小的木雕纪念碑，立于 1996 年，它纪念的是匈牙利起义（Hungarian Uprising）40周年。它前面的石头花瓶中，放有鲜艳的橙色鸢尾花。

我按照地图指示，前往我预定的旅馆。沿着繁忙的 86 号公路，我一路上行，两边的小山，树木繁茂。路上没有人行道，它可以让我和车流保持安全距离。一个路牌显示，此地距离卢布尔雅那（Ljubljana）250 公里。卢布尔雅那是我的下一个目的地。我走了 3 公里，终于到了旅馆，这时我已大汗淋漓，也被雨水浇透。然而，旅馆却关着门，见不着任何人。后来，一位女士开车过来，让我进了屋。那时，我已在雨中站了 15 分钟，心情实在好不到哪儿去。

我用德语尽可能礼貌地解释说，旅馆离镇中心太远，我看不到我想参观的东西。这位女士给她的孙女拨通电话，接着把电话给了我。她孙女会说英语，她向我保证佐洛勒弗镇里没有地方可住，并且这里也没有出租车服务。随后，旅店老板主动说可以开车把我送到镇里，这样我就能参观博物馆了。因为没有别的办法，我只能接受了她的提议。旅馆本身是不错的，它位于山顶，景色非常漂亮，可以远望奥地利境内的阿尔卑斯山。

老板把我送到了博物馆门外，并且跟我说一个小时之内，她会回来接我。博物馆是一座 19 世纪时期的单层建筑，它就在邮局的旁边。我参观完馆里的三个小型展室后，还远远不到一个小时。展室中有一个献给赫拉克勒斯（Hercules）的还愿圣坛，它由马可·奥勒留所立；另有一座家族墓碑，上面有一家三口的浮雕，孩子在夫妻俩中间，情景异常感人；还有一些泛出红黑光泽的陶器、搭扣、油灯和双耳细颈瓶，把它们放在一起展览，这种组合非常的典型。一个阴暗、狭窄的房间里，堆着一些砖石雕刻的残片。过了此房间，是一个花园，园中有罗马萨拉（Salla）城的考古遗迹。在佐洛河边建立起军团营地之后，营地边也慢慢出现了居民定居点。124 年，哈德良授予该定居点城市地位，取名为埃利乌姆 - 萨拉自治市（Municipium Aelium Salla）。该城遗迹高约 1 米，与其他地方发现的昔日罗马帝国遗迹没有什么不同。罗马人根本就不考虑尊重当地的建筑风格，他们每征服一个地方，就盖上自己的"印章"，即修建统一的建筑，正如苏联的做法一样。

我写了这么多关于建筑的内容，这是开始此行程时，我所没有想到的。可是，我走过的地区，它们深陷过战争，遭遇过严重毁坏，其边界又经历多次变化。考虑到这些，我写了这么多有关建筑的内容，也就是不可避免的了。我们建造之时，就是根据我们的世界观来创造和重塑我们的环境。

一个 18 世纪时期的贵族，把他那破烂不堪的古堡重修为一个巴洛克式的宫殿。他实际上是在说，他绝不像他祖先那样，是个粗鲁野蛮的军阀，而是一个见多识广的文明人。胜利的一方把从战争中存留的城市遗迹用炸弹全部销毁，其目的是要把之前统治者存在的痕迹彻底清除。文物负责人若要修复一处遗迹，他们保留的特征，是他们认为某个历史阶段最真实的东西，或者这种特征最能强化民族身份意识。与此不同的特征就会被消除或是掩盖。

第二天，天气很好。我沿路下坡，又回到了火车站。该站是单层的白砖建筑，站里人很少。但是，慢慢来了几个乘客，他们是要搭乘前往布达佩斯的火车。站长也出现了。

"我在哪可以买到火车票呢？"我问他。

"在火车上。"他说。

"谢谢！"

我与其他乘客的行进方向正相反，斯洛文尼亚是我要去的地方。驶往斯洛文尼亚的是一列橙色的单厢小火车，它途经费尔索亚诺弗斯卡和瑙吉拉科什（Nagyrakos）的多个村庄，最后越过边境，到达了霍多什（Hodoš）。海关办公室没有人，售票厅也关着门，没有货币兑换处，甚至都没有自动取款机。我登上了下午 4 点 10 分发车前往卢布尔雅那的火车，同行的还有两个苏格兰背包客，他们是从布达佩斯来的。这个火车比先前的火车大不了多少，它载着我们穿过高高的、起伏不平的牧场，行经一座座的村庄，这里是斯洛文尼亚最东部地区，被称为普雷克穆列（Prekmurje），此名的意思是"在穆尔河那边"（beyond the Mura）。

大约20分钟后，到达了穆尔斯卡-索博塔（Murska Sobota），我们被告知要换乘另一辆大火车。

斯洛文尼亚地小山多，位于前南斯拉夫的最西北地区，与奥地利和意大利接壤。斯洛文尼亚在前南斯拉夫是最"亲西"的政权。它第一个从联邦中独立，第一个加入欧盟，迄今为止，它也是前南斯拉夫加盟国中唯一的免护照申根区。

斯洛文尼亚国土面积仅有2万多平方公里，略小于威尔士，其人口为200万，少于布鲁塞尔或汉堡的人口。琥珀之路从东到西横穿斯洛文尼亚，沿着德拉瓦（Drava）河与萨瓦（Sava）河谷地，穿过朱立安阿尔卑斯山（Julian Alps）。琥珀之路沿线的城市，有普图伊（Ptuj）、采列（Celje）和首都卢布尔雅那，它们都有着丰富的罗马遗迹。

火车自柳托梅尔（Ljutomer），就沿着巴甫洛夫斯基河（River Pavlovski）谷地前行，柳托梅尔镇从南斯拉夫时期就因威士莲葡萄酒（Riesling）而出名。谷地两边的山坡上，树木繁茂，有许多葡萄园。火车行驶了一段时间就到达了奥尔莫日（Ormoz），于此德拉瓦河与巴甫洛夫斯基河交汇，这里是斯洛文尼亚和克罗地亚的边境。火车站旁边，大量卡车排起了长队，在边境检查站等候。我从这里过境后，又过了几周的时间，被禁止进入匈牙利的几千难民寻求通过斯洛文尼亚进入奥地利。斯洛文尼亚政府把每天难民过境人数限制为2500人，临时关闭了铁路交通，并且在边境竖起了铁丝网，这引起了克罗地亚政府的强烈抗议。

过了佩斯尼察河（River Pesnica），火车驶入了普图伊车站。我出站后，走了大约1公里就到了镇上。该镇的历史中心面积不大，但布局非常紧凑，看起来异常漂亮，这也正如任何一个托斯卡纳山城一样。它既有中世纪的建筑，也有文艺复兴时的建筑，搭配非常协调。这些建筑自城堡岩之处，沿着山坡而下，一直延伸至河边。最早在新石器时代就有人定居于此。当时，一个凯尔特人的定居点就位于现今城堡所处的山丘之上。起初的罗马定居点于公元前1世纪在河的南岸建立。琥珀之路从河的南岸经过，后来又延伸到城堡的北边。103年，在图拉真统治时期，该城被授予自治地位，定名为科洛尼亚·乌尔皮亚·特拉亚纳·波托维奥（Colonia Ulpia Traiana Poetovio）。450年，该城被匈奴人攻占。后来，先后占领该城的是阿瓦尔人（Avars）、法兰克人（Franks）、斯拉夫人（Slavs）和马扎尔人（Magyars）。10世纪时，该城归属了萨尔斯堡总教区（Archbishopric of Salzburg）。1555年，它被并入了奥匈帝国。

该镇主广场（Mestni Trg）上，一座 16 世纪的瞭望塔格外醒目，其顶部有一个洋葱状穹顶。塔前立有一个罗马时期的大纪念碑，称为俄尔普斯纪念碑（Orpheus Monument）。16 世纪时，它被置于此地，当时作为捆绑犯人的石板。石板下半部的雕刻已被犯人的锁链所磨损，但剩余的雕刻足够让我们认出，此石板乃是马库斯·瓦列里乌斯·维鲁斯（Marcus Valerius Verus）的墓碑。2 世纪时，他曾是波托维奥的执政官。我沿着普雷舍尔诺瓦街（Prešernova Ulica）蜿蜒前行，街道两边是文艺复兴时期的房子和一些气氛轻松的咖啡馆。这些房子的门口，都有着精美的雕刻。走了些时候，我到了帕克酒店（Park Hotel），它位于城堡岩脚下，是一座优雅的老建筑。对面广场上，欧盟旗帜在斯洛文尼亚国旗旁边，骄傲地迎风飘扬。这种情景在英国几乎见不到，至少在市级层面是这样的。在以前的东欧国家集团中，加入欧盟不仅不被视为是对国家身份的威胁，而且被视为是一种对国家身份的认同。对这些国家来说，加入欧盟是一种自由的象征，这种刚刚得来的自由，它们不能不加珍视。

次日上午，我出门去参观考古博物馆，它就在酒店的对面。据说，该馆曾经是一座多米尼加修道院。皇帝约瑟夫二世在位时期，为了限制天主教会的势力，他下令关闭了许多修道院。1786 年，此修道院被查禁，之后它被用作了军营。1926 年，市政府购得此地，把它变成了博物馆。我走进漂亮的哥特式回廊，教堂通体白色，建筑呈 16 世纪晚期的矫饰主义风格。教堂的墙面很多都已经脱落，这就露出了一些早期的建筑特征、壁画的残片，甚至还有涂鸦。通过这些，就可以看出教堂所经历的各个历史阶段，有时被使用，有时被破坏。教堂内部被改建为了一个大礼堂，设有一个舞台，座位呈阶梯式布置。这些新座位是黑色的，为极简主义风格。设计安装时，主要就是考虑发挥座位的功用，让人能刚好坐下，在此基础上，尽量不破坏原有的建筑。座位的下面是教堂的地下室，其中放有大量不同年代的石雕。楼上部分已经关闭，正在重修之中。馆里也见不到任何考古收藏品的展览。

前台的年轻女士也不知道展览位于何处，甚至也不清楚曾经是否有过展览。她告诉我，这是她第一天来这儿上班。

幸运的是，罗马遗迹散落于普图伊各处：它们见于城堡岩石之上；还有瞭望塔周围，就在普雷舍尔诺瓦街边的过道中；另有河对岸的米特拉神庙中。沿着石铺陡坡上爬，我前往城堡。此时，几周以前、几百公里之外的相似情景浮现在我的脑海之中。那时，我也像现在一样，正在爬坡而上，前往克沃兹科（Klodzko）和米库洛夫（Mikulov）的城堡。我到了顶部平台，这里景色壮阔。蜿蜒的德拉瓦河、哈罗泽（Haloze）山、城中红色屋顶和洋葱状穹顶，尽收眼底。城堡最古老的部分，可以追溯到 10 世纪或 11 世纪。它如今的模样，却来自 16 世纪时的一次重修。现在的城堡是一座高大的白色建筑，有着陡峭的红色屋顶。进入华丽的文艺复兴风格大门，就到了城堡的内院，院子周围有三面，都有拱形的廊座。

城堡底层的房间中，有 17 世纪的布鲁塞尔挂毯、18 世纪的褪色壁画和 19 世纪的家具。另有一个巨大的龙形吊灯，龙嘴里吐出三叉的舌头。乐器博物馆里，有一小部分是罗马时期的工艺品，其中包括 1 世纪和 2 世纪时的油灯，上面绘有音乐家的画像；另有一对骨头和青铜制作的管乐器；还有一枚戒指，上面刻有丘比特在吹奏排笛。有一个房间专门展览罗马时期之后的乐器。这里的展品充分证明，在 18 至 19 世纪期间，普图伊是中欧地区音乐创作的胜地。这些展品包括拨弦键琴、鲁特琴、小提琴和古大提琴，其中一些制作于维也纳和布拉格，还有一些是由当地工匠制作。

最精彩的展览是在一个大型会客厅，厅里挂有 17 世纪土耳其风格的绘画。这些画作体现的技巧虽不是很娴熟，但它们还是可以抓人眼球。此种风格的绘画，曾经流行于君士坦丁堡的宫廷之中。该厅挂着的这种画作，包括苏丹穆罕默德四世（Sultan Mehmet IV）的画像、禁卫军画像、太监画像以及女眷画像。

这些绘画是为了纪念沃尔特·莱斯里（Walter Leslie）到高门（Sublime Porte）的一次外交来访。沃尔特·莱斯里是一位苏格兰籍的雇佣兵，1634 年，他参与了对阿尔布雷希特·冯·华伦斯坦（Albrecht von Wallenstein）的暗杀行动，因此被加封为神圣罗马帝国的公爵。他于 1656 年买下了此城堡。厅里的其他画作主要强调莱斯里家族与斯图亚特王朝和哈布斯堡王朝的关系。1802 年之前，莱斯里家族一直拥有该城堡。

我碰到城堡的一位工作人员，他年纪有些偏大，脸上留着一撮小胡子。从他那里，我得知了考古博物馆的一些情况。三年前，博物馆就已经停展了，它的藏品都放到库里存了起来。这位老人说道："博物馆何时何地再次开馆，我们也在等待这样的消息。"为了不让我过于失望，这位热心博识的老人领我看了看散落于城中的许多罗马雕刻，这些雕刻一般被用在了中世纪和文艺复兴时期的建筑墙面上。

我回到一条陡路，往下而行。途中，在路边的一家音乐咖啡馆，我稍作停留，喝了一杯啤酒。随后，我过河到了对岸，去参观米特拉神庙。该城周边至少发现有五座米特拉神庙。米特拉教不是罗马帝国宗教的一部分，但是，这一宗派却在罗马军团当中盛行，其神龛遍布罗马帝国各处，直到它被另一东方宗教所代替，这就是基督教。米特拉教似乎起源于琐罗亚斯德教（Zoroastrianism），但是它的许多特征又与这个波斯信仰毫不相同。米特拉教迷雾重重，关于其信条和仪式，我们至今不甚清楚。然而，从一些雕刻可以看出，有这样一个故事：一位叫作米特拉的救世主出生于石头之中，他后来宰杀了一头公牛，然后世界才得以继续存在。后来，他与太阳神阿波罗大摆宴席，享受美味，最后升入天界之中。米特拉（Mithras）这个名字与佛教中弥勒菩萨（Maitreya）的名字一样，都有着梵语的词根。

从河的南岸看去，该城的面容非常漂亮，城堡高高在上，俯视全城。我顺着郊外一条繁忙的道路往西前行，道路两边有一座座平房、汽车销售店和一家 Aldi 超市。

最后，我走到了田野之中。在斯波德尼亚 - 哈耶迪纳（Spodnja Hajdina）村，我踏上一条小路，沿着这条小路前行，就可以到达米特拉神庙之三（Mithraeum III）。米特拉神庙是按照它被发现的顺序来命名的。该神庙是最大且是保存最完整的一个。它于 1913 年被发现，之后在它周围建起了罗马风格的建筑，以对神庙进行保护。

一位年轻的女考古学家来到神庙当我的私人向导，她在奥尔莫日的一所大学工作。进入庙里，残墙高 3 到 4 英尺，其内还有大量雕刻。有一个石椅，下面有一对石狮支撑；另有几个还愿圣坛；还有一些浮雕，上面刻有米特拉屠牛的场景。她对考古博物馆的长久关闭也是甚感沮丧，这一点她与城堡中的那位老人感受是完全一样的。很明显，市政当局想把修道院改建成一个会议中心，虽然附近的马里博尔（Maribor）有大量更好的相关设施，它是斯洛文尼亚第二大城市。普图伊处在琥珀之路沿线，有着大量的罗马遗址。可是，许多文物宝藏却都被放到仓库储存了起来，这让考古界惭愧不已。她告诉我说，她曾与来自维也纳和松博特海伊（Szombathely）的博物馆馆长见过面。该城没有好好发挥罗马遗产的作用，他们对此深感困惑。

回去时，我没有走大路，而是沿着农家小路往回走。中午烈日下，我穿行于田地之间。田地中，有小麦、玉米和开着黄花的南瓜。在普图伊，我又找寻了更多罗马雕刻的残迹，它们都被嵌入了房墙之中。这些雕刻之前一般被用做建筑材料，后来房子在修缮的时候，人们又发现了这些雕刻残迹。可能是受到俄尔普斯纪念碑的启发，19世纪时，一位助理牧师收集了普图伊周围的罗马雕像和墓碑，把它们立于瞭望塔四周，有点像开了个露天博物馆。路过一个酒店，它的名字起得很好，叫作米特拉酒店（Hotel Mitra）。酒店员工很乐意地领我进到酒店内院，给我介绍了另一个米特拉屠牛的雕像。

次日上午，天阴沉沉的，厚厚的乌云笼罩着普图伊山的山顶。我沿着普雷舍尔诺瓦街前行，去参观一个临时展览。该展览的名称是德拉瓦河下游考古展（Archaeology of the Lower Drava），地点位于艺术画廊（Salon Umetnosti）。此画廊是在一座文艺复兴风格的房子里，其墙面上还画有一个黑色面具。文物按年代顺序展出，有石斧、石器时代的陶器和罗马时期的油灯，还有制作它们的石头模具。这里也有关于琥珀之路的文物展品。有七个大大的琥珀戒指，它们的制成时间是在1世纪到2世纪期间。一个戒指上面，刻有阿莫尔（Amor）和普赛克（Psyche）的雕像；另一个戒指上，刻有一个女人半身像。还有一些琥珀纺锤，这是整个古代世界女性的象征。正如我在肖普朗见到的物件一样，它们都体现了阿奎莱亚的工艺。

蒙蒙细雨中，我回到了酒店。随后，我订了出租车前往火车站。我乘坐的火车到达布拉格斯科（Pragersko）火车站时，竟然开过了站台，然后又倒车回到站里。在去往采列的乘客感到一阵迷茫之时，他们被转移到了一辆大巴上。这样大家就坐着大巴前往采列。大巴在高速公路上快速行驶，途中山势变得越来越明显。山坡上遍布着草场，草场之中，簇拥着一个个村庄。牧群在山坡上吃草，羊群在高处，牛群则在低处。大巴穿过一些隧道之后，就到了采列的近郊。

采列，这个斯洛文尼亚的第三大城市，周边围绕着郁郁葱葱的小山。我在火车站旁边下车时，天上正下着雨，周围的小山上雾气缭绕，扑朔迷离。马路对面，欧罗巴酒店（Hotel Evropa）的外观散发出旧时中欧地区那种特有的庄严。我办理入住后，发现酒店庄严的外观隐藏了它的奢华和乏味，它其实就是一家现代商务酒店。从酒店前台借了一把伞，我走到普雷舍尔诺瓦街，顺着此街前行。正如斯洛文尼亚的任何城市一样，采列也有这样一条街道，以浪漫主义诗人弗兰策·普列舍仁（France Prešeren）的名字来命名。此街与萨文斯卡（Savinska）街的交汇处，我看到路面有两列平行的铜钉，它们标出的是罗马古道主路从城中穿过的路线。这条古道是南北向主干道（Cardo Maximus），发掘于1997年。我路上还经过了圣母领报堂（Church of the Annunciation），它的墙面嵌入了许多罗马雕刻的残片。

在采列涅佐夫广场（Trg Celjski Knezov），矗立着王子宫殿（Princely Palace），它是以前采列伯爵的住处，如今是地区博物馆（Regional Museum）的主楼。路上见到一段铁梯，走在上面发出叮当的响声，沿着铁梯走下去，就到了一座城下之城，这就是罗马塞莱亚（Roman Celeia）。此处可见庙宇、公共建筑和私宅的地基，还可见到一段保存良好的古道。该道用形状不规则的大石板铺成，宽有 6 米，两边是排水沟，路中间还高高地拱起。这就是东西向主干道，它在城中心与南北向主干道成直角交汇。

沿着此道行片刻，就到了伯爵府（Old Counts' Mansion）。该府是一个有楼座的文艺复兴风格建筑，其内有采列式天花板（Celje Ceiling），它像一种错视画，令人眼花缭乱。此天花板描画于 1600 年，在 20 世纪 20 年代，它被发现于吊顶之后。地下室里陈列着一些罗马石刻。展厅的一端有一个石刻头像，还有上肢和膝盖的石刻残片，它们都来自一座巨大的阿波罗雕像。展厅中，另有一个米特拉圣坛，一个迷人的美杜莎（Medusa）头像，还有一个圣坛，它立于 215 年 12 月 13 日。此圣坛是向朱庇特·阿鲁比亚努斯（Jupiter Arubianus）祈求，让皇帝卡拉卡拉（Caracalla）永享健康。朱庇特·阿鲁比亚努斯这个名字典型地说明了罗马人把他们自己至高无上的神与当地凯尔特人的神给结合了起来。这些人物展现出了一种力量，同时他们还体现出了一定的可塑性。碑上的铭文，字体典雅优美。这都证明了塞莱亚绝不是野蛮的偏远之地，而是罗马的文明之城，有着高水平的物质文化。

我乘出租车前往一处罗马墓地，它位于塞姆皮特（Šempeter）村。该村在采列以西 12 公里。路上先是经过一段山谷，山谷两侧是一座座金字塔形的小山，山上雾气重重。后又进入广阔的田野，可见大片的啤酒花，其卷须弯曲上爬，挂在了高高的电线木杆之间。塞姆皮特村非常漂亮，它有一座黄颜色的巴洛克式教堂，就在罗马墓地的对面。售票亭与一家烧烤店共用一间小屋，它是关着门的。一个表示歉意的告示，让游客去问询附近的游客中心。我到游客中心说明来意，一位热情的女士拿起伞，一路跑到售票亭取了钥匙，打开门让我进了这个小公园，罗马墓碑就在这个公园之中。我跟她说我不需要导游后，她好像松了口气似的。

1952 年，人们在一处果园之中偶然出土了一尊雕像，于是罗马墓地由此被发现。这里与其他地方一样，罗马人会把逝者葬于出城道路沿线一带。在这个地区，这条道路就是琥珀之路自采列到埃莫纳（Emona）的一段。此路一直沿着萨维尼亚（Savinja）河的北岸前行。埃莫纳就是如今的卢布尔雅那。墓碑之所以能留存下来，是因为当年的一次洪水，大约发生在 270 年。洪水把墓碑冲到了河里，它们被泥沙慢慢掩埋了起来。假设墓碑没有被冲到河里，它们极有可能被掠走，当作建筑材料来使用了。

该墓地存有许多雕刻残迹以及一些较小的墓碑。但是，有四座大型陵墓最为值得注意。年代最久的是文多尼乌斯（Vindonius）家族的陵墓。墓碑底座下，是一个简单的地基，里面曾放有死者的骨灰。墓碑上部的铭文写道，此墓碑乃是由盖乌斯·文多尼乌斯·瑟克塞斯（Gaius Vindonius Successus）所立。他是塞莱亚掌管公共建筑的行政官（aedile），立此墓碑是为了纪念他自己和他的妻子朱莉娅（Julia），朱莉娅 50 岁时去世。铭文中称朱莉娅为"一位极其忠诚的妻子"。墓碑两侧的浮雕，刻的是一位男仆和女仆。

最大的一座墓碑是斯贝克塔迪（Spectatii）的墓碑。此碑有 8 米多高，其浮雕异常精彩。上面刻有伊菲革涅亚（Iphigenia）、卡斯托尔（Castor）和波鲁克斯（Pollux）。除此之外，还刻有受献者的半身像，但是令人悲伤的是，半身像的头部已经遗失。碑楣上方的铭文说，盖乌斯·斯贝克塔迪乌斯·斐尼特乌斯（Gaius Spectatius Finitus）为自己和其儿子盖乌斯·斯贝克塔迪乌斯·普利斯塞阿伊乌斯（Gaius Spectatius Prisciaiius）修建此墓碑。2 世纪时，父子俩都当过塞莱亚的执政官。在三角楣饰的顶端，满头蛇发的美杜莎守卫着陵墓。据说，美杜莎的目光可以把她所看之人变成石头。

有华盖的恩尼大墓碑是由昆提斯·恩尼乌斯·雷伯拉利斯（Quintus Ennius Liberalis）和他的妻子恩尼亚·奥皮达娜（Ennia Oppidana）所立，以纪念他们自己和 17 岁的女儿卡伦迪娜（Kalendina）。在其父母的半身雕像下面，卡伦迪娜站于两个守护神之间，守护神的火把已经熄灭，预示着卡伦迪娜的早逝。

卡伦迪娜的发型与皇后福斯蒂娜（Empress Faustina）的发型相似，福斯蒂娜是安敦宁·毕尤（Antoninus Pius）的妻子。这说明该墓碑可以追溯到安敦宁统治时期（138—161）。

距今最近的是塞昆迪尼（Secundinii）的墓碑，可以追溯到 3 世纪中叶。此碑是在洪水毁掉墓地之前，立于该墓地的最后一座墓碑。相比于前述墓碑，此碑较小，也更简单，它由盖乌斯·斯贝克塔迪乌斯·塞昆迪尼乌斯（Gaius Spectatius

Secundinus）生前所建。它纪念的是他自己、他的妻子图托莉娅·阿维达（Turoria Avita）、他们的儿子斯贝克塔迪乌斯·塞尔维乌斯（Spectatius Cervius）、他的外甥鲁斯提塞乌斯·图托利乌斯（Rusticius Tutorius）及其儿子鲁斯提塞乌斯·阿尔贝努斯（Rusticius Albinus）。

四个墓碑全部刻有特别精美的浮雕，描绘的情景都来自古典神话故事。赤身裸体、肌肉强壮的赫拉克勒斯依仗他的狼牙棒，把阿尔克斯提斯（Alcestis）带离冥界；欧罗巴（Europe）于公牛背上被带走，此公牛乃是朱庇特所变；男孩盖尼米得（Ganymede）也遭遇同样命运，落入好色之神朱庇特之手，这一次朱庇特变成了一只老鹰。这些人物虽无言语，但却鲜明地讲述了一个逝去的世界。在巴尔干山区这个小村之中，小雨淅淅沥沥地下着，远古之神复活了。

我拿着一个小册子，上面有一张可爱的手绘地图。根据它的指引，我沿着一条道路，穿过教堂庭院，到达了东边的墓地。1962 年，这里发掘出了一段实打实的古道。路面已被犁耕破坏，如今已覆上一层现代沙砾。路两侧的沟渠清晰可见，长度为 150 米左右，它们平行于较新的道路。该墓地北侧的坟墓，只有地基部分留存下来。洪水没有把这片墓地冲走，墓碑后来就被移走并当做建筑材料了。

我搭乘巴士回到了采列，栖身于酒店的酒吧，那时外面大雨如注。大雨持续到了晚上，雨水从屋顶和檐沟哗哗流下。次日上午，云隙之间，露出几片蓝天。我走路到了火车站，随后登上了一列破旧的火车，火车上尽是花花绿绿的涂鸦。

火车往西驶去，沿着褐色发浑的萨维尼亚河前行，穿过陡峭多树的峡谷和隆起的巨石，经过一座座村庄，村里有着干净整洁的高山小木屋，它们都建在山坡之上。火车驶至泽达尼莫斯特（Zidany Most）时，见到一处采石场，山坡几乎已被挖空。萨维尼亚河与萨瓦河在此交汇，因此，我们现在不是沿萨维尼亚河顺流而下，而是沿萨瓦河逆流而上了。萨瓦河在嶙峋的岩石上翻滚，往东流去，它一路流经克罗地亚和塞尔维亚，最终在遥远的贝尔格莱德汇入多瑙河。

第十三章
龙桥边

火车缓缓驶进了卢布尔雅那车站，车站两侧是洁亮的玻璃办公大楼。车站周围，现代化氛围很浓，显得一副朝气蓬勃的样子。但是，这里依然可以看到典型的巴尔干（Balkan）面容，尤其是在一些老人身上更加明显。他们长长的鹰钩鼻之下，是一堆乱蓬蓬的土匪胡。天上下着蒙蒙细雨，我走在雷斯特瓦街（Resteva Cesta）上，途中路过一些哈布斯堡王朝时期的别墅，一家老式裁缝店，一个面包房和一家宗教物品商店，之后我就到了河边。80年前，我父亲肯定也走过相同的道路。那时，他与其弟安德烈亚斯（Andreas）离开意大利，乘火车来到卢布尔雅那。我想起父亲70岁生日时问他弟弟，是否记得当年他们在此城找住处的情景，以及整天睡觉以省下饭钱的窘况。

老城安卧在城堡的背风处，其建筑既呈现文艺复兴风格，又有巴洛克风格，搭配甚是协调。它们沿着卢布尔雅尼察河（Ljubljanica River）的曲岸排列，此河之上，跨有多座漂亮的桥梁。历史上，该城有过好几个名字：罗马帝国时期，它叫埃莫纳；哈布斯堡统治的数世纪中，它叫莱巴赫（Laibach）；自1918年南斯拉夫独立以来，它有了一个斯洛文尼亚语的名字，叫作卢布尔雅那。正如普图伊一样，罗马帝国之前的定居点建在城堡岩之上，而罗马城址是在河的对岸。452年，埃莫纳被匈奴所毁，又过了一个世纪，斯拉夫人定居此地，他们就是现今城民的祖先。

接下来的几个世纪，该城先后被法兰克人、马扎尔人和波希米亚王国占领。1278年，该城落入了哈布斯堡神圣罗马帝国皇帝鲁道夫一世（the Holy Roman

Emperor Rudolf I of Habsburg）之手。

　　我订的旅馆位于河北岸一排老房之中。进入旅馆，爬上两段木梯，就到了我的房间，它背靠一座破旧、有鸽子出入的廉租公寓。房间不大，有些简陋，但却极其干净。我自旅馆处出发，稍走一会儿就到了龙桥（Dragon Bridge）。有四条恶龙立于桥上，龙的尖尾弯曲，绕在底座上。过桥后，到了一个大型广场，广场边上，有一排弧形柱廊，这是斯洛文尼亚建筑师尤利·普雷契尼克（Jože Plečnik）的作品，该建筑师在此城的作品颇多。一个街边小吃市场人来人往，拥有世界各地的美食，它们来自印度、阿根廷、意大利和中东。我继续穿过雄伟的普列舍仁广场（Prešernov trg），此广场的主要建筑是圣母领报堂（Church of the Annunciation），它呈粉红色，属巴洛克风格。那时，该教堂的钟声正叮当作响，不绝于耳。广场边上，三桥（Triple Bridge）横跨在河面之上，河流蜿蜒向南而去，岸上尽是咖啡馆和饭店。

　　河边一个住宅区的后面，有一条街叫作 Stari trg，这两个字的意思是"老广场"，但在此处，这两个字却用作了街道的名字。该街是一条长长的曲巷，乃石铺路面。两边有精品店、珠宝店和二手书店。在一个古玩店的橱窗里，我见到一个大大的琥珀饰针，还有一个海泡石烟斗，它有着琥珀制成的烟嘴。该店里的一些军用物品可以反映出这个国家的历史。这些物品包括：奥匈帝国的勋章；一个铁十字架，它实为一个蓝色的母亲十字勋章（Mutterkreuz），该勋章中心有纳粹标识；一个纳粹德国空军帽徽；还有许多红星和南斯拉夫勋章。

　　在一家河边的酒吧，我点了杯啤酒，坐在伞下看着过往的行人。年轻人在热火朝天地闲聊；一对对老年人拄着拐杖，在蹒跚而行。周围轻声细语的斯洛文尼亚语之中，偶尔能听到几句德语和英语。

　　河的对岸有一栋带有壁柱的高房，它米色的墙体有所脱落，其屋顶也已塌陷，这个情景常会出现在 17 世纪的弗兰德绘画当中。持续不断咚咚作响的摇滚乐，还有人群里爆发出的阵阵笑声，从对岸传到我的耳边。酸橙树之间，有蝙蝠飞过，先是一只，后来两只，接着来了好多只。流淌缓慢的青色河水之上，有成群的飞蠓盘旋。那些蝙蝠，身体胖胖的，羽翼呈半透明状，飞上飞下，捕捉着飞蠓。

　　第二天上午，我出门去寻找罗马埃莫纳的遗迹。在市博物馆外面，有身穿中世纪服装的人在展示古代的手工技艺，包括书籍装订、书法、射箭和铸币。市博物馆位于奥尔斯佩格公馆（Auersperg Mansion），其年代最久远的部分可以追溯到 15 世纪。它的地下室已经被发掘出来，其拱顶之下，埃莫纳的地面部分可以为人所见，包括有琥珀之路的一部分，路宽有 8 米，其上铺有河边沙砾，加以沙子和石灰砂浆混合。

昔日的罗马城位于河的西部地区，属于现今城市的郊区。在那里，雄伟的 19 世纪时期的行政大楼已淡出视野，取而代之的是新艺术风格的庄园宅第和座座花园。一处小公园里，我发现了一段城墙。该城墙于 20 世纪在原来地基之上进行了重建，它与周围环境看似非常搭配协调。这种协调，与其说出自罗马人，不如说出自普雷契尼克，他在公园中央修建了一座奇特的金字塔，此塔把一些罗马建筑的残片都囊括了进来。附近，在一些年代久远的庄园后面，是一处罗马时期房子的地基，此房可以追溯到 4 世纪或 5 世纪。该地基有着完善的火炕供暖系统，还有一个几何镶嵌图案的残片。

议会广场呈长方形，这里种着密集的法国梧桐。广场东端可以见到一口罗马井的防护矮墙。广场西端立有一根柱子，它标识着埃莫纳北边墓地所在的位置。柱子顶端有一座埃莫纳公民的镀金铜像，不过此像是个复制品。该铜像出土于 1836 年，真品现今藏于国家博物馆。

不远处，见有一个罗马石棺。广场的西南角、圣三一教堂（Church of the Holy Trinity）的对面、一处昏暗的地下通道里，可以见到北城门的遗迹。此通道里，住着许多无家可归的人。

我继续往西前行，来到了共和国广场（Republic Square）。广场非常宽阔，周边是现代主义风格的建筑。它们建于南斯拉夫铁托执政时期，这些建筑时尚优雅，主要体现了建筑师勒·柯比意（Le Corbusier）的建筑风格，而不是社会主义写实主义（Socialist Realism）的风格。社会主义写实主义的风格流行于斯洛文尼亚周边的苏联加盟国。广场北端是议会大楼，它于 1960 年由温科·格兰兹（Vinko Glanz）设计。大楼的出入口环绕有古代英雄裸体铜像，它们出自兹登科·卡林（Zdenko Kalin）和卡雷尔·普特里（Karel Putrih）之手。1991 年 6 月 25 日，斯洛文尼亚首位总统米兰·库昌（Milan Kučan）在这个议会大楼前，宣布了斯洛文尼亚从南斯拉夫联邦共和国独立。次日，南斯拉夫人民军（Yugoslav People's Army）开进斯洛文尼亚，展开了众所周知的十日战争（Ten-Day War）。斯洛文尼亚领土防卫队进行了顽强抵抗后，双方宣布停火；战争中，44 名南斯拉夫军人死亡，斯洛文尼亚军队死亡人数为 19 人。南斯拉夫人民军中许多斯洛文尼亚籍士兵纷纷倒戈。现在，广场上空荡荡的，只有几个年轻人在玩滑板。十日战争期间，他们甚至还没有出生呢。

卢布尔雅那是一个书店之城，很多书店都营业至晚上，会举行一些读书会和专题报告。斯洛文尼亚的文学传统可以追溯到16世纪，当时新教改革者普里莫兹·特鲁巴（Primož Trubar）出版了第一本斯洛文尼亚语著作。斯洛文尼亚两个最著名的文学巨匠，乃是19世纪时期的浪漫主义诗人弗兰策·普列舍仁和20世纪初期的现代主义者伊凡·参卡尔（Ivan Cankar）。他们两位都用斯洛文尼亚语写作，同时主张民族身份认同，为争取国家独立做出了巨大贡献。卢布尔雅那文学氛围活跃，许多世界著名的作家居住于此，其中包括哲学家斯拉沃热·齐泽克（Slavoj Žižek）、小说家德拉戈·詹卡（Drago Jančar）和布利娜·斯维特（Brina Svit）、诗人斯韦特兰娜·马卡罗维奇（Svetlana Makarovič）和阿莱什·斯特格（Aleš Šteger）。

几年前，我曾与斯特格在一次欧洲文学周（European Literature Week）会议上见过面，地点是在奥地利瓦豪（Wachau）地区的多瑙河畔施皮茨（Spitz an der Donau）。会议上，他讨论了前南斯拉夫的文学传统和民族主义问题，提到了柏拉图《理想国》中的一条建议。此建议的内容是，应当把诗人驱离出国家，因为诗人是不满情绪的热敷器 [我曾经在牛津大学听过艾瑞斯·梅铎（Iris Murdoch）所作的相同主题的讲座]。斯特格会上继续对齐泽克的《活在末世》（*Living in the End Times*）一书提出了异议。此书指责浪漫主义诗歌为暴力的民族主义播下了种子，这最终导致了在南斯拉夫的种族屠杀。

通过一个朋友的办事处，我与伊沃德·费里沙（Evald Flisar）相约会面，那位朋友也是费里沙的朋友。费里沙是斯洛文尼亚最有名的作家之一，我们会面的地点定在一家爵士乐俱乐部。该俱乐部位于托姆希切沃（Tomšičeva）街斯洛文尼亚作家协会（Slovenian Writers' Association）后面，就在国家博物馆的对面。费里沙写过15部戏剧，小说也写了有十几本了，其中《巫师的学徒》（*The Sorcerer's Apprentice*）销售高达4.5万多册，自二战以来，这是斯洛文尼亚最成功的小说。1995年至2002年，他担任斯洛文尼亚作家协会主席；他从1998年开始，一直担任斯洛文尼亚历史最悠久的文学期刊《当代评论》（*Sodobnost*）的主编。我们会面的时候，他是斯洛文尼亚笔会（Slovenian PEN）的主席。

费里沙70岁了，头发花白，留有黑色山羊胡，修剪得甚是整齐。他建议我们去楼上的笔会餐厅，该餐厅在二楼，采光很好，里面挂有一些现代油画。他的亲切和善与他的一本小说所表现的黑暗和困扰，形成了鲜明对比。这本小说刚刚被翻译成英语，名字是《我父亲的梦》（*My Father's Dreams*）。他还认真地问了问我此行的目的以及我正在写的这本书。我们讨论了游记作品，他共写过三本游记。尽管有些作家的游记他比较喜欢，如保罗·索鲁（Paul Theroux）的作品，但是他还是认为，此类体裁已经有点过时了。过时的原因，他一部分归咎为现代世界的文化同质性。出于此点，他还说："这就是我现在不再旅行的原因。"

他告诉我，他父亲出生在奥地利，祖籍是匈牙利。他父亲出生时是在一个国家，结婚时却在另一个国家，去世时又是在第三个国家，但实际情况是，他父亲一辈子连自己所在的乡镇都没有离开过。他自己本身也在国外待了20年，先是在悉尼当地铁司机，后来又去了伦敦在出版业工作。他说南斯拉夫绝不是一个与世隔绝的东欧国家集团，这种想法来自"无知与懒惰的新闻媒体思维"。他指出，早在1952年，第三届南斯拉夫作家会议（the Third Conference of Yugoslav Writers）就在卢布尔雅那举行。该会议一致决定与当时社会制度下的写实主义决裂，打开了通向现代主义和当代文学征程的大门。他又指出，自1984年以来，笔会作家促进和平会议（the PEN Writers for Peace Conference）一直在布莱德（Bled）举行。

谈到斯洛文尼亚的西方身份问题时，费里沙说，东罗马帝国与西罗马帝国的最初界线，就从后来的南斯拉夫境内穿过。西罗马帝国信仰基督教，使用拉丁字母；而东罗马帝国受到拜占庭、东正教和西里尔（Cyrillic）字母的影响。斯洛文尼亚正好处在两者的中间地带，因此它非常脆弱、易受别人影响。"几乎任何一方，只要它想进攻某个地方，它都会经过斯洛文尼亚，所以它会在此招募年轻人为它而战。"费里沙说道。他还援引了一战中的伊松佐河战役（Isonzo battles）。此战役中，共有100万人死亡，地点位于意大利的边境。这场战役也构成了海明威的小说《永别了，武器》（*A Farewell to Arms*）的背景。

"作为北约成员国，我们是有安全感的，"他说道，"斯洛文尼亚拥有欧洲身份和欧洲文化。它在历史上，有足足700年都隶属于奥地利。不像我们东边的邻国，我们经历过所有大的运动：宗教改革、文艺复兴和启蒙运动。文化上来说，我们属于西方，"他继续说道，"所以布鲁塞尔欧盟总部的官僚作风是大错特错的。"

我们谈到了难民危机问题。"这里的人富有同情心，"他说，"我们知道逃离战乱、背井离乡的滋味——在美国，生活着3万斯洛文尼亚人。一些小老太太给难民提供水和食物。尽管对难民到来表示欢迎，但是她们也担心，如果难民大批到来，她们可能就力不从心了。"

"斯洛文尼亚是个很小的国家，能容纳的难民数量有限，当然，大多数难民想去的国家是德国。周边邻国才不会考虑我们的情况，"他表情冷淡地说，"这些邻国可是巴尔干人生根的地方。"他最后提到这一点，指的是近期从斯洛文尼亚南部边境涌入了大量难民。斯洛文尼亚全国都建立了难民接待中心。近来，一架约旦航班从加沙地区带来40名儿童，政府会提供资金照顾他们。自2011年以来，卢布尔雅那就加入了国际避难城市网（International Cities of Refuge Network，简称ICORN），它为在本国遭到迫害的作家提供庇护所以及驻留期间的资金支持。

随后，费里沙抱歉地说他必须得结束会面，因为他在楼上有个会议，要讨论即将在魁北克（Québec）召开的笔会代表大会（PEN Congress），他会去参加此次会议。我们握手告别，他热心地祝福我的旅程和写作一切顺利。我穿过马路，到了对面的国家博物馆。我发现距离下个约见还为时尚早，于是稍微感到轻松一些，因为我和费里沙的谈话，有太多的内容需要我拿出时间好好消化。

在博物馆前的公园里有一座大铜像，铜像人物身材魁梧，留有长发，穿着17世纪中叶的打斗服。石头底座上刻有的文字可以反映出该人物对国家身份认知的重要性。刻着的文字是VALVASOR。亚内兹·瓦杰卡尔德·瓦尔瓦索（Janez Vajkard Valvasor，1641—1693）是一位奥地利裔的斯洛文尼亚贵族和博学大师。他的德语名字是约翰·魏克哈德·冯·瓦尔瓦索（Johann Weikhard von Valvasor）。其德语著作《卡尼奥拉公国的荣耀》（*Glory of the Duchy of Carniola*）于1689年出版，它记录了后来成为斯洛文尼亚地区的自然史、民俗、工业和农业状况。另外，该著作还详细记录了这个地区独特的石灰岩地貌、山洞、天坑和地下河。他给地下河起了个斯洛文尼亚语名字kars，该词的德语形式karst（喀斯特）已经成为了国际地质学的一个术语。为了表彰他的成就，在埃德蒙·哈雷（Edmond Halley）的推荐下，他当选为伦敦皇家学会（Royal Society in London）会员。

过了宏伟的新文艺复兴风格的大厅，就到了博物馆的前台，它地方不大，整个区域都镶有木板。接待员给彼得·特克（Peter Turk）打了电话，他随后就下楼来见我了。特克博士身材苗条，一头黑发，40多岁了，是一位史前史学家。他热衷强调斯洛文尼亚的琥珀贸易要比罗马人早几个世纪。他说，早在公元前8世纪，琥珀原材就从别的地方运入，在这里进行加工，那时处于铁器时代哈尔施塔特时期（Hallstatt era of the Iron Age）。几千件琥珀手工艺品于此地发现，包括一些项链；一个带有四个琥珀珠的搭扣；一个多头的青铜别针，其一端有六个珠子，这个物件属于潘诺尼亚和北意大利当地的东西，波罗的海沿岸并没有发现过。在卡尼奥拉南边的新梅斯托（Novo Mesto），大量琥珀珠出土于一些坟墓之中，既有男性的坟墓，也有女性的坟墓。同时出土的还有一些青铜器，就是一些酒器，上面往往会有精美的带状装饰，它们可以追溯到公元前6世纪到公元前5世纪。化学分析表明，这些琥珀来自波罗的海地区。

我们对于铁器时代早期斯洛文尼亚的了解主要来自一位叫作玛丽（Marie）的奥地利贵妇。她是梅克伦堡-施威林的公爵夫人（Duchess of Mecklenburg-Schwerin），出生时乃是温迪施-格雷茨的玛丽公主（Princess Marie of Windisch-Graetz）。她于1905年至1914年之间发掘出了琥珀之路沿线几个重要的遗址，包括马格达伦斯卡-格拉（Magdalenska Gora）和斯迪奇纳（Stična）的几处墓地，这两个地点位于卢布尔雅那附近。玛丽身体壮实，常戴一顶宽边帽，她实地调查了几百个墓穴，发掘出了大量头盔、盔甲、古剑和矛头，还有一些搭扣、青铜及琥珀饰品。在其秘书古斯塔夫·戈德堡（Gustav Goldberg）和一帮当地工人的帮助下，玛丽组织进行的考古发掘，即使以今天的标准来看，其安排也是非常周密且极其科学的。"公爵夫人的考古工作，确实让人敬佩，"法国史前史学家约瑟夫·德切莱特（Josef Déchelette）写道，"她在进行考古工作时，非常细心仔细，以免漏掉一些文物和有价值的发现。极少有人能做到她这一点。"

第一次世界大战迫使公爵夫人的考古工作中断。1929年，玛丽去世。后来，国家博物馆保存了她发现的一些文物，但其中大多数文物都被她的继承人进行了拍卖。而因为建国之初的南斯拉夫买不起这些文物，所以这些拍卖文物几乎都到了哈佛大学博物馆和牛津大学阿什莫林博物馆。一件在柏林的胸铠，当年作为礼物，玛丽把它送给了其丈夫的远亲德意志皇帝威廉二世（Kaiser Wilhelm II），他部分赞助了发掘工作。

公元前5世纪，拉坦诺文化逐渐出现。该文化中，下葬形式有所变化，这让当地很难再有琥珀的踪迹。那时，土葬由火葬代替，骨灰装入瓮中，瓮再埋于土下，坟墓里几乎没有陪葬品。然而，博物馆里则有丰富的罗马时期的文物。这里就有那个埃莫纳公民铜像的真品，它的复制品见于议会广场那里。在陶器和金属制品之间，还放有一枚琥珀戒指和一个雕刻精美的狮像。

博物馆中的一件重量级展品是一个刻有铭文的石碑，上面记录了科洛尼亚·伊弗利亚·埃莫纳（COLONIA IVLIA EMONA）之城的建立。那是在14年，此年奥古斯都第38次拥有保民官权，他也是在这一年去世。当时，他的继子已经与他共同执政。一个石碑上面刻有 MVRVM TVRRISQ DEDERVNT，此碑记录了城墙的建立，它出土于罗马城的东面入口处。6年至9年，潘诺尼亚地区发生了叛乱，因此需要修建防护城墙。还有一个石碑出土于2011年，地点是卢布尔雅那稍稍靠南，它是阿奎莱亚和埃莫纳的界碑。该碑的顶端刻有 FINIS，两侧分别刻有 AQVILEIENSIVM 和 EMONENSIVM，它可以追溯到1世纪初。特克博士指出，因为这种界碑只在罗马帝国行省之间竖立，所以这个界碑说明埃莫纳属于意大利，而不是邻近的潘诺尼亚地区。

随后，我走过几个住宅区，到了马特库瓦艺术村（Metelkova Mesta）。它位于火车站附近，是艺术家的一个聚集地。这里有一片破旧的建筑，上面喷有彩漆，颜色亮丽。建筑里是各种各样的俱乐部以及酒吧。我到乐队演奏台下避雨时遇到两个背包客，一位是留有胡须的阿根廷人，还有一位年轻女士，她是澳大利亚人。

很快又来了一位法国人，他当时住在乌克兰。我刚来避雨时，前两位正在讨论难民危机问题。因为边境封闭，那个女孩只能从克罗地亚乘飞机到此。阿根廷人则一直在贝尔格莱德从事与难民问题相关的工作。他们都经历了难民危机所带来的交通问题；几周之前，出门旅行还是非常方便，现在已经变得问题重重。我们后来坐在了演奏台下，时不时有苹果从树上掉落，砸到演奏台的铁顶上，声音震耳欲聋，像炸弹爆炸一样。

那天晚上，我去参加了个品酒会，地点位于特鲁巴列瓦（Trubarjeva）街的一家小商店，离我住的酒店很近。店老板是一位西班牙人，名叫安德烈斯（Andrés）。他的斯洛文尼亚籍妻子是一位律师，在莫西亚（Murcia）从事为英国侨民办理产权转让的工作。安德烈斯则在卢布尔雅那经营自己的生意，批发自家产的橄榄油，他家在哈恩（Jaen）拥有70公顷的橄榄树。除了橄榄油，他还经营红酒，它们产自西班牙、意大利和斯洛文尼亚。两位40多岁的漂亮女士走进店里逛了逛，她们来自萨拉热窝（Sarajevo）。

"萨拉热窝，"两位女士走后，安德烈斯说道，"许许多多的事情源自那里……"

那夜是我在卢布尔雅那的最后一夜，我坐在龙桥旁边的一家酒吧内，喝着一杯红酒，酒的味道比起安德烈斯店里的酒差得太多了。那时，我在沉思之中，没注意听酒吧里的背景音乐。可是，苏珊娜·薇佳（Suzanne Vega）的《墙上的玛琳》（*Marlene on the Wall*）突然响起。接着，我的思绪便回到了在奥洛穆茨与费尔南多·桑德斯见面的情景。我在琥珀之路沿线其他城镇度过的所有夜晚，也一一浮现在我的眼前。多雪塔林的哈瓦那雪茄之屋；维也纳的哈维卡咖啡馆；肖普朗的雷暴之夜……

如今，那些都已成为过去；前方，琥珀之路继续沿着卢布尔雅尼察河穿过朱立安阿尔卑斯山较低的山坡，继续向前延伸。希腊地理学家史特拉波（Strabo）称朱立安阿尔卑斯山为 Mons Ocra。

山谷和道口有利于琥珀运输和道路建设，但是它们也成为罗马帝国防御最薄弱的环节，因为它们给侵略者提供了一条大道，可以直接通往意大利的核心区域。于是，就在此地，罗马帝国修建了一处最大、最精密的要塞。该要塞由三面城墙组成，城墙之上，建有城堡、瞭望塔和门楼。阿米阿努斯·马尔切利努斯（Ammianus Marcellinus）称此要塞为朱立安阿尔卑斯山屏障（Claustra Alpium Iuliarum）。

最东边的城墙自沿海城市塔尔萨迪卡（Tarsatica）起，至奥地利的阿尔卑斯山（Austrian Alps），蜿蜒延伸约80公里，穿过斯洛文尼亚城镇弗尔赫尼卡（Vrhnika），塔尔萨迪卡是现今克罗地亚的里耶卡（Rijeka）；中间的城墙从洛加泰茨（Logatec）穿过；最西边的城墙沿着崇山峻岭穿过赫鲁西卡（Hrušica）道口。271 年，阿勒曼尼人（Alemanni）入侵意大利北部，该屏障的修建，可能是因它而建；但是该屏障也可能反映了东西罗马帝国斗争日益加剧的形势。不管此城墙修建是出于什么动机，它都以失败而告终。接下来，我不仅要沿着琥珀商人和罗马军团的脚步前行，而且还要踏着匈奴首领阿提拉大军的路线，继续我的行程。

次日上午，我乘坐巴士出发。经过卢布尔雅那郊区时，见有许多加油站、车行和超市。驶离郊区后，巴士便在山间前行，山上树木繁茂，山顶有云环绕。在一个村庄，我注意到一条街道的名字，叫作罗马路（Rimska Cesta）。我到达弗尔赫尼卡镇时，小山俨然一变，成了一座大山。我发现这个老镇就在大路旁边，簇拥在一座白色小教堂周围，镇上的主要建筑是一个大型的墨卡托（Mercator）超市。游客中心下午 1 点才开门，我地图上的博物馆也不见了踪影。我喝了杯咖啡，查了查地图和笔记。罗马瑙波尔图斯（Roman Nauportus）的遗址位于现镇中心以南，这里有条道路围绕墓地往西蜿蜒而去。我沿着此路前行，之后右拐，经过一个新的文化中心和一处老旧小区。随后，跨过一条汩汩流水的小溪，就到了一片果园和玉米地。这里的一处高地上矗立着高高的、米色的圣帕维尔教堂（the church of St Pavel）。

在管理甚好的现代墓地入口旁边，我看到了一个圆形罗马瞭望塔的地基部分，其中一半被常春藤所覆盖。我继续沿山坡上行，路过一个纪念石碑，它纪念的是二战中南斯拉夫的游击队员。过了一会儿，我到了哈里伯（Hrib）小村。这里可以看到远处的群山胜景，真是美不胜收。我又沿着右边的一条道路行进，道路两侧是整洁干净的现代别墅，路过了一家宝马服务中心，然后顺着弯弯曲曲的道路下山，穿过一个树林，里面是桦树和榛树。附近，应该还有一个罗马时期的瞭望塔，但是，结果证明我这次寻路有所冒失。我误闯到一个私家车道上，惹得狗吠四起。那时，我蓬头垢面、不修边幅，在这个富裕的村子里，我俨然就是一个闯入者。

最终，我遇到一位老人，他正拿着水管在冲洗自己的车。于是，我上前用结结巴巴的斯洛文尼亚语问他罗马塔（Rimski Turm）在什么方向。他领我绕到其房子的一边，用手示意要穿过一片果园。路上，遇一陡坡，坡上荨麻和荆棘遍布，沿陡坡上行之后，我找到了它。这个瞭望塔只剩下了底层部分，它呈方形，看似非常敦实，高度近两米，就位于一个角落之中。塔边，有一个孩子建的树屋，塔内，出乎我的意料，竟然有几排整齐的蜂箱，箱上涂有亮丽的颜色，每个箱子颜色不同。古塔位于一些花园之后，由于很少有人造访这处遗址，该塔已与周围环境融为一体。山顶雾气缭绕，一只鸢鹰盘旋于上空，甚是悠闲。

乘坐巴士 15 分钟，我就到了洛加泰茨（Logatec）。此镇沿着大路，呈带状伸展。镇里有几处老建筑，还有两座巴洛克式教堂。该镇不过是主干道上的一个中转站，可能自从罗马建起此城以来，它就一直在这里了。罗马建城时，此地叫作朗加泰卡姆（Longaticum）。我下车的巴士站点，恰巧离我预定了房间的托拉齐别墅（Villa Tollazzi）很近，这是我的运气好，而不是我的判断强。

房东是一位中年女士，名叫罗莎娜（Rossana）。她告诉我，其曾祖父以前在维也纳至的里雅斯特（Trieste）的路上从事运输工作，靠此赚了钱，修建了这个有悬挑式屋顶的大房子。

前台上方，挂有一张 19 世纪的放大的明信片，上面印有这座别墅。南斯拉夫政府没收过这处房产，但是斯洛文尼亚独立以后，它又归还给本家。20 世纪 80 年代，罗莎娜以互惠生的身份，在诺丁山（Notting Hill）工作。后来，她付给亲戚一定资金，买下了房产的所有权，用房子开了一家酒店。我问她房子是否需要翻新，她回答说：

"如果我知道翻新得需要花多少力气，我想我就不会进行翻新的。"

我冲了个澡，换了衣服，就趁天黑之前到镇里去逛一逛。夜里潮湿的空气中漂浮着浓浓的炊烟味道。经过几家咖啡店后，我走进一个工薪阶层的披萨店，在那里独自一人吃了饭。店里的背景音乐是经典的乡村歌曲，从帕蒂·佩奇（Patti Page）优美的《田纳西华尔兹》（*Tennessee Waltz*）到威利·纳尔逊（Wille Nelson）的《威士忌河》（*Whiskey River*）——"那时琥珀河好似从我的思绪中流出……"其间，时不时传来货运列车从铁路驶过及鸣笛的声音。

第二天上午，我又稍微转了一转，发现几家面包店和烧烤店。除此之外，还有两家眼镜店与两家商店，商店卖的是宠物食品和其他一些食品。教堂的对面，是一个小型现代神龛，供奉的是图尔的圣马丁（St Martin of Tours）。穿过此镇的圣马丁路（St Martin's Way）在附近与琥珀之路重合，但是这里却没有琥珀之路的任何标识，几乎没有当地人听说过琥珀之路这回事。罗莎娜告诉我，虽然该地区文化资源丰富，喀斯特洞穴遍布，但是现任镇长却无心发展旅游业。令她倍感生气的是，镇长竟然提议拆除她酒店旁的几处老建筑，腾出地方以修建一个购物中心。

我接下来的行程是去拉尼什切（Lanišče）和赫鲁西卡的罗马要塞。但是自洛加泰茨，却没有公共交通可以到达那里。巴士行进的路线，只是经过要塞的北部。我让罗莎娜给我找了辆出租车，一位和善的当地人，开着小型面包车，下午1点准时到达了。

我们经过卡尔斯（Kalce）村时，看到一个漂亮的农场老建筑坍塌在了路边。过了此村，地势开始升高，车子在路上蜿蜒前行，穿过一片黑黑的松林，林边存放着一堆堆的木材。司机把车子拐到一条窄路上，路上有许多车辙的印迹。随后，司机在那等候，我去看一下要塞的遗址。要塞的方塔已被重建到一定高度，它竟然有着斜面窗洞，这肯定不是罗马建筑的风格。

过了要塞，树林变得更加多样。槭树开始披上秋装，呈现出金黄色；榛树和白桦却依然穿着夏装，还是绿油油的。地势继续攀升，下午1点半时，我们到达了赫鲁西卡。这里是路上最高的关口，海拔约有900米。此要塞比拉尼什切的那个大得多，其城墙沿着路两侧向前延伸。墙内有个小的门楼，其实是一个驿站（the Stara Pošta）。附近，还有其他两座房子。除此之外，再也没有别的东西了。此处山顶，狂风肆虐，四周山峦叠嶂，绵延不绝。

一条现代道路沿着罗马时期的哲梅纳大道（Via Gemina）从要塞穿过。哲梅纳大道修建于奥古斯都统治时期；此道虽然路途曲折，但是它缩短了埃莫纳到阿奎莱亚的路程。从埃莫纳到阿奎莱亚，如果走南边另外一条平原路线，会多花一天的时间。这个要塞离朗加泰卡姆（Longaticum）有 16 公里，单单骑马要骑半天的时间，如载货赶车而行，要花一整天的时间。因为罗马人把这个站点叫作梨树之下（Ad Pirum），所以这条路很可能经过一棵梨树。春天，行人经过此地时，白色的梨花在周围绿色树林的衬托下格外醒目。以梨树来命名此地的传统，也可见于该地现今的名字 Hrusica，以及此地的德语旧名 Birnbaumer Wald。Hrusica 来自斯洛文尼亚语 Hruska 一词，后者的意思是"梨树"；而德语 Birnbaumer Wald 的意思是"梨树林"。

驿站自从 16 世纪以来，就一直被奥地利邮政系统所使用。瓦尔瓦索曾经这样来描述驿站：驿站孤独地矗立于可怕的荒野之中，驿站人员肯定会经历悲伤、心烦、乏味、恐惧、危险和不便，如路上的行人一样。这个要塞的驿站还算保存完整，依然可见它那巴洛克式的门廊。1689 年，瓦尔瓦索来到这里，进行实地调查。为这次调查所作的版画中，就有这个巴洛克式的门廊。19 世纪时，此驿站用做了狩猎小屋；20 世纪时，它已变得破败不堪，在 20 世纪 90 年代，驿站被翻新，成为了一家旅店。一对中年夫妻经营这家旅店已有 20 多年。他们热情好客，但不会说英语。不过，他们有个年轻的儿子，20 多岁了，英语说得很好。我是这里唯一的客人，虽然旅店也作为当地些许农民的酒吧。待在这里，白天我就探索一下古迹，爬一爬周围的小山。晚上，我就写点东西，计划一下后续的行程。除此以外，在这里就没有什么可做的了。

旅店有一个附属建筑，里面有个不大但很用心的展览。它是由卢布尔雅那国家博物馆的一个团队负责布置的。信息板上展示了要塞的布局和历史，同时还布置有道路的现代地图和波伊廷格地图，后者上面，赫鲁西卡的名字是 In Alpe Iulia。一些手工艺品在此展出，它们出土于要塞或其周边。其中有一把钥匙、一个钻头、一个木工刨、一把骨柄刀子、一个尖锥、一些陶器碎片、一个 4 世纪时期的搭扣、一个骨制发夹、一个残缺的玻璃手镯。武器展品中，有投掷铁弹、3 世纪时期的青铜盔甲片、一件片状盔甲，上面镶嵌有弥涅耳瓦的精美头像。展品中还有 9 枚保存良好的罗马硬币，其铸造年代就是此要塞有军队驻扎的那个世纪。年代最早的是 3 世纪末戴克里先（Diocletian）统治时期铸造的安东尼尼安努斯（antoninianus）硬币；年代最晚的是大约 395 年狄奥多西统治时期铸造的森特尼奥纳利斯（centenionalis）硬币，此后，要塞就被废弃了。

在路的旅店这一侧，城墙依然约有 1 米高，城墙依山势上爬，至一陡峭悬崖。悬崖之上，立有一个多边形的防御塔。门楼曾经横跨路面，控制着交通，路两边的门楼底座还依稀可见。一边的底座上，甚至可以看到一个圆坑，这里是一扇门的低端铰链嵌入的地方。

走进大门，是一座教堂的地基。该教堂是中世纪时期的一座小教堂，叫作圣格特鲁德教堂（church of St Gertrude）。圣格特鲁德是旅行者的保护神。在瓦尔瓦索的版画里，是可以看到这个教堂的。我也搞不清楚它是何时、因何不见了踪迹。

在路的另一侧，要塞沿着陡坡上升，有一个内墙把它分成了两部分，墙上建有一座半圆形的防御堡垒。要塞的上半部分，一般用来圈养家畜。但是，如果进攻者占领了要塞的下半部分，守卫部队可以撤退到上半部分继续进行战斗，向下面的敌人投掷武器。要塞顶端有个窄窄的出口。万一第二道防线也被攻破，守兵便可从该出口逃离。

历史上，该要塞被围攻过数次。351 年，君士坦提乌斯二世针对他的敌手马格嫩提乌斯发动了战争，这个要塞被他攻克。造反者尤吉尼厄斯（Eugenius）曾经希望恢复异教信仰。皇帝狄奥多西是一个狂热的基督徒，决心消灭一切旧神的踪迹。394 年，狄奥多西攻破此要塞，与尤吉尼厄斯展开了大战。然而，451 年，阿提拉进军到此地时，该要塞已被废弃，他在这里没有遭遇任何抵抗。

山顶的风光令人振奋不已。这里俯视着波斯托伊纳（Postonja）镇，近处是层层小山，远处则是崇山峻岭。几百英尺之下，一束烟云在郁郁葱葱的山谷中飘荡。我又一次站在了欧洲一个重要的分水岭上：掉落在我左侧的雨滴，会流入卢布尔雅尼察河，进而流经萨瓦河，再到多瑙河，最终汇入黑海。掉落在我右侧的雨滴，会先后流入维帕瓦（Vipava）河与伊松佐河，最后汇入亚得里亚海。

次日上午，旅店那位年轻小伙非常友善，决定开车行驶 10 公里，把我送到阿伊多夫什契纳（Ajdovščina）。途中山路陡峭，树林密布。路过的乡村让我想到了中威尔士（Mid-Wales）地区。

行至克尔（Col）村时，我们转过一道弯，顿时山丘之间像打开了一扇门，一道美景浮现在眼前。景色沿着维帕瓦河谷地往前延伸，一直到远方的群山之处。这是通往意大利的门户。村子边缘有一座破败的小城堡。

"没有人。"年轻小伙边做手势边说道，"我们与鬼魂生活在一起。"像欧洲许多农村地区一样，这里没什么工作可做，年轻人都搬到城里去了。他的女朋友在卢布尔雅那学习地质学。

快到阿伊多夫什契纳的时候，车子一路下陡坡行驶。到了目的地之后，我在镇中心下了车。现在，太阳驱散了雾气，天空明净了起来。我先找了个咖啡馆，喝了杯咖啡，这个咖啡馆就紧靠一座罗马塔楼而建。喝完咖啡，我开始游逛小镇。1920 年，根据《拉帕洛条约》（Treaty of Rapallo）规定，阿伊多夫什契纳归属了意大利，该镇的意大利语名字为埃德乌斯纳（Aidussina）。二战以后，它才归属了南斯拉夫。此镇波形瓦的房子，是典型的意大利风格。该镇坐落于群山之下、胡贝尔伊河（river Hubelj）的右岸，此河是维帕瓦河一条生机盎然的支流。罗马人称胡贝尔伊河为冰河（Flumen Frigidus），394 年，一场恶战就发生于此。这次战争中，狄奥多西大胜他的异教徒敌手尤吉尼厄斯。诗人克劳狄安（Claudian）讲道，那次战役中，一阵大风（Burja）从北吹来，让尤吉尼厄斯大败，因为风把他弓箭手射出的箭吹回，反而射向了自己的军队。不过，当时亚拉里克（Alaric）带领 2 万哥特军队给狄奥多西助战。这一事实，可能对战争结果更具决定性影响。此次胜利，让狄奥多西成为了东西罗马帝国最后一位共同的皇帝。一年之后，狄奥多西去世。接着，他的帝国就由他两个无能的儿子一分为二了。一个儿子是阿卡狄乌斯（Arcadius）；另一个是霍诺留（Honorius）。410 年，亚拉里克厌倦了罗马人的出尔反尔，于是就率领西哥特军队，进攻罗马城。

阿伊多夫什契纳的主广场曾经是此地罗马城的公共集会广场。这个罗马城原来叫作 Castrum ad Fluvio Frigido，意思是"冰河边的要塞"。该广场见证了距今最近的一次意识形态冲突。广场如今叫作拉夫里切夫（Lavričev）广场，它以 19世纪时期自由主义政治家卡雷尔·拉夫里奇（Karel Lavrič）的名字命名。但是，广场新标牌的上方有个老标牌，其上写有广场的旧名，叫作铁托元帅（Marshal Tito）广场。

石铺地面上有一个图形，它标明了一座罗马房子的地基。该房发掘于 20 世纪60 年代。广场南边是一处浴场的遗址。从这里出发，我围绕罗马城墙转了一圈。城墙之上，每隔一段距离，会见到残存的塔楼，它们高度不一。原来的塔楼，共有 14 座。其中一些已遭破坏，其断壁残垣或被用到了私人花园中，或可见于后来建筑的弧墙中，这些建筑直接建于塔楼地基之上。我转到城墙的北边，走过几处菜园，就看到了城墙保护最好的部分。这里有一个高高的城堡形炮塔，其上端部分中世纪时曾经加固过；一段有拱顶的城墙；还有一个炮塔，但只有其低端部分被保留了下来。四周群山环绕之下，罗马的古城墙景色鲜明，给人留下深深的印象。

晚上无事可做，我在破旧的卡西诺酒店（Casino Hotel）吃完晚饭，就回到了我预定的公寓。深夜，起了狂风，吹得椽子都动了起来。第二天上午，风更大了，树都要被吹断的样子，风把街道刮得干干净净。现在，我才明白为什么许多房顶的瓦片上压着一些大石头。

"这就是那次战役中所谓的大风吧？"我问公寓前台人员。

"是的，"她说，"有时还会比今天的风更猛烈。"

我去了镇博物馆，该馆不大。楼上展厅专门陈列与罗马定居点有关的文物。馆里有一些小的手工艺品，它们大多是城墙外墓地里的陪葬品。其中包括一些陶器残片；几个油灯；一个玻璃细颈瓶；一个弩弓形搭扣；还有一个琥珀雕刻的戒指，非常厚实，由于年代久远，颜色有些发暗，其工艺出自阿奎莱亚。另有一个漂亮的女神小铜像、眉钳、一些箭头和铁钉。砖石雕刻展品中，有几个墓碑、门窗框缘的残片、三角形楣饰、一个庙宇柱子的底座，该庙宇曾经矗立于城墙之内。

在下一辆巴士开往新戈里察（Nova Gorica）之前，我还有几个小时的时间可以再逛一逛。实际上，所有地方都关门了，风太大了，我若不是站在墙下的背风处，就几乎要被吹跑了。因此，我回到了那家咖啡馆，它也是我所住公寓的管理方。我问咖啡馆里的年轻女士是否可以为我找辆出租车，该镇没有出租车公司，但是她打了几个电话后，给我找了个当地人，他愿意送我一程，车费是25欧元。

这位司机身材不高，但很壮实，留了一小缕灰胡子。车子在山间沿着一条双向车道快速行驶。"超级大风，"他兴奋地说，"无风，就无生活。风总比雾和雨要好。"

行驶了20公里，我们即将到达新戈里察时，大风已经减弱为微风。前方一巨石顶上，我们可以看到戈里齐亚（Gorizia）的城堡，那里已是意大利境内。车子又穿过一个山中隧道，之后就到达了新戈里察。1947年，戈里齐亚被意大利吞并。此后，新戈里察开始建立，它是一个整洁有序的现代城镇，建立之初是为了容纳戈里齐亚的斯洛文尼亚人。我从一个购物中心旁边下了车，然后沿着一条长长的大街前行。大街两侧种着雪松，还可见到一些大理石底座，上面是前南斯拉夫游击队英雄的半身像。看到一个酒吧开着门，我就进去喝了我在斯洛文尼亚的最后一杯啤酒。我距离边境已不到 100 米了。酒吧对面是一家破旧的夜总会，叫作蒙娜丽莎（Monaliza）；这个旧时的典型苏联城镇，现在依靠经营低端赌场和夜总会，生意还做得挺红火，顾客多是边境那边的意大利人。我把啤酒喝完，然后走过一个道口，就到了意大利境内。

第十四章
幸福的港湾

　　边境畅通无阻，没有检查站，没有守卫，没有护照检查。我径直沿着一条城市街道走了一会儿，路遇一个标牌，上面有个欧盟的旗帜，还写有 ITALIJA 一词。这时，气氛瞬间就变了。人们说的语言、穿的衣服或者是穿衣的方式，还有他们的肢体动作，都与斯洛文尼亚边境那边不一样了。司机不停地按喇叭，女士牵的狗只有沙鼠大小，房子绿色的百叶窗，院子中的伞松，墙上贴的黑色讣告（朱塞佩娜·马里尼，97 岁），所有这些，都是典型的意大利风格。虽然人们可以在边境自由穿梭，但是文化随国境不同而表现得不一样，这些是用眼睛就可以看出来的。

　　我沿山坡而上，就到了主广场。该广场的形状是一个长长的等腰三角形，它位于城堡岩之下。广场上的主要建筑是橙色的政府大楼（Palazzo del Governo）和巨大的巴洛克式圣依纳爵·罗耀拉教堂（church of St Ignatius Loyola）。像此地的许多建筑一样，一战后，该教堂被大范围重建。一战期间，在漫长严酷的伊松佐河战役中，此城遭遇了连续不断的炮击。我继续前行，过了警察局，进入了较小的嘉富尔广场（Piazza Cavour）。然后，我沿着卡布奇尼街（Via Cappuccini）走下去，路过一个雕像，人物是阿西西的圣芳济各（St Francis of Assisi），接着我便到了预定的酒店。酒店位于一条不起眼的郊区街道上，其餐厅和酒吧彻底歇业关门了。窗上有一则通知，上面写有一个电话号码。我走到酒店一侧，坐到一段铁梯上，用手机拨通那个电话号码。这时，天下起雨来。

接电话的是一位女士，十分钟后，她到了这里，把门打开，让我进了屋。前台区域有潮湿发霉的味道，还胡乱摆放着些重重的家具，它们的颜色呈深暗色。墙面上，挂有哈布斯堡王朝的家谱图；书架上，放有一本《圣经》，几本艺术与考古的插画书，还有一排家用录像带（VHS videos），其中包括《浓情巧克力》（*Chocolat*）、《时空英豪》（*Highlander*）、《当哈利碰上莎莉》（*Harry, Li Presenta Sally*）等等。她复印了我护照之后，就领我到了二楼的公寓。房间有些阴暗，在刨花板橱柜里，放着一些烹饪器具。

那时，我已饥肠辘辘，于是走回城中去吃晚饭。在一条小街上，见有一个绿色的霓虹灯牌子，上面的字是 TRATTORIA，它的意思是"餐馆"。这个牌子好似在向我招手示意，发出邀请。不过，我有提前预定座位吗？"对不起，已没有座位了"，我又到了其他三家餐馆，都是同样的结果。这可是周六晚上。最终，在一条窄巷中，我发现了一个小餐馆。餐馆的气氛轻松自在，服务热情周到。顾客很多，他们都挤到了人行道上，其中包含各个年龄阶段的波希米亚人。虽然我本想吃一顿热饭，但是我最终点了意式烤面包和肉丸。配上啤酒，我很快就让它们下了肚。柜台上，放着一张当地报纸——《日报》（*Il Piccolo*）。我注意到一则报道，内容是全国联盟政党（National Alliance）抨击弗里乌尔-威尼西亚·朱利亚地区（Friuli-Venezia Giulia）政府，指责该政府让这一地区成为了"北方的兰佩杜萨岛"（the Lampedusa of the North）。全国联盟政党是一个极右政党，独裁者墨索里尼的孙女亚历山德拉·墨索里尼（Alessandra Mussolini）就曾加入过这个政党。该党声称，卡瓦尔泽拉尼（Cavarzerani）和蒙蒂（Monti）两地的旧军营会变成"持续滋生难以控制的不法之徒的贫民区"。这些旧军营里，现今容纳了大约 2700 名难民。该党还要求，意大利应当关闭边境，就如法国在文蒂米利亚（Ventimiglia）的做法一样。

次日，开往阿奎莱亚的巴士中午过后才发车。于是，我走到城里，去了主广场附近，享受了一杯浓浓的热咖啡。随后，我要走好长一段距离才能到达火车站，我会从那里乘坐巴士。走在罗马街（Via Roma）时，见到一个法西斯时代的塑像，人物是皇帝奥古斯都，也是此国的"国父"（Father of the Country）。人像从一个阿吉普（Agip）加油站内，向外做出手势。我还看见一张海报，它在宣传一个在米兰举行的反移民集会。海报上的标语是："保卫边境！反抗侵略！"

有人已把海报撕裂了。火车站对面有个让人心情沉重的纪念碑，它由生锈的铁链制成。该碑写有意大利文和希伯来文，纪念的是一些戈里齐亚公民，他们由此地被押往奥斯维辛集中营、茂特豪森集中营（Mauthausen）和第三帝国的其他"死亡工厂"。

巴士在出城的路上，跨过了宽阔的青色伊松佐河。1915 年至 1917 年，这个宽广肥沃的河谷见证了一场战役，其激烈程度堪比西线的任何一场战斗。仅在意大利完成统一 45 年后，正是在这里，这个年轻的国家得到了进一步锻造，有 100 万战士，他们自认为是卡拉布里亚人（Calabrian）、翁布里亚人（Umbrian）或皮埃蒙特人（Piedmontese），在伊松佐河战役中，他们并肩作战，一起牺牲。正是在这里，坚毅的品格融入了这个民族的灵魂。然而，也是在这里，墨索里尼的思想才有所成形。

这里有一条罗马古道，巴士就沿着古道的路线行驶，穿过梅尼泽（Mainizza）和格拉迪斯卡（Gradisca）。罗马时期，梅尼泽叫作 Pons Soneto；格拉迪斯卡叫作 Ad Undecimum。西方出现一片参差不齐的暗色轮廓，那是多洛米蒂山脉（Dolomites）。行至弗米切洛（Fumicello）时，一位年轻男士上了车，他身穿皮夹克，脸上有林肯式的胡子，头上披着金黄的长发。他在一位女士旁边坐下，该女士有着一样的金发，他俩深情一抱，真是天生一对。时髦，轻松，自信，完全专注于自己。女士从肩包里拿出一本书，激动地给男友看，书还没有开封。那本书是布鲁斯·查特文（Bruce Chatwin）的《巴塔哥尼亚》（*In Patagonia*）。巴士穿过平坦的河口沼泽地之后，阿奎莱亚的钟楼出现在远方的视野之中。

在一个 T 字路口，巴士左拐，驶过一长排重新组合的柱子，这些柱子标志着此处曾是罗马时期的集会广场。我在城中心下了车，然后往回走，穿过大教堂前的广场，进了一家咖啡馆，喝了一杯啤酒。阿奎莱亚依然还是夏天的景象。蜜色的石头被下午的阳光晒得发暖，蝴蝶在还未被秋天染黄的酸橙树间飞舞，玫瑰在花架上盛开。

阿奎莱亚现今人口只有 3500 人。罗马时期，此城的人口可比现在要多得多。

据诗人奥索尼乌斯（Ausonius）在《名城之排名》（*The Order of Famous Cities*）里所说，阿奎莱亚是意大利的第四大城市，前三位分别是罗马、米兰和卡普阿（Capua），而在整个罗马帝国，它是第九大城市。昔日，阿奎莱亚多元化的人口多达 5 万之多，不仅包括罗马人和希腊人，还包括叙利亚人、埃及人、犹太人和凯尔特人。"神圣的阿奎莱亚，"马提亚尔（Martial）在约 1 世纪末时写道，

"当我老去，你就是我的幸福港湾／我最终选择你作为我的安息之地。"但是，诗人最后却长眠于他的故乡西班牙。

该城罗马时期的遗迹遍布城中的街道与周围的田野。昔日的罗马集会广场旁边，有一段古时铺设的道路；一个圆形剧场的残迹；各式房屋的地基；还有一座大坟墓，其大部分是 20 世纪时重建的，但是该坟墓中可见原有的雕刻，包括两个石狮和一个精美的公牛浮雕。

大教堂是一个令人赞叹的罗马式教堂，附有一座高大的独立钟楼和一个八边形的洗礼堂，该堂由一拱廊与大教堂连接。这座教堂应该是许多意大利城市的名片。它那有立柱的正厅和带有壁画的东侧小室，具有朴素之美。但是，这种美与我脚下之物相比，就顿时黯然失色了。20 世纪初期，考古发掘者把地板升起后，发现了一片镶嵌图案，该图案应该原本是此处首座大教堂的地面。313 年，君士坦丁把基督教信仰合法化之后，大主教西奥多很快就在此处修建了第一座大教堂。我能看到最初立柱的底座，后来的柱子就是在这些底座之上修建。该大教堂历经多次重建。4 世纪末，地板被抬高，镶嵌图案埋在了地板之下；10 世纪时，教堂东侧小室被涂上了壁画；14 世纪，这里发生地震之后，教堂的上半部分进行了重建，正厅便有了柳叶刀拱形窗。

镶嵌图案的面积大小、艺术品质或是保存完好度，都是我之前所没有料到的。图案简直太大了，它约有 760 平方米。

在其错综复杂的几何图形之中，可以看到詹姆斯（James）和约翰（John）两人在加利利海（Sea of Galilee）垂钓、约拿（Jonah）和鲸鱼、罗马男人和女人的画像、鱼类、鸟类、母鸡和乌龟的打斗、野兔、雄鹿、山羊、龙虾。一个圆盾上面宣告，该教堂是主教西奥多的作品。阿奎莱亚之外，此镶嵌图案不大为人所知，我对此颇感吃惊。该图案属基督教图解，它有这样的宏大气势，并且面向公众开放，若从此方面来看，它在同样的图案中，肯定是现存最早的。有一种观点认为，4 世纪初的基督徒是一个奉行苦行主义、沉闷无趣的团体。此镶嵌图案让我们看到，这种观点乃是错误的。该图案充满了力量、幽默和生活乐趣。图中可以看到一些异教画面，如涅瑞伊得斯（Nereids）骑于怪物之上，还有尼普顿（Neptune）坐于由海马拖行的马车之中。

该图案完成仅 70 年后，西奥多的继承者克罗玛蒂乌斯（Chromatius）就下令在原址修建一座新教堂。于是，这个伟大的艺术品便被埋于一米黄土之下。新建一座教堂实属是有此必要，还是反映了一种不容异己的新气候？4世纪的大部分时间，对基督教的几种不同阐释与异教、犹太教和罗马帝国的许多其他信仰共存。然而，381年，圣安波罗修（St Ambrose）在阿奎莱亚组建了教会议会，把主教亚留（Bishop Arius）的追随者定为异教徒。亚留认为基督是上帝之子，而不是上帝。这一观点吸引了大量的信众，其中就有皇帝瓦伦斯（Valens），并且在哥特人当中，此观点也广受支持。瓦伦斯的继任者狄奥多西，其信仰极其正统，他下令禁止异教献祭，关闭邪教中心，并且压制奥林匹克运动会。虽然他还没有下令拆毁犹太教堂和异教庙宇，但是他接受了安波罗修的要求，那就是若有基督暴徒实施了上述行为，不必对他们采取惩罚措施。

钟楼之外有个陡梯。爬上陡梯，可到钟楼的二楼。钟楼高有73米，建于1030年，所用的石头来自罗马圆形剧场。

约有130级久经岁月的螺旋台阶，蜿蜒而上，通至八边形的钟塔。此处的木笼内，有三个大铜钟。一个告示建议游客不要在钟响时攀爬钟楼。北边耸立着白雪皑皑的阿尔卑斯山。南边是一片水汪汪的舄湖和泥滩，自阿奎莱亚而出的一条笔直道路穿越其中。此路穿过堤道，直通沙洲之上的格拉多（Grado）港。港口之外，亚得里亚海闪闪发光。这是数月之前离开波罗的海沿岸后，首次看到如此宽阔的水面。东边，伊松佐河流入的里雅斯特湾（Gulf of Trieste）。西边是大片的威尼斯舄湖。距此以北1000公里之外，发现于波罗的海沿岸的琥珀，经过长途跋涉，到达其终点威尼斯。威尼斯由威尼斯舄湖所环绕，神奇的是，该舄湖似乎是波罗的海沿岸的那两个舄湖的写照。

大教堂后面是一处令人伤感的一战墓地，一个个金属十字架立于柏树的暗影下。每个墓碑之上都刻有铭文。威尔弗雷德·欧文（Wilfred Owen）的诗句"为祖国而死是甜蜜和光荣的"（Dulce et Decorum Est Pro Patria Mori），让这些铭文读来甚感悲壮。最近的一座纪念碑，上面写有教皇若望二十三世（Pope John XXIII）的话："父母厌恶战争"（Madri e padri detestano la guerra）。过了墓地，我走到一条安静的田间小路，它一直向远方的高山延伸而去。从这个角度看钟楼，很明显可以看出它有一点歪斜。我在小路上继续沿着纳蒂萨（Natissa）河前行，就到了罗马时期的港口。虽然下午阳光依然明媚，但已是4点多钟，考古公园已经关门了。不过，有一个地方，一棵倒树把栅栏砸开了一个缺口，我就由此钻了进去。柏树大道下面，河边并排许多泊位，每个泊位上都有石刻系船环。然而，河水长久以来早就变成了溪水，估计连一只独木舟都浮不起来。

码头之上建有防御城墙。公元前181年，此城刚刚建立时，它像共和国时代其他许多城市一样是有城墙的。但是，随着该城不断发展壮大，人们就放任城墙倒塌，在此位置再修建其他建筑。

1世纪至2世纪，罗马帝国达到鼎盛时期。此时，人们认为城市若再建防御城墙，简直是毫无这个必要。可是，3世纪时，内讧和权力斗争让帝国变得四分五裂。238年，色雷斯人马克西米努斯（Maximinus the Thracian）进攻阿奎莱亚，他是多瑙河畔的军团首领。在那个充满了血腥的年代，许多军阀靠其残暴取得权力，马克西米努斯可算是最残暴的一位。他在硬币上的人像，寸头发型，鼻子断裂，下巴突出，像是老派的伦敦东区黑帮分子。此人的恶名显然跑得比其本身还快，因为阿奎莱亚人急匆匆地修起了一道防御城墙。他们当时拆掉了许多完好的纪念碑，把它们当做了筑墙材料。由此可见，他们当时对马克西米努斯所具有的恐惧程度。1936年，时任阿奎莱亚国家考古博物馆馆长的乔瓦尼·布鲁辛（Giovanni Brusin）发掘出了这些纪念碑，之后把它们摆放到了通往码头的大道上，其中包括柱子底座、圣坛、墓碑和石刻。不管城墙修建得如何匆忙，它似乎确实起到了作用。马克西米努斯攻城失败，结果部队发生叛乱，他也因此身亡。

这是阿奎莱亚遭受的首次围攻，在罗马帝国长久的垂死挣扎过程中，这样的围攻，它经历过多次。340年，君士坦丁二世试图从他兄弟君士坦斯（Constans）手中拿下此城，但是他却死于城墙之下。20年后，君士坦丁大帝那时唯一活下来的儿子君士坦提乌斯二世，夺取了阿奎莱亚，随后该城又被忠于叛教者尤利安（Julian the Apostate）的部队围攻。401年，亚拉里克率领大军从赫鲁西卡赶来，攻占了此城。452年，该城又被阿提拉洗劫。约达尼斯（Jordanes）在他的《哥特人的起源和功绩》（*Origins and Deeds of the Goths*）中讲道，匈奴首领阿提拉起初考虑到阿奎莱亚的防守固若金汤，曾认真盘算要绕过此城，但是之后他看到许多鹳把其幼鸟从城墙的巢穴中转移带走，他便认为这是城墙必倒的预兆，于是决心攻城。塞巴斯丁·缪斯特（Sebastian Munster）于1544年出版了《世界地理学》（*Cosmographia*），其中有一幅精美的版画描绘了阿提拉攻城的场景。

城民逃到了舄湖那里，在那儿兴建了格拉多和托尔切洛。6世纪时，阿奎莱亚被拜占庭人占领，此城变成他们对抗哥特人的边境前哨。那时，哥特人统治着意大利的大部分区域。拜占庭人横跨城的中部，建起一座曲折的城墙，放弃城的北部，

226

包括那个集会广场。

考古发掘的整体工作由阿奎莱亚基金会（Fondazione Aquileia）负责。该基金会由欧盟资助，旨在促进文化旅游、筹措资金并且开展研究、保护和修复工作。我之前联系过该基金会的主任克里斯蒂亚诺·图西（Cristiano Tiussi）并约定见面。就在大教堂的对面，有一座19世纪深红色的建筑，我在其中找到了基金会的办公室。接待员领我到了一个不锈钢电梯处，我进入电梯直达顶楼。顶楼办公室摆放着现代办公家具，还有放着满满的活页夹的书架，这与斜木屋顶的旧梁柱形成了一定的反差。

图西坐在桌旁，显得随和可亲，还留有整齐的山羊胡。他向我讲述了阿奎莱亚的史前情况。蒂马沃河（Timavo）是一条地下岩溶溪流，它在圣乔瓦尼迪杜伊诺（San Giovanni di Duino）流出地表，那里在这儿以东，距20公里左右。此河流入的里雅斯特湾，它曾经先是威尼托人与伊斯特里亚人的边界，后来是罗马人与伊斯特里亚人的边界。早在罗马人在此定居之前，此河口就是琥珀之路与大海相接的地方。李维（Livy）曾把此河口叫作 Lacus Timavi；维吉尔（Virgil）在其《埃涅阿斯纪》（Aeneid）中提及过此河；据史特拉波（Strabo）所述，该河岸曾有一座狄俄墨德（Diomede）庙宇。前一年的考古发掘中，该地发现了许多史前文物，其中包括有双耳细颈瓶和其他陶器。

我问图西琥珀贸易何时催生了琥珀成品制作行业。"最早的物件可以追溯到公元前1世纪，"他告诉我说，"似乎在1世纪末生产规模有所提升，这可能是由于尼禄派出许多骑士到此寻找琥珀的原因。"我想知道琥珀成品制作是在城市哪个具体区域，但是至今还没有发现相关的证据。"19世纪时，在阿奎莱亚的一所房子内，发现有琥珀原石。这所房子可能是一处琥珀加工作坊，但是对此我们没有十足的把握。"

我们对于阿奎莱亚琥珀加工业的了解大多来自坟墓的陪葬品。有戒指、珠子、护身符和一些其他个人饰品，它们当时与死者一同下葬。一些出土于18世纪和19世纪的文物进入了私人收藏行列；也有一些收藏于国家考古博物馆，我会在第二天去参观此馆。距今最近的琥珀制品可以追溯到3世纪初；不知出于何种原因，该城的琥珀制作业大约在这一时期就终结了。这可以从一篇文章中得到验证，此文章出自《罗马帝王记》（Augustan Histories），当然据说此书内容并不是最可靠的。但不管怎样，此文章确实讲到一则关于古怪皇帝埃拉伽巴路斯（Emperor

Elagabalus）的故事，他于 218 年至 222 年在位。故事中说埃拉伽路斯"在一处柱廊里撒满了金粉和银粉，然后哀叹于他没有琥珀粉可撒"，这似乎预示了当时琥珀供应的短缺。最新发掘的有琥珀制品的坟墓，其年代可以追溯到 4 世纪晚期，但是图西提醒说，这些坟墓里的琥珀制品，下葬时不一定是新品，而是家族传下来的老物件。伦巴第时期的坟墓里也出土了少量的琥珀制品，但是这些可能又是从老一辈传下来的东西。

阿奎莱亚地下的大部区域还处于未发掘的状态，它有着同类地区最为丰富的考古资源。新近的发掘工作由一些大学开展实施，包括的里雅斯特大学、帕多瓦大学、威尼斯大学和乌迪内大学。该城西部的一个圆形广场附近，有考古发掘工作正在进行。2 世纪末，一座新的皇帝行宫在那儿兴建，该宫周围有城墙环绕。"这是阿奎莱亚的重要时刻，因为此城有了皇帝下榻的住处，像米兰那样。"图西告诉我，"几乎所有的皇帝都来到过这里，此处是连接东西罗马帝国的大门。"

一位匿名的高卢演说家于 307 年写过一篇颂词，庆祝君士坦丁和法乌斯塔（Fausta）的婚礼，法乌斯塔是君士坦丁的共治皇帝马克西米安（Maximian）的女儿。该颂词提到过阿奎莱亚的皇宫，把它称为 aquileiense palatium，还描述了宴会厅中的一幅画。此画中，年轻的新娘送给丈夫一个饰有珠宝的金头盔，盔顶上有鸟的漂亮羽毛。皇宫可能直接与战车竞技场的皇帝包厢相连，就像其他皇宫一样。这个城中之城里会设有一系列的行政办公场所，其中就有行省总督和其他官员的办公室。294 年，一个铸币厂在阿奎莱亚建立起来，该厂是戴克里先货币改革举措的一部分，这次改革把铸币权下放到帝国的地区城市。图西说道："我们认为铸币厂就在皇帝行宫那里，具体应该位于圆形广场的弧形一端，因为铸币厂建在这里，安全性较高。"但是，他又提醒说证据还没有达到百分百确定。"只是有迹可循，但还没有找到铸币厂的建筑结构之类。我们找到了一处硬币贮藏点，18 世纪时，此地出土了一些银锭。我们认为铸币厂应该在这个地方，不过还需要做大量的工作来证实我们的判断。"

见面结束后，我逛了逛现今城市的中心，它位于大教堂以西，在加里波第广场（Piazza Garibaldi）附近。此广场不大，市政厅就在这里，另有一家咖啡馆。河流从城中别处绕到这里，广场就在河边。在出城的一条道路上，我找到了那处陵园（Sepulcreto），它是一处墓地的考古发掘部分。修复工作正在进行，原有雕刻残片被重新组合起来，残缺部分用现代石材和水泥加以修补。虽然修复工作不可避免地需要人们诉诸推断能力，但是罗马建筑装饰有其固有的严格惯例，修复工作若遵循了它们，便有了一定的合理性。

次日醒来，天下着雨。雨极大，配以大风，这雨竟呈水平状横扫肆虐，大雨模糊了一切轮廓。我以前高兴地认为阿奎莱亚还沉浸于夏日之中，这场大雨把这个想法驱散得一干二净。我按计划要去参观国家考古博物馆，与其教育组主任埃琳娜·布雷多蒂（Elena Braidotti）见面。

我在等她到来的时候，仔细看了一些半身人像，它们按历史年代顺序陈列。人像的雕刻年代是共和国时期和帝国初期，它们表现出的是一种不可思议的现实主义风格。这些久已逝去的城民被刻画得栩栩如生，包括男人、女人和孩子。人像中有位老人，薄嘴唇，双颊凹陷，形象非常鲜明。3世纪时，一种新的雕像风格成为时尚，塌鼻、方下巴和板寸发型，该发型以尖尖的凿子凿出。那时期的内乱战争状态可以反映到雕像的特点上，具体来说就是，雕像的做工比较节省，以及男性面庞所表现出的坚毅的男子气概。4世纪时的半身人像，沿袭了君士坦丁开创的风格，其特点是刻板、乏味、理想化，眼睛都朝天空望去。

下一个展厅里立有两座大型雕像，由大理石雕刻而成，人物分别是奥古斯都（Augustus）和克劳狄乌斯（Claudius），它们于1879年在集会广场附近出土。另有一个女像，头部已经遗失，她可能是克劳狄乌斯的母亲安东尼娅（Antonia）。两个半身人像分别是奥古斯都的孙子盖乌斯（Gaius）和卢修斯（Lucius），他们是奥古斯都寄望的皇位继承人，但是却都死在奥古斯都之前。还有一个半身人像，刻画的应当是麦瑟琳娜（Messalina），她是克劳狄乌斯的妻子，此人名声甚坏。人像中，她的辫子往后别起，长相普通，脸上一片茫然。另一处展厅里，有一个镀金青铜头像，此人是动荡不安的3世纪的一位皇帝，但不能辨别出具体是哪一位。该头像是从一座雕像中扯下，然后被扔到了一个井里。原雕像被推倒，就如尼古拉·齐奥塞斯库（Nicolae Ceausescu）、恩维尔·霍查（Enver Hoxha）或者萨达姆·侯赛因（Saddam Hussein）的雕像一样。

布雷多蒂博士到了，她身穿红色雨衣，拿着的雨伞还在滴水。她径直带我到了二楼的琥珀展区。几个展柜中陈列着满满的琥珀文物，在我见过的古代琥珀制品中，这个收藏是最令我赞叹的。然而，布雷多蒂却告诉我，这仅仅是从博物馆储藏室数百件琥珀文物中所选出的一部分。琥珀展品中，有小雕像、装饰盒、琥珀珠、护身符、骰子以及用琥珀复制的动物骨骼，当时人们认为这种物件具有魔力属性。除了上面这些，琥珀展品中另有金龟子、松鼠、睡觉的狗、橡子、石榴，还有三片精美的琥珀叶子，上面刻有新年的问候。

它们大多数是发掘于坟墓之中，但是所有文物的具体出处都不为人所知。大量文物都是出土于 18 世纪和 19 世纪，那时记录工作还不完备。这些文物大多与女性墓葬有关。

"琥珀颜色漂亮，还富有香气，这是女士喜欢琥珀的原因。"布雷多蒂博士说道。2 世纪时，琥珀加工盛行，那时的作家阿特米多鲁斯（Artemidorus）在其《解梦》（*Interpretation of Dreams*）中断言："琥珀戒指、象牙戒指等等此类，只适合女性佩戴。"

展品中有许多这样的戒指。有些样式朴素简单，有些则刻有螺旋凹槽，有几个戒指的外圈处刻有精细的人像。一种流行的样式，上面刻有一面女性头像，很可能是模仿硬币上的皇后肖像。戒指上的头像，与皇后肖像一样，都是侧面像，这可说明当时人们认为侧面像比正面像更具说服力。头像的发型，可以帮助我们判断戒指的制作年代。有一个戒指，上面人像的头发梳向后方，在颈背处挽起一个发髻。这种发型似乎追随由克丽奥佩特拉（Cleopatra）带到罗马的埃及风尚。另一个似乎是模仿的莉薇亚（Livia），她是奥古斯都的妻子。一些是复制的弗拉维王朝时期（Flavian era）宫廷贵妇喜爱的样式，其特点是额头上方留有高高的一顶卷发。还有一些，发型非常精致，长发堆在头顶，用金属饰环支撑，此发型可见于硬币上的萨比娜（Sabina），她是哈德良的妻子。距今最近的发型是垄沟辫发型，这种发型深得塞维鲁王朝（Severan dynasty）时期的妇女喜爱，该王朝所处年代是 3 世纪初，那时琥珀加工业似乎已经凋零。

其他戒指上面刻有维纳斯和丘比特，或者一些动物像，如小型马尔济斯犬，此犬深受罗马女性喜爱。"这些小型贵妇犬，"阿特米多鲁斯写道，"预示着快乐和消遣。"阿奎莱亚制作的琥珀戒指，遍布整个罗马帝国。在肖普朗和普图伊，我见到过它们。有一枚刻有弥涅耳瓦头像的戒指，在遥远的卡莱尔（Carlisle）出土。这些戒指厚重、易碎、没有任何被戴过的痕迹，从此处可以看出，这些戒指的制作，是为了给死者陪葬，以献祭众神。

琥珀展品中，还有一些杆状物件，它们就是我在普图伊和卢布尔雅那见过的那种纺锤。布雷多蒂博士指出，像戒指一样，这些纺锤可能也是敬神的物品，它们象征着女子气质。这种判断是合理的。纺锤是靠重力来捻羊毛的，所以大多实际生活中的纺锤轮是铅制或石制的。琥珀重量太轻，做不了这份工作。琥珀油灯模型也是如此。琥珀易燃，因此只能用来给死者象征性地照亮通往冥界的道路。

埃琳娜·布雷多蒂证实了克里斯蒂亚诺·图西告诉过我的话，那就是迄今还没有发现该城具体的琥珀加工区域。"我们也不清楚该城的玻璃加工作坊具体在哪个区域。"然而，此博物馆陈列有大量罗马时期的玻璃器皿，盘子、瓶子、香水瓶，它们颜色精致，有蓝色、绿色和橙色。有些玻璃器皿上还带有白色的漩涡图案，由于长期埋于地下，它们变得色彩斑斓，这些易碎的玻璃器皿能够保存下来，真可谓是个奇迹。所有玻璃器皿都出土于阿奎莱亚，其中许多也是在此城制作而成。日常使用的玻璃器皿大多都是用模具吹制出来的，这样就使得它们的样式能够数次加以复制，有些模具上还签有匠人的名字。其中一个模具上，签名是森蒂娅·塞康达（Sentia Secunda），她是大约 1 世纪末的玻璃匠人，也是我们所知的两位古代玻璃女匠人之一。很多玻璃匠人是犹太人。圣哲罗姆（St Jerome）4 世纪末时，生活在阿奎莱亚，他在其专著《被占领的罗马》（Romano Occupato）中抱怨说："闪米特人正是依靠玻璃制造行业占领了罗马世界。"阿提拉洗劫该城之后，玻璃匠人都逃到了威尼斯舄湖区域。在那里的穆拉诺岛（Murano），他们继续从事这门手艺。

博物馆还展有大量的珠宝饰品，有银搭扣、镀金青铜搭扣、浮雕宝石，另有凹雕图章，它们由红玉髓和其他价值不菲的宝石制成。这些可以说明当时城市繁荣，城民富足，生活水平高。

阿奎莱亚当时有一群技术高超的凹雕工匠，这可能让戴克里先更加有信心在此城建立铸币厂。雕刻硬币模具，肯定也是在镜面上进行，这与凹雕技艺是紧密相连的。该馆的钱币收藏，解释说明了钱币的面额情况，还有罗马帝国的铸币发展过程。发展过程起自共和国时期，直到西罗马帝国灭亡。钱币收藏最后介绍的是阿奎莱亚的铸币厂。该厂铸造的钱币背面可见 AQ 字样，其后常跟着字母 P、S，或希腊字母 Γ。这三个字母分别代表此铸币厂的三个作坊（officinae）。像大多数罗马帝国的铸币厂一样，它铸造的钱币主要在周围行省流通，但是也有一些钱币在遥远的英国和北非被发现。

在霍诺留的糟糕统治时期（395—423），铸币厂停止了铸币。但是，在复杂的情况下，铸币厂于 425 年又重新开工。造反者约安尼斯（Ioannes）在拉韦纳（Ravenna）被俘后，先在驴背之上于阿奎莱亚城中游街示众，后被处死。加拉·普拉西提阿（Galla Placidia）是其幼子瓦伦丁尼安三世（Valentinian III）的摄政王，也是西罗马帝国卓有成效的统治者。她曾定居阿奎莱亚，并且下令以她和其幼子的名字铸造钱币。普拉西提阿是狄奥多西的女儿，也是阿卡狄乌斯和霍诺留的同父异母的妹妹。她这两个不幸的兄长加到一块也不是她的对手，她更加聪明、勇敢，更具治国才能。410 年，亚拉里克攻下罗马城时，普拉西提阿被抓为人质，后来她嫁给了亚拉里克的继任者阿陶尔夫（Ataulf），以巩固罗马人与哥特人的和平盟约。次年，阿陶尔夫去世，她回到罗马。霍诺留劝说她嫁给了他的大元帅君士坦提乌斯。421 年，名下无后的霍诺留任命君士坦提乌斯为共同执政者，但是不久，君士坦提乌斯就去世了。普拉西提阿那时是皇后，也是皇位继承人的母亲。

我穿过带顶的拱廊，拱廊围绕着湿漉漉的花园。花园之中，摆放着更多雕像、柱顶和墓碑，其中有些是军团士兵的墓碑，他们死时才二三十岁。除此之外，花园中还有些镶嵌图案，它们来自一些浴场建筑，其中有一个运动员的精美肖像。

然而，留存在我脑海之中的，却是那些琥珀。嬉戏的仙女、丘比特、树精、农牧神和萨堤尔唤醒了一个世界。这个世界里，充满了调皮的异教次神，每一处泉水和每一片树林都具有了生命。当然，这个世界也很快就会终结。希腊历史学家普鲁塔克（Plutarch）试图解释过他所在时代神谕的沉默问题。他讲了一个水手的故事，这个水手经过帕克西岛（the island of Paxi）时，听到一个神秘的声音。此声音命令他在到达陆地时宣告："潘神大帝（the great god Pan）已经死去。"

第十五章
水的世界

的里雅斯特开往威尼斯的列车的头灯，在雨雾中出现了。几分钟后，列车载着我，穿过弗留利（Friuli）水汪汪的田野。几座之隔，一个满脸胡须的年轻人，拿着一本书，边读边做着注释，此书是查尔斯·詹克斯（Charles Jencks）的《后现代主义的故事：过去五十年建筑中的讽刺、经典和批判》（*Storia del post-modernismo : Cinque decenni di ironico, iconico e critico in architettura*）。过道对面，一位男士身穿纯黑色西装，脸上有灰色的胡子茬，估计一周未刮了，他在浏览一个文件夹。火车驶到波尔托格鲁阿罗（Portogruaro）时，一群学生登上了火车。两个女孩坐在一起，各自摆弄着手机。其中一位，看似较为端庄，乖乖地给她妈妈打了电话；另一位则看似更加喜欢街头：身形瘦削，穿着紧腰短夹克和牛仔裤，像个假小子，酷似卡拉瓦乔（Caravaggio）一幅画作中的年轻人。她咳嗽不止，从她那边传来一阵浓烈的烟草味。这两位看似不搭的女孩，在皮亚韦河畔圣多纳（S. Donà di Piave），与其他几位同学一块下了车。

火车慢慢驶入了夸尔托 - 达尔蒂诺（Quarto d'Altino），这是一个小镇，小镇房子的屋顶上都是红红的波形瓦。在 2007 年那个干燥的夏天，该镇周边田地里的作物痕迹揭示出了罗马古城阿尔蒂努姆（Altinum）的平面布局图。当年阿提拉占领此地后，镇里居民都逃到了舄湖中的岛屿避难。火车沿着水边前行，穿过纵横交错的排水沟渠。一只白鹭在建筑工地的泥潭中漫步。在梅斯特雷（Mestre）停留15 分钟后，我们继续往前行驶，经过一些大烟囱和码头里的起重机，然后就驶上了长长的低矮大桥，桥面仅高于舄湖水面几英尺。

1842 年至 1846 年，威尼斯的奥地利统治者修建了 222 个拱形桥洞。拉斯金（Ruskin）在写作《威尼斯之石》（*The Stones of Venice*）的时候，曾经目睹了建桥的场面。一如平常，他对此感到非常厌恶，认为修建这座桥梁让威尼斯犹如"一个英国工业城镇的郊区"一样。

在灌木丛生的平坦岛屿之间，船只在水道里缓缓前行，水道由木头三脚架标出，人们称这种三脚架为 bricoles。一只鸬鹚从水面低飞而过。远处，城市中的穹顶和钟楼显现于舄湖之上。快到威尼斯时，火车开始刹车，尖叫着慢慢驶入了圣卢西亚（Santa Lucia）火车站。我已多年没来威尼斯了，这次到来，我发现原来宏伟大气的装饰艺术风格（Art Deco）的车站大厅，如今已凌乱不堪，到处都是零售商店，这让车站变得面目全非。不管我们的旅行目的是什么，我们首先是人，只要是人，我们就得首先去消费。火车站的台阶上，耐心的非洲人在卖一些漂亮的布料。我走到水上巴士车站，买了一张到里阿尔托（Rialto）桥的票，随后便挤上了水上巴士。巴士里挤满了比利时人和韩国人，他们的行李箱有冰箱那么大。

自里阿尔托桥出发，我穿过条条窄巷，走过法瓦河（Rio de la Fava）上的一座桥，就到了卡斯泰洛区（Castello）。街道马上变得更加安静，几乎空无一人。我定的酒店在一处偏僻的窄巷里，巷子就位于圣玛丽亚法瓦堂（Santa Maria della Consolazione）的后面。酒店接待，中等年纪，脾气甚坏，要求我先把房费付上。我看了房间后，才明白那是为什么。很多客人看到房间后，会立马当场离去。墙上涂料已经脱落，福米卡（Formica）的木纹床头有被香烟灼伤的痕迹，估计是情侣性交之后所为。窗户对着一条发出恶臭的窄道，窄道里散落着大量垃圾，并且还放置有许多鼠饵盒。每晚 100 欧元的房费，就房间条件来说，想找个说房费便宜的借口，绝对都找不出来。

酒店确实极差，但其位置还是不错的。它处在里阿尔托桥与圣马可广场（Piazza San Marco）的中间地带，但人群却都绕过此处，因此这里非常安静。

近处商店可以满足日常所需，有蔬菜水果店、五金店、Co-op 超市和电器店。街上听到的是意大利语。仅在 100 码开外，佩里尼楼街（Sottoportego Perini）上的店铺卖的是高端商品，那街上听到的是美国口音和德国口音。

在威尼斯，你要想步行到达目的地，实在太难，因为该城的地形就不允许这样。这里到处有运河、死路以及窄到一个人撑着伞就过不去的巷子。蒙蒙细雨中，我漫步向南，前往圣马可广场。我到达广场后，那儿真是游人如织。然而，尽管这里人群络绎不绝，尽管广场已被拍了无数次照，这个拿破仑眼中的"欧洲最美客厅"依然让人敬畏和赞叹。圣马可大教堂散发出野性的光辉；这里有四匹镀金骏马，它们是在第四次十字军东征时从君士坦丁堡劫掠而来；总督宫（Doges' Palace）展现出了漂亮的摩尔风格；广场上耸立着那高大的钟楼。当然，该钟楼是重建的。原钟楼早在 1902 年就已倒塌于一片尘土之中。

威尼斯据说是由阿奎莱亚和阿尔蒂努姆的城民所建，当年匈奴人和伦巴第人侵略了他们的家园，他们逃难至此。11 世纪时，威尼斯编年史家乔瓦尼·迪亚科诺（Giovanni Diacono）大肆宣传这个说法，接下来的历史中，更是把此说法升级成为一个建城神话，进而授予这个商业共和国以古罗马帝国的权威。像其他许多类似的故事，这种说法也只能是半真半假。考古证据显示，早在 5 世纪外族入侵之前的数世纪，舄湖的岛屿之上，就已经有人定居，原因是当时大陆港口已被淤泥填满。但是，有一点是真的，那就是威尼斯取代了阿奎莱亚的角色，成为了联系北欧和地中海地区的节点。大迁徙时代之后，随着贸易的复苏，威尼斯成为了琥珀之路南部的终点，同时，来自中国的丝绸之路与琥珀之路也在此交汇。

总督宫的对岸是多尔索杜罗区（Dorsoduro），那边安康圣母大殿（the Salute）的白色穹顶在闪闪发光。该位置上，起初有个修道院。由于条顿骑士团在 1256 年对抗热那亚的圣萨巴斯之战（War of St Sabas）中提供了帮助，该修道院就作为奖赏赠予了条顿骑士团。1291 年，阿卡城失守后，条顿骑士团把总部转移到了多尔索杜罗区，直到 1309 年总部才搬离此地。1525 年，骑士团的领地被转变为路德会公国（Lutheran duchy），随之修道院也就归属了威尼斯的宗主教区。原修道院的位置，现今是安康圣母大殿，这个巴洛克式大教堂建于 17 世纪。威尼斯有骑士团的总部在此，这大大有利于琥珀被运到此地，琥珀的出发地是骑士团在波罗的海沿岸的领地。琥珀运到此地后，威尼斯商人再把它们卖到整个地中海沿岸、北非和小亚细亚。16 世纪时，威尼斯的制琴师使用琥珀清漆来制作乐器。瑞士医生西奥多·德梅尔纳（Theodore de Mayerne）曾经在英国的斯图亚特宫廷（the Stuart court）工作。他的一个手稿，现存于大英博物馆，此手稿中写道：

> 津迪勒奇（Gentileschi）是佛罗伦萨的出色画家，他会在调
> 色板中加入一滴琥珀清漆。这种琥珀清漆产自威尼斯，威尼斯人

会把琥珀清漆涂到鲁特琴上，主要是涂到琴颈下面的主体部分。
津迪勒奇把琥珀清漆用到绘画当中，主要是为了让白漆更加均匀、
光泽更加柔和、漆面干得更快。通过这种方式，他可以随时展开
工作，不必等到漆面自然干爽。琥珀清漆虽然是红色的，但是可
以与白色相得益彰。

德梅尔纳提道，制作琥珀清漆的秘方是其助手从奥拉齐奥·津迪勒奇（Orazio Gentileschi）的女儿阿尔泰米西亚（Artemisia）那里直接获取的，这位女儿也是一个画家。秘方就是把琥珀放入核桃油中溶解，就可以得到琥珀清漆了。

我给当下的酒店起了个外号，叫它"垃圾旅馆"（The Dump）。房间的床垫让我整晚睡得疲惫不堪，毫无舒服可言。次日，我出门前往考古博物馆，博物馆的主楼是科雷尔宫（Correr Palazzo），该宫位于圣马可广场。我快到时，街上的水越来越多。在路边的一家咖啡馆，我打电话又定了一个新的住处。我喝了两份意式浓缩咖啡，那时看到街上水面又升高了。工作人员忙着往门口放金属挡板。

大群的游客沿街而上，以躲避发出恶臭的潮水，结果却发现走入了一个死胡同。一种静默的恐惧在人群中传播开来。威尼斯当地人却很镇静，他们三两成群，悠闲地抽着香烟，全然不顾门外那汩汩的潮水。

最终，我开始转转悠悠、七拐八拐地向博物馆走去。那时，圣马可广场的积水已有 3 英尺深。沿着拱廊下面地势较高的小道前行，随后我就登上了科雷尔宫的大台阶。这个纵贯串联的宏伟宫殿，是在拿破仑征服此城之后为他而建的。该宫陈列有拿破仑和他第二任妻子的白色大理石雕像。这位妻子是奥地利的玛丽·路易丝（Marie Louise of Austria）。雕像比他们真人还要大。宫殿里的一个个房间记录了拿破仑所灭的昔日共和国的历史与社会生活。墙上的画中人物身穿旧时高雅华丽的衣服，自上而下注目凝望，他们有总督、参议员和其他民事要员。战舰模型、海战图、地球仪、浑天仪、阳光计时装置和其他有关航海物品见证了威尼斯的海上历史。奇珍异宝陈列室里展有大量的金银圣物盒、浮雕珠宝饰物和其他宝石。除此之外，还陈列有许多威尼斯钱币，其中包括 12 个大金币。所有这些钱币，在18 世纪时，随着共和国灭亡，也就退出历史舞台了。

令人印象最深刻的一件展品，乃是雅各布·德巴尔巴里（Jacopo de Barbari）的威尼斯全景图，这件展品真是让人叹为观止。印刷在 6 张纸上，此全景图图像巨大。

它高有 1.3 米，长近 3 米。让人吃惊的是，图中的建筑不乏大量精细之处，其中许多建筑，如今都能辨别出来。全景图的下方有一张桌子，其上放有该图的木质雕版。该雕版刻于 1500 年，一个城市有这样一幅全景图，此图尚属首例。后来，它给许多人带来灵感，其中就包括布劳恩（Braun）和霍根伯格（Hogenberg），他俩出版了一系列著名作品。在人们可以确实从空中俯瞰威尼斯的数世纪之前，该图被制作了出来，这是一件伟大的成就。它既需要有强大的想象力，也需要有对透视法则的深刻理解力。

考古文物展区的内容根本没有展现威尼斯的古代历史，而是体现出了该城统治者是如何挪用罗马帝国之衣钵的。展品来自意大利全境，其中包括许多大理石半身像，人物具体有庞培（Pompey）、屋大维（Octavian）、提比略、维斯帕先（Vespasian）、图拉真、哈德良、卢基乌斯·维鲁斯（Lucius Verus），还有年轻的卡拉卡拉（Caracalla）。两个硬币贮藏点可以证明威尼斯大陆有过罗马人的存在；大量的拜占庭硬币则有力证明了威尼斯与东罗马帝国的贸易往来。

我来到威尼斯，有些诚惶诚恐。该城给人灵感，促成了太多杰作，如亨利·詹姆斯和珍·莫里斯（Jan Morris）的作品。当然，关于威尼斯，也有一些作品是陈词滥调，读来味同嚼蜡。我无心成为前者，但更无意成为后者。我在行程之初，于圣彼得堡买了一本约瑟夫·布罗茨基（Joseph Brodsky）的《水印》（*Watermark*）。价格标签还在书后封面上，书价是 491 卢布。我如今已把此书翻旧，边边角角都卷了起来。我注意到这位俄国诗人是如何规避困境的，那就是依靠他个人的记忆和经历。他的写作手法不按常理出牌；正如他写圣彼得堡、写威尼斯也全是些灵巧的办法，威尼斯在他眼中飞快地闪过，并且还是在晚上……我的行程起自"水乡"圣彼得堡，终于幻城威尼斯，如圣彼得堡，这里也有运河、迷雾和水镜。

我的新住处，虽然仅隔"垃圾旅馆"几步之遥，但是它们却有着天壤之别。该住处是个舒服的两室公寓，位于一座改建的公馆的三层。屋里配有古色古香的家具，墙上还挂有 18 世纪的绘画。若威尼斯大潮来临，这里甚至还给客人提供威灵顿（Wellington）雨靴以及潮汐表，此表可以让客人对出门风险做到心中有数。现在出去走走，比之前容易多了。潮水退去，原来不通的街道如今恢复正常，我可以好好在周围逛一逛了。

我沿着常走的一条路，穿过圣巴尔多禄茂广场（Campo San Bartolomeo），该广场上有剧作家哥尔多尼（Goldoni）的雕像。随后，我就进入了卡纳雷吉欧区

（Cannaregio）。

接下来，我顺着多芬街（Calle Dolfin）前行，一个急转弯后，穿过一处拱廊，后又跨越一座桥，就到了阿波斯托利科广场（Campo Apostolico）。此广场上，有多个带阳台的房子和一座德国路德会教堂（German Lutheran church）。这里有条街道，叫作新街（Strada Nova）。它又宽又直，看着更像意大利其他城市的街道，而不像威尼斯的街道。我沿着此街继续往前走，过了圣福斯卡堂（Santa Fosca），就到了奥梅西尼沿岸街（Fondamente del Ormesini）。由此处过一铁桥，就进入了新犹太区广场（Campo di Ghetto Nuovo）。宽阔的广场之内，有几棵树木，一个古代的石头井口，还有一个喷泉。广场四周有着高高的房子，有些甚至可达七层之高，这表明曾经此区的居住人口太过拥挤。在一些房子的门框上，我还可以看到对角缺口，它们曾经是用来放置经文匣的。静静的广场周边，有一座犹太博物馆，几家路边咖啡店，另有一个犹太餐厅。

威尼斯犹太区（Venice Ghetto）是世界上最古老的犹太区。犹太区 ghetto 一词，还慢慢带有了种族隔离与歧视的味道。1516 年，十人议会（Council of Ten）命令威尼斯的所有犹太人必须在这个小岛居住。ghetto 这个词，源自 getto，该词的意思是"大炮铸造厂"。此厂曾经就位于这个小岛上。意大利语的轻音 g，在阿什肯纳兹犹太人（Ashkenazi Jews）的口中，变成了浊音 gh，因此，getto 也就成为了 ghetto。犹太区有两个大门。昔日，圣马可钟楼的马兰戈纳（Marangona）大钟早上响起的时候，两个大门便被打开，到午夜时分，再被关闭。十人议会的两艘船只会围绕这个小岛巡逻，以确保犹太人不会惹是生非。犹太人不能拥有自己的房产，不能从政，不能从事教育行业，既不能进入普通学校工作，也不能进入大学工作。他们的工作只能是负责打通贸易关系，以及提供该商业城市所需要的财政服务。

走过新犹太区运河（Rio di Ghetto Nuovo）上的一座窄桥，我就到了老犹太区（Ghetto Vecchio）。该名字有个矛盾之处，虽说叫作老犹太区，它实则是两个犹太区中较新的那个。这个犹太区往南延伸，直到卡纳雷吉欧运河（Cannaregio Canal）。此犹太区成立于 1541 年，以容纳来自罗马尼亚和黎凡特的犹太人。该区的主广场叫作 Campiello delle Scuole，其意思是"教堂之间的小广场"。这里有两座仍在使用的犹太教堂。

一座是黎凡特犹太教堂（Levantine Synagogue），其外观相对朴素，它是石砌的两层建筑，墙体呈黄色，修建于 16 世纪。该教堂服务于中东犹太人的后裔。教堂外观虽然朴素，但是我在教堂内部昏暗的灯光下，看到了华丽的木制镶板、麻花形柱子、发亮的吊灯，还有长毛绒的红色帷幔。

对面的西班牙犹太教堂（Scola Spagnola）则更令人印象深刻。该教堂也是由石头砌成，高有四层，修建于1550年，一个世纪之后，它被改造成巴洛克风格。这个教堂的会众是玛拉诺犹太人（Marranos）和塞法迪犹太人（Sephardic Jews），他们在西班牙被迫皈依天主教，在威尼斯他们则可以重拾自己的原先信仰。作为犹太区最富有的群体，据说他们常常对其他居民表现出西班牙贵族式的那种傲慢。教堂内部非常华丽，精美的木雕天花板之下，挂有三个大吊灯和十几个小吊灯。

英国旅行家托马斯·科里亚特（Thomas Coryat）于1608年到过这里的犹太区，他对此地犹太人身穿的各色服装进行过以下评论：

> 一部分犹太人确实会戴有帽檐或有帽舌的帽子，但他们是出生在西方世界的犹太人，如出生在意大利等地区的犹太人。东方犹太人被称为黎凡特犹太人，他们出生在耶路撒冷、亚历山大里亚、君士坦丁堡等。这一部分犹太人，会戴着头巾，像土耳其人那样。但是，不同之处是，土耳其人戴白色头巾，而犹太人戴黄色头巾。

当时，他碰上一位博学的拉比教师，该教师拉丁语讲得很好。他便问这位教师为何不把基督当作救世主，这个提问在他看来也并无什么不妥之处。拉比教师礼貌地回答说，他承认基督是一个伟大的先知，但不是上帝之子。两人经过针锋相对的辩论后，科里亚特记录了接下来发生的事情：

> 大约有四五十个犹太人聚集在我周围，其中一些人开始趾高气扬地恐吓我，因为我竟敢对他们的信仰提出挑衅。我害怕他们打我，于是就一点点地往犹太区入口处的桥那边退去，心想得赶紧逃离此地……

科里亚特非常幸运，当时英国驻威尼斯大使亨利·沃顿爵士（Sir Henry

Wotton）恰巧坐着他的贡多拉船从桥下经过，于是他派了一个手下帮科里亚特解了围。

然而，对于犹太区的一些人来说，救世主确实马上就要来临了。犹太区里楼街遍布，小道密密麻麻，屋顶塌陷，地板变形，阁楼灰尘满满，在这样糟糕的居住环境里，宗教辩论也成了家常便饭，新奇怪论可以独领风骚。1648年，一个来自士麦那（Smyrna）的22岁的犹太人，名叫沙巴泰·泽维（Sabbatai Zevi），他宣称自己是救世主，会带领着失踪的以色列十支派(Ten Lost Tribes)回到圣地(Holy Land)。他派遣使徒"加沙的纳森"（Nathan of Gaza）到威尼斯，以宣传他的话语。中欧地区的阿什肯纳兹犹太人也乐于接受泽维的信息，他们受到大屠杀的冲击，时时生活在心惊胆战之中。大屠杀的煽动者是乌克兰的哥萨克人博赫丹·赫梅利尼茨基（Ukrainian Cossack Bohdan Khmelnytsky）。在这些阿什肯纳兹犹太人中，就有我的祖辈约瑟夫·戈尔德施密特（Josef Goldschmidt）。在他儿媳格鲁克尔（Glückel）的记录中，当年约瑟夫离开自己哈默尔恩（Hameln）的家，前往希尔德斯海姆（Hildesheim），在那儿等待救世主的到来。

> 在哈默尔恩，他送到我们这里两个大木桶，桶里装满了亚麻
> 布、豌豆、菜豆、干肉、碎西梅干和类似的东西，反正都是一些
> 易保存的食物。这老头已经随时准备好前往圣地了。

两个木桶在格鲁克尔家一放就是三年，其间约瑟夫一直在等待出发的指示。然而，1666年，泽维被土耳其人囚禁，并且皈依了伊斯兰教。此后，他的信徒理想幻灭，也就消失不见了。

此处的街道非常安静。站在这些街道上，很难想象出昔日的情景。小巷里熙熙攘攘，到处都是商贩；犹太教神学院里，回荡着慷慨激昂的宗教辩论的声音；犹太教堂的妇女走廊中挤满了人。科里亚特曾这样描述她们，说她们"身穿正装，极其漂亮，就是一些英国伯爵夫人跟她们比较，也会相形见绌"。现在，犹太区除了有几位美国人，基本上空荡荡的。这几个美国人，头上戴着圆顶小帽，在参观博物馆和犹太教堂。1797年，拿破仑攻占了威尼斯。之后，他烧掉了犹太区的大门，宣布了犹太人的解放。犹太人搬到了其他社区，其中有许多被同化了。1943年9月，纳粹侵略至此，那个时候，城中约有1200名犹太人居住。当月16日，

犹太社区主席朱塞佩·乔纳（Giuseppe Jona）自杀，他宁愿自杀也不给纳粹交出犹太人名单。新犹太区广场上有一座纪念碑，上面写有246名威尼斯犹太人的名字，他们在1944年被押送到了灭绝营，这些犹太人中，就包括首席拉比教师（Chief Rabbi）阿道夫·奥托伦吉（Adolfo Ottolenghi）。如今，威尼斯的犹太人口，大约有500人，其中，仅有30人生活在以前的犹太区。

过了犹太区，在圣杰莱米亚广场（Campo San Geremia）上，我发现一家珠宝店。店里陈列着一些不错的波罗的海琥珀，其中见有多条厚实的琥珀大珠项链。这是我在威尼斯第一次见到琥珀。自2007年以来，欧洲理事会把圣彼得堡至威尼斯的琥珀之路指定为"旅游走廊"，它对骑行路线的建设会提供一定的资助，并且也给加里宁格勒至卢布尔雅那的博物馆拨款。在威尼斯，我没有见到任何这样的赞助项目，不过，那时的威尼斯根本无需促进旅游。过去的200年，威尼斯本来就完全依赖旅游业了，它的工业主要集中在大陆上的梅斯特雷和马格拉（Marghera）。20世纪80年代以来，威尼斯的常住人口，从12万人降到了5.5万人，因为年轻人已经担负不起住在那里的费用。虽然许多威尼斯人亲切和善、热情好客，但是威尼斯对旅游业的绝对依赖，能够让某些人心中产生一定的怨恨，这一点可以用来解释那个"垃圾旅馆"员工的行为。

近年来，有许多豪华游艇停靠威尼斯，这让情况变得越来越糟。小小的威尼斯，停靠着这些海上巨无霸，它们的巨大吨位让异常潮汐变得更加频繁。游艇上的乘客待在艇上吃睡，上岸游玩拍照，他们成群结队而行，留下大片的垃圾，对当地经济没有任何帮助。这种情况引起了一系列的呼声，包括规范旅游业、实现经济多样化和引入房租上限政策。一个"施压团体"叫作"大船滚蛋"（No Big Ships），表现异常活跃。

要想找到一些琥珀，我必须乘坐火车，前往大陆上的巴萨诺-德尔格拉帕（Bassano del Grappa）。一位立陶宛女士在那儿开了一家店，店名叫作 La Via dell' Ambra，其意思是"琥珀之路"。店里卖的是她家乡的产品。此城的格拉帕酒非常出名，葡萄酿制红酒后，会剩有残渣，这些残渣经过蒸馏提取，就酿制成了格拉帕酒。据说，这个工艺是在1世纪时由一位罗马士兵发明的。我穿过自由广场（Piazza della Liberta），旁经建于15世纪的市政厅（Palazzo del Comune），其楼面上有壁画，楼体上还有个天文钟。随后我一路下坡，走在有拱廊的街道上，向河边前行。宽阔的布伦塔河（Brenta）上，横跨着一座带顶的木桥，此桥名叫阿尔皮尼桥（Ponte degli Alpini），它于 1569 年由帕拉底欧（Palladio）设计而成。走到桥中间时，眼前出现一片美妙的河景，同时，围绕此城的多洛米蒂山脉，山顶覆盖着白雪，景色也非常壮观。

走了不远，我便找到了那家店，它位于菲拉西纳街（Via Ferracina）上。我进店后，见墙上挂有一张地图，上面就有我一路的行程。这张地图显示的是琥珀之路的一部分，它起自立陶宛，终至意大利北部。一位女士站起来，对我表示欢迎。这位女士高个子，有着波罗的海地区的面容，非常漂亮，穿着整齐，一条牛仔裤配着一件色彩鲜艳的立陶宛宽松衬衫。瑞梦·库普塞特（Ramune Kupsyte）嫁给一位意大利人后，已经在意大利生活了 8 年。"我完全是白手起家，"她告诉我，"我父亲住在海边的一个偏远小镇。"

两年前，她失业了，随后她就开了这家店。"那时我出发去远东，工作是销售可以回收利用的纸张和塑料。公司在提前 30 天通知的情况下，就关门倒闭了。然后，"她打了个响指，"我决定开一家琥珀商店。我一直喜欢琥珀，先前我的工作是与回收垃圾有关，现在我确实想和赏心悦目的一些东西打打交道了。"

瑞梦对琥珀的兴趣，可以追溯到她在立陶宛的童年时期。"在苏联，人人都有琥珀项链。当时，人们认为琥珀项链是过时的旧东西。20 世纪 50 年代，人们都把项链当作燃料给烧掉了。如今，自然的东西再次变得时尚起来。我开店的这个地方，位于阿奎莱亚和罗维戈（Rovigo）之间，此地有琥珀加工的行业。"

"来自立陶宛，你会认为每个人都了解琥珀。其实这个地方很难找到琥珀，意大利人以为琥珀像钻石一样昂贵。琥珀原石的价格在他们脑中是不可想象的。边境开放以来的这 20 年，琥珀才变得流行起来。中国人几乎买走了世界上多达 90% 的琥珀。过去 3 年，琥珀的价值增长了五倍。"

"如今所有琥珀其实都是来自加里宁格勒"，我对此说法一直持怀疑态度。但是，瑞梦却向我承认这个说法是正确的，在我接触的从事琥珀行业的人中，她是第一个向我承认这一点的。针对俄罗斯的贸易禁运，让琥珀采购变得更加困难。"人们从立陶宛海岸搜集琥珀，但是由于这全靠人力搜集，所以能具体找到多少琥珀，就说不准了。不过，我店里卖的琥珀，全是由立陶宛的工匠在立陶宛加工制作的。"

"我和大约 10 个珠宝匠人合作，但是我对他们要求非常严格。我不需要中间商，我要亲自看着这些匠人把琥珀加工完成。有很多供应商也制作压制成型的琥珀，但是你没法说产品质量到底怎么样。所以，我如果看到作坊里有压制机，我就坚决不会购入那种琥珀。"

"这个店不是金银首饰店，"她解释道，"我不想让店看起来过于像珠宝店，因此，我们只用一些有必要的小固件来固定耳环和其他类似的东西。"

我看了看店里的商品，大多是项链或吊坠，这些琥珀都保留了原来的自然形状，其光泽被打磨得朴素柔和，与更加工业化的产品的那种高光泽度有着明显的区别。该店其中一个供应商的产品，是在皮革上面嵌上琥珀，这种方式让我想起了加里宁格勒那两位女士自己制作的琥珀工艺品。

"我的店是唯一一家琥珀专营店，"瑞梦说，"不仅经营饰品，也经营美容和具有治疗作用的产品。"商店里，摆放着一系列的含有琥珀成分的化妆品、肥皂和面霜。她告诉我，琥珀酸可以洁净和再生皮肤。她指着一个盛着小块琥珀的碗，让我抓一把到手中。"把琥珀在掌中搓一搓，"她说道，"不用担心琥珀掉在地上，店里的角角落落已撒满了小琥珀。现在闻一闻。"说着，一股浓浓的树脂香味，沁人心脾。"那是 1900 万年前的松树的味道。"

次日上午，我把一路上积攒的一些书和小册子打了包，送到邮局去，寄到我在伦敦的家中。这样，我背包的重量马上就减轻了几磅。我穿过卡纳雷吉欧区的几处小广场和数条小巷后，眼前突然出现一片宽阔的水面，耳边响起阵阵海鸥的叫声，对岸就是圣米凯莱（San Michele）墓地岛。在新沿岸街（Fondamente Nuove），我登上一艘水上巴士，转眼间，它就驶到了舄湖之上。墓地里的柏树长得非常高大，呈现出深深的颜色，该墓地让人想起了勃克林（Bocklin）的画作《死之岛》（*The Isle of the Dead*）。布罗茨基（Brodsky）葬在这里，另外，埃兹拉·庞德（Ezra Pound）、斯特拉文斯基（Stravinsky）和达基列夫（Diaghilev）也葬于此处。如今，随着该城死者人口超过生者人口，岛上墓地范围已经向远离城市的一边延伸，这里有一面红墙正在修建，旁边的一台起重机在干着活。该墙亮丽的红砖与颜色柔和的旧砖形成了鲜明对比。

我回头向威尼斯望去，水光闪烁，映照到建筑墙面和赤褐色的房顶上，造就了一场微妙的光影之舞。

我和妻子曾经去过莱伊（Rye）镇的羔羊屋（Lamb House），亨利·詹姆斯晚年就住在那里。我想起他在威尼斯时租了一只贡多拉船，船载着他划到舄湖的最深处，随后他便试图把他一个朋友的衣服沉入水下。这位朋友就是康斯坦斯·菲尼莫尔·沃尔森（Constance Fenimore Woolson），她之前从威尼斯家中的阳台跳下，自杀而亡。

水上巴士朝穆拉诺岛和它的白石灯塔驶去，船会在灯塔处停靠。1291 年，由于怕发生火灾，威尼斯的玻璃匠人就搬迁到了这个岛上。至今，玻璃制造仍是该岛的主要产业。虽然该岛的产品中也有一些高质量的艺术器皿，但是它最出名的可能是一些弯弯曲曲的玻璃小塑像，主要是小丑角和小狗之类。它们一般被放置在壁炉台上，这种东西比较容易积攒灰尘，从曼彻斯特到密尔沃基（Milwaukee）都可以见到这种产品。

离开穆拉诺岛，水上巴士驶入了舄湖更宽阔的水面。右边是圣伊拉斯莫岛（Sant' Erasmo）林木茂盛的水岸，该岛又长又窄，把舄湖与亚得里亚海分割开来。我们靠近更北边的群岛时，布拉诺岛（Burano）的红瓦屋顶和倾斜的钟楼便进入了视野之中。船驶进了运河，此运河把长长的、翠绿色的马佐尔博岛（Mazzorbo）一分为二，随后船就停靠在了布满船只的码头上。码头两边尽是红色、蓝色和赭色的房子，其中一个房子有着尖顶拱的窗子，简直跟拉斯金画里的一模一样。房子后面，就是该岛教堂的钟楼，钟楼不高，看似比较敦实。船行驶到该岛北面时，就向右转舵，朝建筑密集的布拉诺岛码头驶去，大多数乘客会在那里下船。

船的终点站是托尔切洛岛（Torcello），此段行程不长，那时船上只剩了六七名乘客。船在一个袖珍码头靠岸后，我沿着运河边的红砖路上行，穿过几处田野和花园。那时，眼前出现几个红房子，随后大教堂高高的钟楼也进入了我的视线。一日游游客结队而行，在纤道上来回穿梭；他们也不过就几十人，但是小路很窄，因此他们也不能群聚到一块。我继续前行，走过圣母桥（Santa Maria bridge），此桥可以说是威尼斯所有运河上拱桥的古老微型版本。桥的这边，就是一片村中绿地，我就权且叫它主广场吧。

广场一侧坐落着圣母升天圣殿（Santa Maria Assunta），教堂很大，但朴实无华，另外还有呈八边形的圣福斯卡教堂，此教堂相对不大。在广场远端的一处残破的墙壁上，附有几个古代的浮雕；浮雕之间的缝隙中，有蜥蜴飞快地跑进跑出。走过教堂，就是田野和葡萄园，它们边上是运河，河的两侧，长着柳树和芦苇。这里几乎没有游客，周围一片静寂。我坐在河岸上，看天望水，观水鸟，赏蝴蝶。

托尔切洛岛现已陷入沉睡。岛上的大教堂，像是泥滩上的一艘大船。该岛曾经是东西方之间的重要贸易中心。码头上竖立着密密麻麻的桅杆，运河两边，有仓库、作坊、酒馆和妓院，空中耸立着七座教堂的高塔。相传，托尔切洛岛是由来自阿尔蒂努姆的难民所兴建，当年匈奴侵略阿尔蒂努姆，他们逃难到了这里。"你们以水禽的方式建设了自己的家园。"这是卡西奥多罗斯（Cassiodorus）在537年写给岛民的话。至8世纪，约有3000人住在托尔切洛岛。那时的巴黎和伦敦也不过如此。850年左右，拜占庭皇帝君士坦丁七世普菲洛杰尼图斯（Constantine VII Porphyrogenitus）写了一本书，叫作《帝国行政论》（De Administrando Imperio）。他在此书里把托尔切洛称为一个大港口（emporion mega）。然而，大约在1000年时，此岛周围的水道被淤泥堵塞，于是岛民搬迁到了 Rivoalto（亦可作 Rialto），即后来的威尼斯。托尔切洛岛曾经发生过疟疾，到了中世纪末期，这里就成了一个与世隔绝的地方，岛上仅有修道院、女修道院、葡萄园和养鱼场。

我预订的公寓就在一座高高的红房子里，该房位于魔鬼桥（Ponte del Diavolo）旁边。公寓下面是一家漂亮的小商店，卖的是布拉诺蕾丝。房子隔壁是一家露天酒吧烧烤店，店里供应海鲜食品。到了5点钟，教堂和博物馆都关了门，有四家餐馆也歇业了。

只有烧烤店还在营业，但看似也有要闭门谢客的样子。所以，我点了份快餐，叫作杂炒海鲜（fritto misto di mare），吃起来弹性十足，配着啤酒，瞬间就把它一扫而光。晚上6点半，最后一批一日游的游客离开了。岛上安静下来，一弯新月挂在了运河之上。

晚上8点半左右，我大胆出去来个夜间散步。唯一的光亮来自运河小路两侧的老式灯笼和田野对面农舍偶尔发出的微光。有人活动的迹象，仅仅来自奇普里亚尼旅馆（Locanda Cipriani），它是一座低矮的黄色房子，房外有着长长的走廊，还有一个私人船舶停靠处。整个下午，它隐藏于白天的游客之外；现在，其他地方都关门后，它却悄悄地打开了门，来招待依然在岛上的客人或是有私人船只可以到此的客人。我走进了一个大房间，房间里摆放着几个方桌。挂着船灯的粗粗的屋顶横梁、壁炉边的布置、盛有花盘的深色橡木碗橱，这场景给人一种英国渔村的老式旅店的感觉。三个中年澳大利亚人，坐在中间位置的桌边，惬意地小声聊着天。角落里共有四张桌子，其中三张都有人占据。一张是我占着；对角处的一张由另外一人占着；还有一张，由一位法国女士占据，她在笔记本上专心地写着什么东西。隔壁餐厅传来轻柔的话语声以及餐具的叮当声。墙上挂有一些老照片，其中有几张是欧内斯特·海明威的。他曾经住在这个旅馆，射杀沼泽中的野鸭，在此期间，他写下了其小说《渡河入林》（*Across the River and into the Trees*）的部分内容。

第二天上午，在一日游游客到来之前，我早早出门，走了一小会儿，就到了该岛的中心地带。岛上的博物馆占据着两座古代建筑，它们相互呈直角排列，以前托尔切洛的民政机关就在这里。较大的一座是议会宫（Palazzo del Consiglio），它于 1870 年由威尼斯的行政长官路易吉·托雷利（Luigi Torelli）买下，用来展览该岛及附近大陆出土的考古文物。较小的一座，它的二楼有着优雅的拱廊和三个柳叶刀拱形窗，于 1887 年由博物馆馆长塞萨雷·奥古斯托·列维（Cesare Augusto Levi）购得，用来容纳越来越多的收藏。

但许多古埃及、古希腊和古罗马的手工艺品并不是在岛上出土，而是由列维购买并捐献而来的。当然，还有一些不错的收藏出土于阿尔蒂努姆，它们有铜器时代和铁器时代的搭扣、颈环和项链，其中一条项链，由十个厚实的琥珀珠穿成。另有一些漂亮的动物小铜像，也是在阿尔蒂努姆出土，包括几只鸟、一只老鼠、一头熊和一只山羊。一个罗马时期的精美大理石半身塑像是在托尔切洛岛出土的。

文物收藏按照历史时间顺序，继续在议会宫展出。拜占庭风格的大理石柱顶、底座和饰带，还有 7 世纪到 11 世纪的拜占庭硬币和陶瓷，这些文物说明，从地理、文化和政治方面来说，托尔切洛岛与东罗马帝国关系更加紧密，与意大利大陆关系则更加疏远，当时的意大利大陆，先后被哥特人和伦巴第人占领。一个 7 世纪时期的手镯，由一些大珠穿制而成，这些珠子是一些镀银的铜珠、缟玛瑙珠、金刚石珠和琥珀珠，这个手镯是在托尔切洛岛发现的。琥珀可能回收于较老的手工艺品，但是只要有琥珀的存在，就说明了西罗马帝国灭亡之后此地依然对琥珀有所需求。

展品中最精彩的，莫过于一些拜占庭风格的镶嵌图案残片。19 世纪，圣母升天圣殿进行修缮时，这些镶嵌图案由那儿被转移到了博物馆。这些图案中，包括一个施洗者约翰（John the Baptist）的精美头像，另有许多 15 世纪的镀金的银匾，上面刻画着圣母玛利亚，其两侧有大天使、先知和圣徒。这些镶嵌图案，原有 41 个，它们起初挂于圣母升天圣殿高高的圣坛上方。1806 年，有 29 个被盗走，此后，其余的镶嵌图案就被移到了储藏室中。后来，它们被人发现，于是就把它们陈列于博物馆之中了。

楼上的展厅，其展品是文艺复兴时期的绘画，这些绘画是从岛上被解散的修道院里抢救出来的。有一幅16世纪晚期的油画，其作者是委罗内塞（Veronese）的一个欠缺天赋的追随者。油画中的内容是鞭笞圣克里斯蒂娜（Flagellation of St Christina）。画中描绘了一个裸体女子被绑于柱子上面，遭受几个打手的鞭笞。不管是哪位教长委托画了这幅画，我认为他所关注的，不是完全出于宗教上的虔诚。

博物馆的这两座建筑在圣母升天圣殿大教堂西墙的衬托下，显得异常渺小。大教堂的西墙纯粹就是个砖砌峭壁，幸亏墙面上装饰有封闭拱廊，它才不至于那么单调。走廊窗户上的巨大石质百叶窗，让人感觉此教堂犹如一个避难所，而不是一个祈祷场所或是一个让市民顿生自豪感的地方。该教堂就像是威尼斯其他大教堂一样，在其自身发展的初期就被叫停，随后威尼斯凭借其巨大的财力，将教堂淹没了哥特式和文艺复兴风格的装饰之中。这座教堂修建于7世纪，11世纪时进行了扩建。但是，教堂内部依然是早期基督教教堂的模样，其坚固的立柱顶端带有叶形的装饰。教堂在朴素之中透出尊严，对此，拉斯金曾高度赞扬。拉斯金曾说："对于在托尔切洛岛修建大教堂的那些背井离乡的人来说，他们的内心状态确确实实也是每个基督徒自身的精神状态，这种状态就是一种在地球上无家可归的感觉。"

然而，教堂内部最令人赞叹的特征，是它的镶嵌图案。身穿蓝衣的圣母，个高苗条，图案一直升至教堂东边小室的半圆形屋顶。圣母在金色的背景下，静谧安详，表情平淡。她凝视着西面墙壁上可怕的《最后的审判》（*Last Judgement*），一滴眼泪从其脸颊流下。

大教堂的边上就是较小的八边形的圣福斯卡教堂。该教堂基于正十字形平面，在11世纪至12世纪时修建，它的前厅有着典雅的立柱和中央圆顶。这个教堂当时是典型的拜占庭式教堂，即使把它放到塞萨洛尼基（Thessaloniki）或是伊斯坦布尔，它也不会显得格格不入。比起大教堂，该教堂更多用于一些宗教仪式，人们喜欢在这里举行婚礼。圣福斯卡是该教堂的受献者，她是当地新婚夫妇的保护神。我在圣坛下方的玻璃棺材里发现了她的尸体，这稍微吓了我一跳，不过还好，其尸体被仁慈地裹上了布料。

随后，我登上了建于11世纪时的钟楼。砖铺的斜坡并非一般的台阶，可以让游客爬到50米高的钟塔。我能看到在最近一次修缮中嵌入的钢箍；我很幸运，在我到这儿的不久前，钟楼外面的脚手架刚刚拆掉。钟楼曾经被闪电击中过，17世纪时，对钟楼有过一次修缮，因此一边的砖墙呈现出稍微不同的颜色。爬到钟楼顶端，你得到的回报就是令你赞叹的美景。眼前是威尼斯舄湖，纵横交错的水道，一个个小岛，一片片泥滩，目光越过湖面，便是布拉诺岛和马佐尔博岛，再远处，就是威尼斯。

回到公寓旁边的烧烤店，我问店员安娜（Anna），实际来说有多少人住在岛上。她告诉我，只有六个人；她自己每天会从梅斯特雷赶过来，路上会花去两小时。夜晚将至，我翻开地图，查看一下是否还有小路，我尚未踏足。距我所坐之处不远，有一条小径可达安德里奇故居博物馆（Casa Museo Andrich）。我随即决定去探访一下。一个标牌上告知，该博物馆纪念的是威尼斯艺术家卢西奥·安德里奇（Lucio Andrich），自上午 10 点半至下午 5 点半开放，每一批游客会有一小时的参观时间。我恰好能赶上一天的最后一次开放。我沿着长长的小径，往博物馆走去，路边是商品菜园和布满荆棘的荒地。最终，我走到一个铁门处，门上一个牌子，其上写有"请敲钟"。大门上方的铁笼中，果真挂有一个铜钟。于是，我拉绳打钟。一位留着整齐灰胡须的中年精瘦男子走过草坪，出来迎我，让我进了门。

"前面的游客还没有结束参观，"他说，"你介意再等五分钟吗？"他带着一只和善的大獒犬，这狗跟着我们跑跳过草坪。我和那只狗在屋外等候，这个房子是一座单层的现代建筑，由白水泥和玻璃建成。过了一会儿，前面的两位女游客出来了，她们笑得很开心。

主人介绍说，他叫保罗·安德里奇（Paolo Andrich）。他告诉我，该房是他从叔叔那里继承而来的，他叔叔是艺术家兼陶艺家卢西奥·安德里奇，他叔叔也是威尼斯大学的最后一位镶嵌图案方面的教授，逝世于 2003 年。然而，一开始，我们却没有进屋，保罗先领我在花园里逛了逛，骄傲地向我介绍地上种的洋蓟，它们不大，带刺，呈浅蓝色。我们眼前是茫茫的咸水湖和覆盖有紫色植被的矮岛，整个地带被称为玫瑰舄湖（Rose Lagoon）。保罗用手向我比划着介绍这片区域。

"若是晴朗的天气，"他指着多云的天边说，"我能看到 140 公里以外的多洛米蒂山脉。"我想起拉斯金曾经在钟楼顶端看到过那白雪皑皑的山峰，但是今日天气却阴得厉害。保罗向我描述了皮亚韦河是怎样从群山带下淤泥，进而在舄湖上形成了岛屿和沙洲。他给我指出了大陆上昔日的罗马港口阿尔蒂努姆的位置，"就在你看到的一些红白房子那里"。

河流带来的沉积物形成了潮滩（velme），潮水不高的时候，潮滩就会在水面之上。随着沉积物越来越多，潮滩的高度慢慢提升，等到高过海平面，潮滩上就长出了耐盐植被，进而就形成了泥滩（barene）。保罗弯下腰，捡起了我们脚下的绿紫色植物的一条小枝。

"这是百叶草。"他说道，"玫瑰舄湖这个名字，就是自它而来。"百叶草是一种海蓬子，保罗让我咬到嘴里尝一下。它尝起来有盐和碘的味道。

保罗指着盐碱滩对面远处的一所白色小屋说："大键琴演奏家埃吉达·萨多利（Egida Sartori）曾经住在那里。她没有电话，所以她想邀请我叔叔来吃饭时，就会在院子里点亮一盏灯笼。"1999年，萨多利去世，现在这所房子没有人居住，就像岛上其他许多房子一样。

我们走进了房中。在阳台的一张桌子上，放着卢西奥·安德里奇的一些玻璃制作试验品。其中见有色彩鲜艳的玻璃圆盘、内有金色珍珠的玻璃立方体和一些纯白的乳色玻璃。保罗解释说，这种纯白的乳色玻璃已经不再生产了，因为它们含铅量很高。

有两个几乎半透明的漂亮盒子，它们是用动物的角雕刻而成。墙上挂着油彩、水彩画和一个壁毯，壁毯上写着"救救舄湖"（Save the Lagoon）。卢西奥·安德里奇也是一位书籍插图画家；他的侄子递给我一本 E. T. A. 霍夫曼的《布兰比拉公主》（*Princess Brambilla*），该书的装订非常精美，卢西奥给这本书画的插图。埃兹拉·庞德曾经也让卢西奥给他的一本书画过插图，但是，保罗坦言，他的叔叔身体并不怎么好，因此，这项工作只完成了几幅石版画，它们就挂在墙面上。

保罗告诉我，夏天的时候，他可以看到窗外的火烈鸟。接着，我们谈到了该岛的现状。他认为岛上常住居民仅有九人；奇普里亚尼旅馆的老板不在岛上居住，但是他的有些店员会在岛上过夜。有几个渔民依然会在托尔切洛岛水域捕鱼，不过他们却住在布拉诺岛。早上时，我见到过这几位渔民。他们站在船尾，驾驶着窄窄的木船，一手扶在外侧的发动机上，一手拿着烟卷。船只驶过我窗下的运河，甲板上跳跃着银光闪闪的小鲱鱼。

保罗跟我一起走到大门，门口两侧是有着150年树龄的扭曲的橄榄树。路上时，他问我是否想看一看圣乔凡尼（San Giovanni）教堂的遗址。我们走过魔鬼桥，桥上方有蝙蝠掠过。过了桥，我们继续沿路前行，之后走到了一个大门处，大门在高高的树篱之间。大门里面是私人领地，但是保罗认识这里的主人。他说主人不在，并且不会介意他领我在这里看一看。他推开大门，我们走到一片整齐的草坪上。草坪一端矗立着一座 16 世纪的别墅，带有典型的威尼斯摩尔风格（Venetian-Moorish）的窗子。走过紫衫树篱，我们到了另一处草坪，草坪两边长着墓地柏树。在一个蓝色泳池的旁边，暮光之中，可以看到教堂的地基残迹。蓝色泳池和教堂遗迹彼此相邻，气氛感觉不是非常协调。我能辨认出教堂的底层平面结构：墙体；一排排的柱基，表明此处应当是正厅位置；教堂东边小室的半圆形结构。

一幅 18 世纪的版画显示，该教堂是典型的文艺复兴时期的威尼斯教堂，教堂立面上带有门廊。教堂的外围环绕着一些其他修道院建筑。在一些老地图上，该教堂被标注为 San Zuane，而不是 San Giovanni，Giovanni 在威尼斯当地方言中就是 Zuane。1810 年，在拿破仑的命令下，该教堂被拆毁。20 世纪 60 年代，教堂遗址被发掘出来，如今它在这个别墅院子里，成为了一个装饰建筑。

我回到了公寓，这是我在这儿的最后一晚。屋里的墙面是榫槽镶板墙，屋顶有着一根根的横梁，感觉我就像是在一个野外的小木屋中。我在想还有多少其他人在岛上过夜。安娜的预估正确还是保罗的预估正确呢？即使算上奇普里亚尼旅馆的客人，我估计此时此刻托尔切洛岛上的人也不会超过 20 个。比斯库平、卡农图姆、阿奎莱亚、托尔切洛……这些弃城似乎可以引发人们的深思。它们让我们感到世事的变化无常、万物的转瞬即逝和生活的异常脆弱。"母亲和女儿，"拉斯金从托尔切洛岛望着对面的威尼斯说，"都各自成了孤家寡人，她们俩互相对视凝望着。"

我的琥珀之路行程已告结束，行程路线犹如在欧洲大陆上放置了一串珠子。而至于另一位旅行者的路线，可能与我不同，又或许相同，而我停留时间短的地方，他可能停留的时间长，我有兴趣停留时间长的地方，他可能停留的时间短。然而，我的旅程终归是结束了。我穿越了许多现今已不存在的国家：罗马帝国、俄罗斯帝国、奥匈帝国、普鲁士、苏联、捷克斯洛伐克、南斯拉夫。我还走过一些地方，我上几代的祖辈在这些地方生活过、相爱过、奋发图强过，当然也被迫逃离过。

我是一个逃难者的儿子。若 1939 年的英国对难民稍欠友好，我就不会来到这个世界了。现今世界，一个西班牙人可以在卢布尔雅那经营自己的重要生意，而他的斯洛文尼亚妻子可以在西班牙从事与法律相关的工作；一名叙利亚医生可以在伦敦的医院救我一命；我可以在欧洲大片区域自由地旅行，而不会遭到任何怀有敌意的检查。能生活在这样一个世界里，我感到非常高兴。

然而，现在看来，这一切似乎已经危在旦夕。在我刚开始此行程时，欧元区危机已经威胁到欧元的存在，但也正是欧元这个通用货币才让我能够十分方便地从一个国家到另一个国家。石油和天然气问题日益加剧了俄罗斯与欧盟之间的摩擦，并且这种摩擦在波罗的海共和国和波兰表现得非常明显。我离开俄罗斯联邦之后，俄罗斯进攻了乌克兰东部，并且吞并了克里米亚半岛，加剧了该地区日益高涨的民族主义情绪。同时，像匈牙利维克多·奥班的保守派青民盟政党、波兰的法律与公正（Law and Justice）政党和威尼托的北方联盟（Northern League）政党发起的排外主义运动愈演愈烈。

在我旅程的最后阶段，成千上万的移民，其中许多是逃离叙利亚内战的难民，从土耳其渡过爱琴海到达希腊，然后再穿越巴尔干半岛，最终抵达德国。我曾在奥地利和匈牙利边境进出多次，无非就像走在英格兰和威尔士边界的蜿蜒小路上一样，并没有什么过境手续要办。但是，仅仅过了几周时间，奥匈两国的边境就竖起了铁丝网。2015年9月，我的旅程即将结束之时，塞尔维亚总理亚历山大·武契奇（Aleksandar Vucic）说了下面这句话："没有边界的欧洲已经逝去，现在'铁幕'又再次来临。"

那晚早些时候，保罗·安德里奇给我放映了一个录像，内容是岛上安置的他叔叔的作品。镜头配乐是一首序曲，由巴尔达萨雷·加卢皮（Baldassare Galuppi）创作，此人与维瓦尔第（Vivaldi）属同一时代，但更年轻一些。维瓦尔第与哥尔多尼共同创作过多部歌剧。保罗告诉我，作曲家加卢皮出生于邻近的布拉诺岛。这位身居荒岛的渔民之子，是以一种冷嘲热讽的态度来看待威尼斯共和国的愚蠢行为的吗？罗伯特·勃朗宁（Robert Browning）认为是这样的。他写过一首诗，叫作《加卢皮的托卡塔曲》（*A Toccata of Galuppi's*），此诗的创作年代大约与拉斯金创作《威尼斯之石》属同一时期。这首诗在巴洛克音乐演奏家的"高冷音乐"中，洞见了一种对没落的威尼斯共和国奢侈与轻浮举止的讽刺：

对威尼斯和其臣民来说，生来就是要开花绽放，然后再凋零谢幕；

在世上做出成就，尽情欢笑，但他们毕竟愚蠢：

亲吻必须停止时，他们灵魂中还剩些什么呢？

我打开窗子，凝望着岛屿。鸭鸣，蛙叫，还有船只发动机的声音，除此之外，再无其他声响。有一辆水上的士，沿着运河缓缓前行，正载着奇普里亚尼旅馆的最后一批客人回家。埃吉达·萨多利录制过几首加卢皮的键盘乐曲；我记起了勃朗宁的诗作，想象着埃吉达独坐于家中，手指在琴键上拂动着。哀怨的琴声，飘出屋外，回荡在舄湖之上。

致　谢

　　这本书的写作，花去了我几年的时间。在此期间，有许多朋友倾情相助。因此，我的感谢名单，相应地也会很长。我依赖过好多朋友和同事，让他们给我提供切实的帮助、介绍和建议。对于收到的那些建议，我并不总是一概纳之。书中所述观点，也并不一定和朋友的意见一致。

　　首先，感谢我的妻子——杰拉尔丁·贝蒂（Geraldine Beattie）。她在文学上的远见以及对我不断的鼓励，让我受益匪浅。我要感谢我的远亲艾琳·纽豪斯（Irene Newhouse），她对我们的家族历史颇有研究，书中有大量内容便是基于她的这些研究。汤姆·库尔（Tom Cull）是我的代理人，在此也对他表示感谢，整个工作过程中，他精力充沛、坚持不懈、信念执着。我还要感谢桑德斯通出版社（Sandstone Press）的编辑罗伯特·戴维森（Robert Davidson），以及整个桑德斯通团队。

　　我还要特别感谢作家萨拉·惠勒（Sara Wheeler）、伊恩·汤姆森（Ian Thomson）和瑞秋·利希滕斯坦（Rachel Lichtenstein），他们付出大量时间和精力，阅读了手稿的早期草稿，给我提出了许多建议，让我受益良多。已故作家迈克尔·雅各布斯（Michael Jacobs），这位"文学浪人"，也给予了我巨大帮助和鼓励。

　　我的感谢名单，还包括乔治亚·德尚伯雷（Georgia de Chamberet）、玛丽·德耶夫斯基（Mary Dejevsky）、马克·埃林厄姆（Mark Ellingham）、亨丽埃塔·福斯特（Henrietta Foster）、卡蒂娅·加利齐内（Katya Galitzine）、玛丽·诺瓦科维奇（Mary Novakovich）、黛博拉·奥尔（Deborah Orr）、克里斯蒂娜·帕特森（Christina Patterson）、西蒙·里格（Simon Rigge）、奈杰尔·罗杰斯（Nigel Rodgers）、米兰达·西摩（Miranda Seymour）、桑尼·辛格（Sunny Singh）、弗里茨·斯特恩（Fritz Stern）教授、马库斯·坦纳（Marcus Tanner）、博伊德·汤金（Boyd Tonkin）、

梅丽莎·乌凡（Melissa Ulfane）和梅克·齐尔沃格尔（Meike Ziervogel）。他们都以某种方式给过我帮助、建议或鼓励。在我整个琥珀之路的行程中，有许多人与我分享了他们的时间、知识和经历，这些人的名字都已在书中出现。我非常感谢他们。

最后，我要感谢作家协会（Society of Authors）和皇家文学基金（Royal Literary Fund）。它们慷慨给我颁发约翰海盖特奖（John Heygate Award），才让本书得以顺利完成。我还要感谢那些又可靠又博学的职员，他们来自伦敦博物馆（London Library）、牛津大学博德利（Bodleian）图书馆和赛克勒（Sackler）图书馆以及位于格但斯克的国家档案馆（Archiwum Panstwowe w Gdansku）。